低碳绿色发展丛书

DITAN LUSE FAZHAN CONGSHU

低碳产业

Low-Carbon Industry

陶良虎 ◎ 主编

人民出版社

总　序
中国迈向低碳绿色发展新时代

党的十八大明确提出，"着力推进绿色发展、循环发展、低碳发展，形成节约资源和保护环境的空间格局、产业结构、生产方式、生活方式。""低碳发展"这一概念首次出现在我们党代会的政治报告中，这既是我国积极应对全球气候变暖的庄严承诺，也是协调推进"四个全面"战略布局，主动适应引领发展新常态的战略选择，标志着我们党对经济社会发展道路以及生态文明建设规律的认识达到新高度，也充分表明了以习近平同志为总书记的党中央高度重视低碳发展，正团结带领全国各族人民迈向低碳绿色发展新时代。

一

2009年12月，哥本哈根气候会议之后，"低碳"二字一夜之间迅速成为全球流行语，成为全球经济发展和战略转型最核心的关键词，低碳经济、低碳生活正逐渐成为人类社会自觉行为和价值追求。我们常讲"低碳经济"，最早出现在2003年英国发表的《能源白皮书》之中，主要是指通过提高能源利用效率、开发清洁能源来实现以低能耗、低污染、低排放为基础的经济发展模式。它是一种比循环经济要求更高、对资源环境更为有利的经济发展模式，是实现经济、环境、社会和谐统一的必由之路。它通过低碳技术研发、能源高效利用以及低碳清洁能源开发，实现经济发展方式、能源消费方式和人类生活方式的新变革，加速推动人类由现代工业文明向生态文明的重大转变。

当前，全球社会正面临"经济危机"与"生态危机"的双重挑战，经济复

1

苏缓慢艰难。我国经济社会也正在步入"新常态"。在当前以及今后相当长的一段时期内，由于新型工业化和城镇化的深入推进，我国所需要的能源消费都将呈现增长趋势，较高的碳排放量也必将引起国际社会越来越多的关注。面对目前全球减排压力和工业化、城镇化发展的能源、资源等多重约束，我们加快转变经济发展方式刻不容缓，实现低碳发展意义重大。为此，迫切需要我们准确把握国内外低碳发展之大势，构建适应中国特色的低碳发展理论体系，树立国家低碳发展的战略目标，找准加快推进低碳发展的重要着力点和主要任务，走出一条低碳发展的新路子。

走低碳发展的新路子，是我们积极主动应对全球气候危机，全面展示负责任大国形象的国际承诺。伴随着人类社会从工业文明向后工业文明社会的发展进程，气候问题已越来越受到世人的关注。从《联合国气候变化框架公约》到《京都议定书》，从"哥本哈根会议"到2015年巴黎世界气候大会，世界各国政府和人民都在为如何处理全球气候问题而努力。作为世界上最大的发展中国家，中国政府和人民在面临着艰巨而又繁重的经济发展和改善民生任务的同时，从世界人民和人类长远发展的根本利益出发，根据国情采取的自主行动，向全球作出"中国承诺"，宣布了低碳发展的系列目标，包括2030年左右使二氧化碳排放达到峰值并争取尽早实现，2030年单位国内生产总值二氧化碳排放比2005年下降60%—65%等。同时，为应对气候变化还做出了不懈努力和积极贡献：中国是最早制定实施《应对气候变化国家方案》的发展中国家，是近年来节能减排力度最大的国家，是新能源和可再生能源增长速度最快的国家，是世界人工造林面积最大的国家。根据《中国应对气候变化的政策与行动2015年度报告》显示，截至2014年底，中国非化石能源占一次能源消费比重达到11.2%，同比增加1.4%，单位国内生产总值二氧化碳排放同比下降6.1%，比2005年累计下降33.8%，而同期发达国家降幅15%左右。党的十八大以来，新一届中央领导集体把低碳发展和生态文明写在了中华民族伟大复兴的旗帜上，进行了顶层设计，制定了行动纲领。基于此，我们需要进一步加强低碳发展与应对气候变化规律研究，把握全球气候问题的历史渊源，敦促发达国家切实履行法定义务和道义责任，在国际社会上主动发出"中国声音"，展示中国积极应对气候危机的良好形象，为低碳发展和生态文明建设创造良好的国际环境。

走低碳发展的新路子，是我们加快转变经济发展方式，建设社会主义生态文明的战略选择。经过30多年快速发展，我国经济社会取得了举世瞩目的成绩，但同样也面临着资源、生态和环境等突出问题，传统粗放的发展方式已难以为继。从1990到2011年，我国GDP增长8倍，单位GDP的能源强度下降56%，碳强度下降 58%。但同期我国碳排放总量也增长到 3.4 倍，而世界只增长 50%。预计 2015 年我国原油对外依存度将首次突破 60%，超出了美国石油进口的比例，能源对外依存度将超过 14%，2014 年我国能源总消费量约 42.6 亿吨标准煤，占世界的 23% 以上，而 GDP 总量 10 万亿美元只占世界 15% 左右，单位 GDP 能耗是发达国家的 3—4 倍，此外化石能源生产和消费产生的常规污染物排放和生态环境问题也难以得到根本遏制。当前这种资源依赖型、粗放扩张的高碳发展方式已难以为继。如果继续走西方国家"先污染，再治理"传统工业化老路，则有可能进入"环境恶化"与"经济停滞"的死胡同，不等经济发达就面临生态系统的崩溃。对此，党的十八大把生态文明建设纳入中国特色社会主义事业"五位一体"总体布局，首次将"美丽中国"作为生态文明建设的宏伟目标。党的十八届三中全会提出加快建立系统完整的生态文明制度体系；党的十八届四中全会要求用严格的法律制度保护生态环境；党的十八届五中全会更是明确提出"五大发展理念"，将绿色发展作为"十三五"乃至更长时期经济社会发展的一个重要理念，成为党关于生态文明建设、社会主义现代化建设规律性认识的最新成果。加快经济发展方式转变，走上科技创新型、集约型的绿色低碳发展路径，是我国突破资源环境的瓶颈性制约、保障能源供给安全、实现可持续发展和建设生态文明的内在需求和战略选择。基于此，我们需要进一步加强对低碳发展模式的理论研究，全面总结低碳经验、发展低碳能源、革新低碳技术、培育低碳产业、倡导低碳生活、创新低碳政策、推进低碳合作，从而为低碳发展和生态文明建设贡献力量。

走低碳发展的新路子，是我们充分发挥独特生态资源禀赋，聚集发展竞争新优势的创新之举。当今世界，低碳发展已成为大趋势，势不可挡。生态环境保护和低碳绿色发展已成为国际竞争的重要手段。世界各国特别是发达国家对生态环境的关注和对自然资源的争夺日趋激烈，一些发达国家为维持既得利益，通过设置环境技术壁垒，打生态牌，要求发展中国家承担超越其发展阶段的生态环境责任。我国是幅员辽阔，是世界上地理生态资源最为丰富的国家，各类型土地、草场、森林资源都有分布；水能资源居世界第一位；是世界上拥有野生动物种类最多的国家之一；几乎具有北半球的全部植被类型。同时，我国拥有碳交易市场优势，是世界上清洁发展机制（CDM）项目最大的国家，占全球市场的 32% 以上，并呈现出快速增长态势。随着中国碳交易市场逐步形成，未来将有望成为全球最大碳交易市场。此外，我国还在工业、建筑、交通等方面具有巨大的减排空间和技术提升潜力。我国已与世界紧密联系在一起，要充分利用自己独特的生态资源禀赋，主动作为，加快低碳发展体制机制创新，完善低碳发展制度体系，抢占全球低碳发展的制高点，聚集新优势，提升国际综合竞争力。基于此，我们需要进一步深入研究世界低碳发展的新态势、新特征，全面总结世界各国特别是发达国家在低碳经济、低碳政策和碳金融建设方面的典型模式，充分借鉴其成功经验，坚定不移地走出一条具有中国特色和世界影响的低碳发展新路子。

二

近年来，我国低碳经济理论与实践研究空前活跃，不同学者对低碳经济发展过程中出现的诸多问题给予了密切关注与深入研究，发表了许多理论成果，为低碳经济理论发展与低碳生活理念的宣传普及、低碳产业与低碳技术的发展、低碳政策措施的制定等作出了很大贡献。湖北省委党校也是在全国较早研究低碳经济的机构之一。从 2008 年开始，湖北省委党校与国家发改委地区司、华中科技大学、武汉理工大学、中南民族大学、湖北省国资委、湖北省能源集团、湖北省碳交易所等单位联合组建了专门研究低碳经济的学术团队，围绕低碳产业、低碳能源、低碳技术和碳金融等领域开展了大量研究，并取得了不少阶段性成果。其中，由团队主要负责人陶良虎教授等撰写的关于加快设立武汉碳交易所的研究建议，引起了国家发改委和湖北省委、省政府的高度重视，为全国碳交易试点工作的开展提供了帮助。同时，2010 年 6 月由研究出版社出版的《中国低碳经济》一书，是国内较早全面系统研究低碳经济的学术专著。党的十八大召开之后，随着生态文明建设纳入到"五位一体"的总布局中，低碳发展迎来了新机遇新阶段，这使得我们研究视野得到了进一步拓展与延伸，基于此，人民出版社与我们学术团队决定联合编辑出版一套《低碳绿色发展丛书》，以便汇集关于当前低碳发展的若干重要研究成果，进一步推动我国学术界对低碳经济的深入研究，有助于全社会对低碳发展有更加系统、全面的认识，进一步推动我国低碳发展的科学决策和公众意识的提高。

《低碳绿色发展丛书》的内容结构涵括低碳发展相关的 10 个方面，自然构成了相互联系又相对独立的各有侧重的 10 册著述。在《丛书》的框架设计中，我们主要采用了"大板块、小系统"的思路，主要分为理论和实务两个维度，国内与国外两个层次：《低碳理论》、《低碳经验》、《低碳政策》侧重于理论板块，而《低碳能源》、《低碳技术》、《低碳产业》、《低碳生活》、《低碳城乡》、《碳金融》、《低碳合作》则偏向于实务。

《低碳绿色发展丛书》作为入选国家"十二五"重点图书、音像、电子出版物出版规划的重点书系，相较于国内外其他生态文明研究著作，具有四大鲜明特点：一是突出问题导向、时代感强。本书系在总体框架设计中，始终坚持突出问题导向，入选和研究的 10 个重点问题，既是当前国内外理论界所集中研究的前沿问题，也是社会公众对低碳发展广泛关注和亟待弄清的现实问题，具有极强的时代感和现实价值。如《低碳理论》重点阐释了低碳经济与绿色经济、循环经济、生态经济的关系，有效解决了公众对低碳发展的概念和相关理论困惑；《低碳政策》吸纳了党的十八届三中全会关于全面深化改革的最新政策；《低碳生活》分析了当前社会低碳生活的大众时尚和网络新词等。二是全面系统严谨、逻辑性强。本书系各册著述既保持了各自的内涵、外延和风格，又具有严格的逻辑编排。从整个书系来看，既各自成册，又相互支撑，实现了理论性、政策性和实务性的有机统一；从单册来看，既有各自的理论基础和分析框架，又有重点问题和实施路径，还包括有相应的典型案例分析。三是内容详实权威、实用性强。本书系是当前国内首套完整系统研究低碳发展的著作，倾注了编委会和著作者大量工作时间和心血，所有数据和案例均来自国家权威部门，对国内外最新研究成果、中央最新精神和全面深化改革的最新部署都认真分析研究、及时加以吸收，可供领导决策、科学研究、理论教学、业务工作以及广大读者参阅。四是语言生动平实、可读性强。本书作为一套专业理论丛书，始终坚持服务大众的理念，要求编撰者尽可能地用生动平实的语言来表述，让普通读者都能看得进去、读得明白。如《碳金融》为让大家明白碳金融的三大交易机制，既全面介绍了三大机制的理论基础和各自特点，又介绍了三大机制的"前世今生"，让读者不仅知其然、而且知其所以然。

三

本丛书是集体合作的产物，更是所有为加快推动低碳发展做出贡献的人们集体智慧的结晶。全丛书由范恒山、陶良虎教授负责体系设计、内容安排和统修定稿。《低碳理论》由王能应主编，《低碳经验》由张继久、李正宏、杜涛主编，《低碳能源》由肖宏江、邹德文主编，《低碳技术》由邹德文、李海鹏主编，《低碳产业》由陶良虎主编，《低碳城乡》由范恒山、郝华勇主编，《低碳生活》由陈为主编，《碳金融》由王仁祥、杨曼、陈志祥主编，《低碳政策》由刘树林主编，《低碳合作》由卢新海、张旭鹏、刘汉武主编。

本丛书在编撰过程中，研究并参考了不少学界前辈和同行们的理论研究成果，没有他们的研究成果是难以成书的，对此我们表示真诚的感谢。对于书中所引用观点和资料我们在编辑时尽可能在脚注和参考文献中一一列出，但在浩瀚的历史文献及论著中，有些观点的出处确实难以准确标明，更有一些可能被遗漏，在此我们表示歉意。

最后，在本书编写过程中，人民出版社张文勇、史伟给予了大量真诚而及时的帮助，提出了许多建设性的意见，陶良虎教授的研究生杨明同志参与了丛书体系的设计、各分册编写大纲的制定和书稿的审校，在此我们表示衷心感谢！

《低碳绿色发展丛书》编委会

2016.01 于武汉

目　录

第一章　低碳产业发展理论

随着工业化进程的加速，能源需求不断增长、资源枯竭和生态环境恶化等问题正严重制约着世界经济的发展，世界各国都在积极探索"低能耗""低排放""低污染"的新型低碳经济发展之路。与此同时，理论界也对低碳经济发展理论做了大量的研究工作。国内外学者主要运用可持续发展理论、环境库兹涅茨曲线、碳生态足迹理论、环境规制理论等论证低碳经济发展的必要性、实现路径、机制与制度安排等，对低碳产业发展理论较少研究。本章将从低碳产业结构理论、低碳产业竞争理论和低碳产业评价理论等三个方面对低碳产业发展理论进行梳理和研究。

一、低碳产业结构理论

产业结构理论的思想最早源于 17 世纪的威廉·配第，并从魁奈和亚当·斯密的发现和研究中汲取了丰富的营养。经过几个世纪的发展，现代产业结构理论形成于 20 世纪 30 年代到 40 年代，这一时期代表性的研究成果有克拉克的三次产业结构论、霍夫曼比例、钱纳里的"标准结构"理论等。为了解决"高碳"工业时代所面临的问题，现代产业结构理论衍生出了一个新的研究方向，即低碳产业结构理论。低碳产业结构理论是研究在低碳经济背景下的产业结构演变趋势及其规律，产业结构内部的一种有效率比例关系，以及产业结构优化途径及效果，包括低碳产业结构合理化和高度化的评价体系和评价方法。

（一）低碳产业结构合理化

产业结构合理化主要是指产业与产业之间协调能力的加强和关联水平的提高，产业结构合理化的实现是一个动态的过程，就是要促进产业结构的动态均衡和产业素质的提高。低碳产业结构合理化要求产业与产业之间保持合理的比例关系，各产业之间在规模、比例、增速方面都要相互配合、相互辅助。低碳产业结构既要求减少碳排放较高产业的绝对数量和比例，也要求提高产业与产业之间的协调能力。

1. 低碳产业结构合理化的主要表现

低碳产业结构合理化，可以从三个方面来进行衡量：

一是从低碳产业结构看。首先，要求提高低碳农业、低碳工业、低碳服务业在各自产业中的比例。第一产业要大力发展绿色农业、有机农业和生态农业，提高农业生产的经济效益和环境效益，提高农业碳汇能力；第二产业要重点解决能源使用结构单一和能源使用效率低下问题，大力发展太阳能、风能等新型能源，同时采用先进技术提高现有能源使用效率；第三产业要通过大力发展现代服务业[1]，充分发挥第三产业碳减排优势。其次，要求在三次产业中低碳服务业占比最高，低碳工业占比次之，低碳农业占比最低。事实证明，一、二、三产业的发展都会增加碳排放量，但是三次产业的碳排放影响系数不同。其中，工业的碳排放强度比服务业大，这表明未来低碳产业的发展重点应是第三产业。因此，大力发展高技术化和低碳化的第三产业必将成为产业结构调整的大势所趋。[2]

二是从低碳产业在整个国民经济中的地位看。对于国民经济整体发展而言，可以将所有产业划分为低碳产业和高碳产业。要实现低碳产业结构合理化，就是要提高低碳产业在国民经济发展中的比重。衡量一个国家低碳产业的发展水平，大致可以采用以下测度方法：

第一，低碳产业产值占比。计算公式为：低碳产业产值/GDP总值。一般而言，低碳产业产值占比越大，说明低碳化发展程度越高，低碳经济总量也就越大。

第二，低碳技术水平类指标法。主要评价核心低碳技术数、R&D、从业人

① 李金辉、刘军：《低碳产业与低碳经济发展路径研究》，《经济问题》2011年第3期。
② 刘再起、陈春：《低碳经济与产业结构调整研究》，《国外社会科学》2010年第3期。

员等。可定量评价，也可定性评价。低碳技术水平越高，对低碳产业的支撑力度越大，低碳经济发展的实力和潜力也越强。

第三，低碳产品出口与对外服务总额指标法。反映低碳产品与低碳技术出口创汇能力指标，可定量评价，也可定性评价。低碳产品出口与对外服务总额越大，不仅说明其低碳产业发展水平，也说明其抢占的低碳市场多。

三是从经济协调发展角度看。低碳产业结构合理化的最终目标是要实现一国经济的稳定增长，实现各种资源（如人力、物力、财力）的有效运用，实现供给和需求的动态匹配；产业内部、产业与产业之间生产、交换和分配的顺利进行；各部门的协调发展；人口、资源、环境的协调发展。鉴于我国的基本国情，工业作为国民经济的支柱产业，工业内部低碳产业结构合理化意味着要利用先进实用技术改造提升传统产业，增强传统产业发展活力，要加强国家对高技术产业的支持力度，优先发展高技术制造业，注重提高高技术制造业所占工业产值比重，大力发展对经济具有重大带动作用的信息产业。从行业结构和产品结构两个层次进行调整，逐步实现节能、降耗、低排放的发展模式。

2. 低碳产业结构合理化的主要途径

低碳产业结构合理化需要从生产方式和生活方式两个方面转变，在生产方式方面要改变能源结构、推广低碳技术、发展新兴产业，在生活方式方面要改变现有的消费结构。

一是改变能源结构。发展低碳产业要求减少碳排放量，调整能源结构。能源属于影响产业结构变动的重要供给要素，能源结构的变化一方面要求增加新能源的使用和加快新能源产业的发展，另一方面要求提高现有能源的使用效率，进而促进产业结构的合理化。

二是推广低碳技术。用低碳技术替代高碳技术，提高资源利用率，进而调整优化产业结构。发展低碳产业，需要提高能源利用效率，这就要求在生产过程中采用高效率的生产技术，淘汰落后的产能和生产技术，降低碳排放。

三是发展新兴产业。一种新的经济发展模式必然要有新兴产业与之相适应。新兴产业能够较大程度地降低人均"碳足迹"，有效缓解人类生产、生活对自然生态环境的破坏状况，使人类走上低能耗、低污染、低排放和高能效、高效益的发展道路。

四是优化消费结构。宣传低碳消费理念，倡导节约消费、适度消费，避免过度消费与浪费，改变消费方式，优化消费结构，促进产业结构的调整。

（二）低碳产业结构高级化

产业结构伴随着经济发展而变动构成了产业结构的演变，产业结构演变使得产业结构从低级形态上升到高级形态，表现为产业结构的高级化，产业结构高级化是指产业结构随着需求结构的变化从低水平状态向高水平状态发展演进的过程，实质上是产业结构的知识集约化、经济服务化和高附加值化。

虽然产业结构的低碳化与产业结构的高度化研究视角和作用方向有所不同，但是二者在本质上有着非常明确的一致性。在降低碳排放的约束下，产业结构一方面要按照自身发展规律由低级到高级演进，三次产业所占比重有规律地发生变化，另一方面也要在这个过程中提高能源利用效率，降低二氧化碳排放总量和强度。因此，一些产业行业或者被逐步淘汰替代，或者通过新的技术改造实现低碳化，这个过程本身就是产业结构高级化的一种表现或高级化的组成部分。

1. 产业结构演变呈现高级化即低碳化的趋势

从产业结构演进的趋势看，无论从主导产业转换过程还是从三次产业内在变动分析，产业结构演进都呈现出低碳化态势。随着产业结构的演进，人类社会逐渐从第一产业为主导到第二产业为主导，再到第三产业为主导的方向发展。

在第一产业占主导的农业社会，生产力落后，没有现代的科学技术和重工业，碳排放量低，经济发展水平也低。在第二产业占主导的工业化阶段，随着人类对能源和资源的利用，高能耗、高碳排放的工业得到了极大的发展，国民经济的主导产业集中在高碳产业上。随着经济和科学技术的进一步发展，人类社会从第二产业为主导过渡到第三产业为主导，传统的第一和第二产业逐渐被新兴产业所取代，这些产业大都是知识密集型和技术密集型产业。知识密集型和技术密集型产业属于低碳行业，具有低能耗、低排放、低污染的特点，符合低碳经济的发展要求。随着产业结构由第一产业为主导到第二产业为主导，再到第三产业为主导的方向演进，人类社会的碳排放经历了"低碳→高碳→低碳"的发展趋势，低碳经济发展顺应了产业结构演变的趋势和规律。

2. 低碳产业结构高级化的表现

产业结构高级化更多地依赖于技术和组织等方面的创新，从而推动产业结构由低级到高级的不断进步，以低碳经济为目标和标准的产业结构升级，或者说产业结构的低碳化，也同样包含着产业结构高级化的一般内容。不同国家的低碳产业发展水平各不相同，低碳产业结构转型也不尽相同，但这些转型均呈现出一定的趋势和规律性：

一是服务化。高服务化的趋势是指低碳产业发展由第一次产业占优势向第二次产业占优势再向第三次产业占优势的方向发展。

二是高附加值化。即产品价值中所含剩余价值比例大，具有较高的绝对剩余价值率和超额利润，是企业技术密集程度不断提高过程的结果。产业结构通过合理的资源配置，由低技术水平、低附加值状态向新技术水平、高附加值状态演变。

三是高集聚化。即产业组织合理化，有较高的规模经济效益。通过产业关联效应以及产业集聚效应作用的发挥，在技术革新、制度改革、生产率提高方面促进低碳企业快速发展和产业结构优化。

四是高技术化。低碳产业结构要实现由劳动密集型产业为重心逐步向资本密集型产业为重心，再向知识技术密集型产业为重心的方向转变。这和产业结构高度化的进程是相一致的。

五是产业结构生态化。产业结构生态化强调三方面的统一：第一方面是协调性，即兼顾社会、经济和环境三者的整体利益；第二方面是追求高效性，即提高资源的利用效率，实现低投入、低能耗、高产出、高效益的生态经济发展的产业结构；第三方面是持续性，即考虑到不同代际人对资源的需求，实现生态平衡和经济的可持续发展。

低碳产业结构升级是由内外部因素共同作用造成的。归结起来说，内部因素主要有：一是技术因素，技术的进步是低碳产业结构升级的根本推动力。二是需求数量及需求结构的变动也会影响低碳产业结构的升级。三是供给结构变化也会影响低碳产业结构升级。外部因素主要是制度因素，即国家政策支持和相关制度建设，比如碳排放交易制度、排污权交易制度、碳税制度、低碳产业支持和鼓励制度、金融市场交易制度和相关的法律法规制度建设。

（三）低碳产业结构优化机制

产业结构的形成有两种模式，一种是自发模式，即借助资源禀赋发展形成的产业结构；另一种是规划模式，即重点强调政府对其进行的合理引导和规划形成的产业体系。在最初的产业结构形成中，资源优势具有很大的影响，但随着经济发展，资源优势的影响力下降，区域产业结构可以通过有意识地规划和培育，形成既反映区域资源优势又极富特色的产业结构。低碳产业结构的形成，也可以使这两种模式建立起来。

低碳产业结构的形成，不仅需要市场的自发调节，也需要良好的外部环境，包括政府的引导和支持、国际低碳合作等，大致来看，需要六大机制的相互配合（见图1—1）：市场自发形成机制、政府规划培育机制、商会自律监督机制、企业清洁生产机制、文化激励引导机制和国际碳减排合作机制。[①]在低碳产业结构形成的最初时期，需要政府引导和规划，所以政府规划培育机制是主导；国际合作机制、商会自律监督机制和文化激励引导机制作为辅助力量推动低碳产业结构形成；所有参与主体通过市场来实现供需调节和平衡，即市场自发形成机制是实现路径；企业作为市场经济活动最基本的单元，所有的活动最终要靠企业来完成，企业清洁生产机制是关键。

政府规划培育机制包括统筹规划机制、政策扶持机制、行为管制机制和服务保障机制。统筹规划是指依据区域的经济发展水平和产业结构特点，实施战略规划，形成具有地域特色的低碳产业结构。政策扶持机制主要指政府从财政、金融等多角度来对低碳行业进行鼓励和支持。行为管制机制主要是针对三高企业开

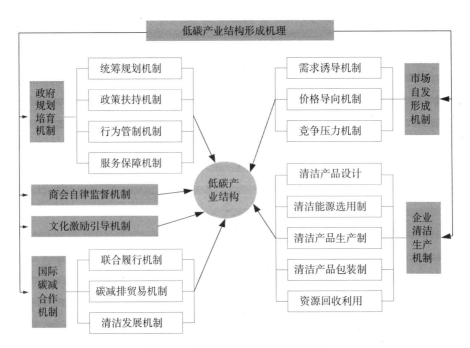

图1—1 低碳产业结构形成示意图

---

① 吴文盛、陈静、牛建高：《低碳产业结构的实现机制研究》，《中国城市经济》2011年第1期。

展的行业检查和监督，运用多种手段对超标企业进行管制。服务保障机制重点是通过培育和发展一批中介服务机构等来为企业提供服务。

市场自发形成机制包括需求诱导机制、价格导向和竞争压力机制。需求诱导是指随着人们对低碳产品的需求多样化，就形成了市场生产低碳产品的多样化，促进了低碳产业结构的形成。价格导向主要是指依据市场价格可以调整资源流动和低碳产品流向，从而对低碳产业结构形成产生一定影响。竞争压力主要指的是高碳产业的逐步淘汰和低碳产业的发展，同时，低碳产业技术的不断变革决定了具有技术竞争优势的行业优先发展，形成一定的低碳产业结构。企业清洁生产机制包括清洁产品设计、清洁资源能源选用、清洁产品生产、清洁产品包装和资源回收利用五个方面。

（四）低碳产业结构优化的评价指标

对于现有产业发展，要实现产业结构的优化升级，就是在传统产业结构优化升级的基础上考虑低碳经济的同步推进，关于低碳产业结构如何优化，一些学者提出了比较有代表性的观点以及可行的指标测算方法。

1. 基于国民经济发展角度的低碳产业结构优化

要实现低碳产业结构的优化，重点要把握好 4 个方面的工作：①能源供给结构调整。减少对化石能源的依赖，逐步转向新能源比如风能、太阳能等的利用。②要素供给结构调整。产业结构调整就是对投资结构、劳动力供给结构、技术供给结构以及资源禀赋、自然条件和资源供应结构等因素进行结构性调整。具体来说，就是要将劳动密集型产业升级为技术、资本密集型产业，从碳产生的源头上减少碳排放。③贸易结构调整。用金融深化促进贸易重心转向服务业，从第三产业内部结构来看，发达国家主要是信息、金融、高科技等领域为主。历史的趋势很明显，信息及金融服务将是今后第三产业的主流。要大力促进服务业的进一步升级，使之成为低碳技术、低碳产业、低碳管制的输出源。④投资结构调整。用信贷投向引导和限制产业发展。

2. 基于产业链视角的低碳产业结构优化

主要利用低碳产业链从企业的视角对低碳发展水平进行测度。企业作为产业的基本单元，首先要实现企业低碳化生产，从设计研发到生产制造、从包装到运输、从产品到服务都要按照低碳标准进行环节控制，企业与企业之间的经济合作关系构成了完整的产业链条,这样从企业扩大至产业的低碳产业链条形成,能够充分体现绿色竞争力。

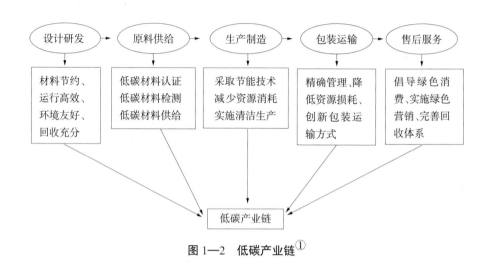

图1—2 低碳产业链[①]

低碳产业链优化的考量要以产业链整体为测定对象,分析产品生产过程中的各个环节的碳排放程度和绿色程度。低碳产业链评价既可以是横向比较,可比较不同地区相似产业链之间的低碳发展差异或是同一地区不同产业链之间的低碳发展差异;也可进行纵向比较,比较不同时期的低碳化发展程度如何。如何测定产业链的碳减排程度,就要对产品生产的各个环节进行综合考量,既要明确每个环节所占比重,也要依据各个环节碳减排的数量和碳排放密度来计算。

在产业发展过程中,既要考虑降低碳排放量,同时也要保障不同的产业链以一定的方式联系在一起,通过相互之间的经济往来形成整个经济系统。对产业结构进行调整会产生连锁反应和波及效应,有可能引发对整个经济系统的冲击。因此,在进行产业结构调整时,要充分考虑到产业链之间的关联,降低经济波动程度。由此,在进行产业结构调整时,对于所选行业,要将行业影响系数和碳排放影响系数结合起来分析。[②]

行业的碳生产率可以用行业的工业增加值与二氧化碳排放总量的比值来衡

① 文龙光、易伟义:《低碳产业链与我国低碳经济推进路径研究》,《科技进步与对策》2011年第7期。

② 徐大丰:《碳生产率、产业关联与低碳经济结构调整——基于我国投入产出表的实证分析》,《软科学》2011年第3期。

量，这一指标表示单位二氧化碳带来的产量增量。从行业的碳生产率指标来看，碳生产率低的行业需要进行产业的升级改造。

碳排放的影响力系数与产业影响力系数表示的意义大致相同。它反映的是当某一行业增加一单位的产品最终使用时对整个国民经济碳排放造成的影响。当某一行业增加一单位的需求时，通过前向关联和后向关联引发对其他行业部门产品的需求，这些行业在产品生产过程中也会产生碳排放。所以，当某行业增加一单位产品最终使用时，引发的碳排放总量等于为满足这一单位产品的最终需求所有行业进行产品生产的碳排放量总和。

利用这种测度方法可更加合理地进行产业结构调整：一些行业的碳生产率很低，能耗很高，若不考虑产业之间的连锁反应和波及效应，这类行业必然成为产业结构调整的对象，实则不然。从碳排放的影响力系数来分析，如果这些行业下游的碳排放量较少，可能影响力系数较小。而一些行业虽然碳排放量较少，但会引发对其他高碳行业产品需求过大，从碳排放的影响力系数来看，这些行业的数值会较大，理应成为产业结构调整的范围。

低碳产业结构高级化也是主导产业不断更替、转换的历史过程。主导产业发展可以促进市场创新，引发新的市场需求；可以带来经济较高的增长率；可以通过产业关联效应和扩散效应实现产业结构升级。在低碳产业发展过程中，如何选择低碳主导产业，一是主导产业选择基准既应考虑产业当前发展状况、产业未来发展潜力及产业之间的相互影响，还需考虑产业的经济、社会和生态效益；二是指标体系设计既要考虑经济、规模等传统指标，还需考虑二氧化碳排放量、能源消费量等低碳指标。[1]

低碳主导产业选择的四项基准为：①基于产业当前发展状况的"产业效率基准"，指产业投入各种要素的生产率，即劳动、资本、能源的生产率。②基于产业未来发展潜力的"产业潜力基准"，指产业未来的成长空间和发展前景，即产业的需求空间和产业的供给前景。③基于产业之间影响程度的"产业关联基准"，指产业在发展过程中相互之间的影响程度。④基于产业投入产出比较的"产业效益基准"，指产业投入的要素与获得的劳动成果之间的比较。基于每项标准所采取的衡量指标以及相应的指标含义，具体参见下表：

---

[1] 张征华、柳华、彭迪云：《低碳城市主导产业选择研究——以江西南昌为例》，《江西社会科学》2013年第2期。

表1—1　地区低碳主导产业选择基准

目标	基准	指标	指标含义
区域低碳主导产业选择	产业效率基准	能源效率	某产业产值/该产业主要能源消耗量
		全员劳动生产率	某产业产值/产业全部平均职工人数
		总资产贡献率	(利润总额+税金总额+利息支出)/平均资产总额
		碳排放绩效指数	以资本、能源、劳动为投入,以产值和二氧化碳为产出,运用DEA模型进行测算
	产业潜力基准	需求收入弹性	产业需求增长率/该区域人均国民收入增长率
		区位商	(某产业从业人员数/全行业从业人员数)/(全国该产业从业人员数/全国总行业从业人员数)
	产业关联基准	影响力系数	某产业里昂惕夫逆矩阵纵列系数的平均值/全部产业里昂惕夫逆矩阵纵列系数的平均值的平均
		感应度系数	某产业里昂惕夫逆矩阵横列系数的平均值/全部产业里昂惕夫逆矩阵横列系数的平均值的平均
	产业效益基准	产业贡献率	产业产值/区域全部产业产值
		吸纳从业人员率	某行业从业人员年平均数/全部产业从业人员年平均数
		二氧化碳排放率	某产业二氧化碳排放量/区域全部产业二氧化碳排放量

指标体系可以通过实现对某个地区的低碳产业进行测度,从中找出符合经济发展需求和资源、环境利益的行业或产业,也可以依托当地资源、资金、技术优势进行低碳主导产业培育,从而实现地区低碳经济结构优化。

3. 基于某个产业的低碳优化

对于单个低碳产业发展来说,可以从能源消费结构来进行分析产业发展的低碳化程度。对于某个产业来说,通过建立碳排放公式对产业过去和现在的碳排放量进行对比,判断是否实现了产业优化。

目前比较可靠的碳排放估算公式为:$E = \alpha Ec + \beta Eo + \gamma Et$[1]

其中,E为碳排放量,Ec为煤炭消耗量,α为煤炭消耗的碳排放转换系数;Eo为石油消耗量,β为石油消耗的碳排放转换系数;Et为天然气消耗量,γ为天然气消耗的碳排放转换系数。按照此公式对产业的碳排放量进行分析,找出高碳行业和低碳行业,促进我国低碳产业结构的进一步调整。对于我国经济发展,要重视降低第二产业能源消耗量,但同时还不能忽视第三产业的作用,应提高第三产业能源利用效率,这对于逐步降低我国总能源消耗会起到一定促进作用。

---

[1] 刘继森、颜雯晶:《广东省经济增长与碳排放的关系研究》,《广东外语外贸大学学报》2010年第3期。

对碳排放量的计算方法可选择不同的标准，比如计算碳排放量的方法和碳排放系数参考 2006 年 IPCC 公布的《2006 年 IPCC 国家温室气体清单指南》，碳排放量计算方法如下：

（1）$E_i = \sum_{j=1}^{\infty} a_j = H_{ij},\ H_{ij} = C_{ij} \times 293TJ/$ 万吨

在上式中，是第 i 种行业的二氧化碳排放总量，单位是 kg；H_{ij} 是第 i 种行业消耗第 j 种能源所释放的热量，单位是 TJ；a_j 是第 j 种能源的碳排放系数，即第 j 种能源释放单位热量所排放的二氧化碳量，单位是 kg/TJ；C_{ij} 是第 i 种行业消耗的第 j 种能源的标煤量，单位是万吨标准煤。

关于行业的碳排放强度的计算公式：

（2）$e_i = \dfrac{E_i}{GDP_i}$

基于公式（1）和（2），可以完成对低碳产业碳排放强度的定量分析。

通过对以上相关学者观点介绍，我们不难发现，目前对于低碳产业结构优化，包括合理化和高度化的评价，大部分只是从产业内减少碳排放量、提高资源效率方面进行分析，有些只是给出了简单的评价方案，关于如何定量测度并没有介绍。关于低碳产业结构的优化升级，不仅需要考虑产业发展过程中的低碳排放，也需要关注低碳技术、低碳产品以及新能源的综合利用，只有将这些指标都共纳入低碳经济发展的框架中，通过定性和定量分析结合，才可以对低碳经济或者是低碳产业的发展水平有相对清晰的把握，这也将成为我们下一步研究的重点和难点。

二、低碳产业竞争理论

产业竞争是产业发展进步的动力源泉，产业竞争优势的来源可以是绝对优势，比如成本优势、产品质量优势、管理优势等，也可来自于比较优势的存在，通过市场交易，同样可以带来经济效益的改善。关于产业竞争优势理论的研究，最早可以追溯到国际贸易开展的相关理论，如绝对优势论和比较优势论，这些都是基于国家层面的产业竞争相关理论研究成果。随着学者对产业竞争的深入研究，产业竞争理论也逐步得到了发展，迈克尔·波特提出了著名的钻石模型，对产业竞争力影响因素进行系统分析，为提升产业竞争力提供了决策依据。随后，相关学者从相对微观的层面，比如产业层面和企业层面来研究企业开展竞争合作的重要性。低碳竞争理论重点是研究产业竞争理论在低碳经济发展背景下赋予的

新的时代内涵，是一般竞争理论在低碳产业发展上的重点表现，具有鲜明的低碳特性，对提升低碳产业竞争力具有指导意义。关于低碳产业竞争的相关理论，重点可以从比较优势理论、竞争优势理论、竞争合作理论以及产业生命周期理论等方面进行阐述。

（一）比较优势理论

大卫·李嘉图提出了著名的比较优势理论，他认为即使一个国家在任何产品上不具有绝对优势，也存在着贸易的可能：只要本国在该国生产一种产品的机会成本较之其他国家生产该种产品的机会成本差距较小，即存在比较优势就可以通过生产这种产品参与国际贸易活动，从而使得两个国家都可获利益。若一个国家在任何产品生产上较之其他国家都有优势，要选择优势最大的进行本国生产。简而言之，即"两优取其重、两劣取其轻"。

随着时代的发展，比较优势理论已包含诸多方面的内容，比较优势不仅包括一个国家或地区在其经济发展过程中所包含的资源条件，另外还应当涵盖软实力的内容，这里的优势资源不仅包括自然资源、劳动力、资本等基础生产要素，还应当包括技术支持、管理因素、一国所特有的文化因素以及由区位条件、市场化条件和政策导向等决定的效率因素。从比较优势理论出发，不同国家和地区欲发展其经济并提升其国际竞争力应充分发挥其本身所具有的比较优势。[1]

不同国家的产业发展在产业结构和技术水平方面存在较大差异，产业的资源利用效率、能耗强度和需求呈现不同特点，造成各国在倡导低碳经济时面临的问题各不相同。

对于低碳产业发展来说，若国家在短期内实施严格的能源约束政策或是对高碳排放企业征收碳税等手段实现能源利用效率提高和能源结构改变，则会增加企业成本，降低比较优势，不利于企业参与国际竞争。[2] 正是基于低碳政策可能导致依靠化石能源出口和高耗能产品出口国家的比较优势丧失，所以不管是发达国家还是发展中国家，都不愿承担过多的碳减排任务。

为了应对全球变暖危机，发达国家和发展中国家共同开展碳减排活动。发达国家技术先进，碳减排任务较轻，为了敦促发展中国家承担减排任务，一种有效的手段就是：在国际贸易中，发达国家对进口产品征收碳税，既不用承担生产

---

① 韩红飞：《中国低碳经济国际竞争力分析》，中国海洋大学硕士学位论文，2012年。

② 李军军：《低碳经济竞争力的内涵和表现》，《长春大学学报》2011年第11期。

这些产品所需的能源消耗和碳排放责任，获得发展中国家低成本产品，也可以通过设置贸易壁垒削弱进口产品竞争力。

发达国家在进行了工业化发展阶段后迈入了后工业化阶段，相比较前一阶段的发展，对能源等需求明显下降，第二产业逐步从资源密集型产业优化升级为资金和技术密集型产业，能源消耗强度也较低，目前碳排放较高的集中在交通、建筑行业，发展低碳经济十分有利。发达国家在国际分工中占据产业链的高端，多出口技术附加值高、能耗低的产品，对于那些能耗高、附加值低的必需品本国不参与生产，重点依靠进口满足市场需求。在低碳经济总方针下，发达国家产业比发展中国家受碳减排影响较小，具有比较优势。

从长期来看，发展低碳产业要求低能耗、低污染、低排放，在推动低碳产业发展中能加速技术创新，推动产业结构的优化升级，企业能够改进技术、降低生产成本，赢得比较优势。

发展低碳经济需在全国范围内精心布局、统一规划，根据各地现实的产业基础、技术水平和发展定位确定相应发展方向，应该分区域、分行业、分企业有重点、有层次推进，否则可能会造成产业断层及重复建设的老问题，也不利于产业比较优势的形成。

（二）竞争优势理论

竞争优势理论，由哈佛大学商学研究院迈克尔·波特提出。迈克尔·波特的《竞争战略》《竞争优势》和《国家竞争优势》比较深入地研究了竞争优势，这三本著作不仅从不同视角探究企业或国家竞争的核心问题，而且也是竞争优势理论的重要支撑，形成了一套全面而系统的竞争优势理论。

迈克尔·波特用"钻石体系"分析了一个国家为什么在某种产业上具有国际竞争力，他认为生产要素、需求条件、相关产业和支持产业的表现、企业战略、结构和竞争对手等四大关键要素是一个国家产业竞争力的主要来源。[1] 现阶段，政府在经济系统内发挥日益重要的作用，政府应把第五个要素纳入钻石理论模型中，形成低碳产业发展的"钻石"模型：政府定义为主导要素，生产要素、需求条件、相关产业、企业策略及结构与竞争为基本要素，机遇为辅助要素，其中政府通过一些政策手段，影响模型中的四个基本要素，从而推动一国低碳经济发展。

---

[1] 李军军:《中国低碳经济竞争力研究》，福建师范大学博士学位论文，2011 年。

根据迈克尔·波特的"钻石体系"模型，生产要素的结构和水平对产业国际竞争力具有决定性的作用，要创造和提升生产要素的结构和水平，这里面主要包括人力资源、天然资源、知识资源、资本资源、基础设施等。低碳产业要想具备竞争优势，生产要素发挥着重要的作用，重点表现在人力资本存量、知识和技术资源、信息资源等的质量和水平，这些生产要素的提升必将为低碳产业发展注入新的活力。

需求条件表现为国内市场需求和国际市场需求。低碳产业的兴起将带动一大批低碳产品的需求和消费。本国企业首先应关注国内需求，依据市场的动态变化及时进行战略调整，生产出满足市场需求的产品；同时关注国际市场需求有助于企业增强国际竞争力，通过技术创新、提高生产效率等方式提升企业经济效益。还要注重和国际发展方向的接轨，重视国际低碳产品和低碳技术的新动向，为调整本国低碳产业发展重点提供借鉴。特别地，企业要想较快参与到国际竞争中，必须把握好国内市场需求和国际市场需求方向的一致性，促进形成国际竞争优势。

提高低碳产业竞争力的重要途径就是推动低碳产业集群形成。产业集群由于其地理邻近、集群的外部性等特点，非常有利于企业合作创新，易于产业竞争力形成。低碳产业集群重点是突出其绿色竞争力，是指与低碳产业及相关和支持性产业在一定空间上的集聚。相关产业主要包括的是共享一定技术、服务、营销渠道等而联系在一起的产业。低碳产业是新兴产业，对于现有某些产业，已具有相对较强的竞争优势，就可以通过信息、技术和资源的共享实现对低碳产业的"提携"作用。支持性产业重点指的是处于低碳产业链条中的上下游产业，上游产业可以为低碳产业发展提供一定的原材料、零部件等，上游产业的需求变化可以促使下游产业快速适应市场变动，提升竞争力。同时，上下游企业的相互合作为降低成本也创造了条件。

产业集群作为创造国际竞争优势的重要要素之一，要求政府和相关部门要做好低碳产业集群的规划和指导工作，要依据区域特定优势，因地制宜，重点保障发展某一类低碳产业，重在做大做强，引导地区生产要素和优势资源集聚。

波特认为，企业策略实施得当是保障企业获得竞争优势的关键，企业策略实施应重点包括成本领先战略、差别化战略和专一化战略。成本领先战略是众多企业的选择，重点是依靠提高劳动生产率、改进装备水平来实现；差别化战略强调企业产品和服务要针对不同的细分市场进行量身打造，旨在满足不同消费群体的需求；专一化战略是指企业通过市场调研，将某一市场作为自己的主攻战场，通过提供更高质量的产品和服务来实现在该市场上的绝对优势。[1]

政府作为主导要素影响产业竞争优势形成。首先，政府可通过相关的法律、法规建设对低碳产业进行行为规制，引导产业低碳化转型；其次，政府通过政策扶持鼓励低碳产业发展，重点包括财政优惠政策、金融服务政策等；再次，政府通过市场干预推动一批重大低碳项目建成实施，引导企业参与国际低碳技术交流和合作，不断完善相关中介组织等手段来刺激产业发展。

一国低碳产业发展速度和机遇也存在一定的关联，比如在推进碳减排过程中，发达国家采取的行动、重大国际会议的谈判结果、全球新一轮的技术革命等都会对低碳产业产生影响。机遇作为构成要素发挥辅助作用，不受其他要素的影响，但机遇会促使钻石体系内其他要素的改变，同时，若抓住机遇可带来低碳产业发展新的竞争空间，重塑国家优势。

关于竞争优势的来源问题，随着时代发展，在未来，低碳技术将成为国家核心竞争力的一个标志。谁掌握了先进的低碳技术，谁就拥有了核心竞争力。目前，发达国家在支持和鼓励低碳经济发展的同时，正在通过主导国际节能环保标准的制定，通过新一轮的国际规则，新一代的技术领先，确保其在国际竞争中的优势地位。低碳核心技术也是制定国际、行业及企业低碳规则及标准的基础，目前国家之间及企业层面有关碳排放、碳交易的相关规则并没有形成共识，还存在很多变数。只有掌握低碳核心技术，才能更好地参与相关规则和标准的制定，否则只能按照发达国家制定的有利于其自身的规则行事，从而失去话语权和主动权，并陷入一个长期的不利境地。

（三）产业竞争合作理论

1. 产业层次——区域分工理论 [2]

分工是社会生产发展到一定阶段的产物，专业化分工能够促进效率提高，创造竞争优势。区域分工是社会分工的一种空间表现形式。区域之间的分工和合作是一对矛盾统一体，分工能够促进合作，分工越发达，合作也就越紧密。每个区域都有自己的优势和劣势，区域分工重点要依托区域优势，包括绝对优势和比

---

① 张玠、林珊、赵颖婕:《政府在低碳产业发展中的作用——基于"钻石"模型理论的分析》,《学术界》2011年第7期。

② 简晓彬、刘宁宁、胡小莉:《我国发展低碳经济的理论基础述评》,《资源与产业》2011年第10期。

较优势，生产和提供具有优势的产品和服务。不同区域之间都通过生产自身具有优势的产品，能够使资源得到有效配置，也实现了地区之间的经济合作和联动发展。

要素禀赋结构是指一个经济体中自然资源、劳动力和资本的相对份额。低碳产业属于技术密集型和资本密集型产业，在产业发展的初始阶段，在任何国家和地区发展的早期阶段，要素禀赋结构的特征均是资本比较缺乏。在此要素禀赋条件下，如果推行资本密集型产业优先发展的战略，就只能把有限的资本倾斜地配置到少数几个产业上，其他产业则得不到最起码的发展资本，极易形成畸形产业结构。对于目前低碳产业发展来说，由于地区之间的要素禀赋差异存在，地区低碳产业发展要依托优势资源，比如劳动力资源或是资本资源进行产业投资和产品开发，产品的成本优势、技术优势或者是人才优势凸显，形成产业竞争优势。对于不同地区之间，要开展有效的低碳经济合作，搭建促进知识交流的平台，通过完善各项制度和鼓励保障政策的同步推进，为低碳产业发展营造一个良好的外部环境，提升低碳产业整体发展水平。

2. 企业层次——竞争合作理论 [①]

竞争合作理论重点是研究关于企业开展竞争合作的动因分析以及此种行为带来的企业效率提升、生产力进步的结果。竞争合作理论的基本观点主要表现在两个方面：

（1）竞争合作非权宜之计。企业重点是通过开展竞争来占据市场，随着企业竞争优势的逐步丧失，企业必须要寻找新的能够提升企业生产力和竞争力的着力点，渐渐出现了内部交易代替市场交易。但是通过内部效率的改善对于时代的发展需求来说是远远不够的，且内部效率改善相对外部的合作创造的效益要小许多。在新的挑战下，要求企业之间加强合作。尼尔·瑞克曼曾指出企业内部组织之间要推动合作创造企业价值，同时，企业与企业之间更应注重合作，包括各种新的合作方式运用，这种合作可以增进企业的获利能力和竞争力。

（2）贡献、亲密、远景是竞争合作成功的三要素。①贡献。贡献是指建立竞争合作关系之后能够创造的具体有效的成果，即能够增加的实际生产力和价值。贡献主要来源于以下三个方面。一是减少重复与浪费。二是借助彼此的核心能力。三是创造新机会。贡献是指竞争合作关系给企业带来的实际利益，比如增加企业价值和创造新的生产力。贡献产生的原因主要包括：一是借助彼此的核心

---

① 张传洋：《中国旅行社企业竞合研究》，重庆师范大学硕士学位论文，2008 年。

技术；二是减少浪费，提高效率；三是突破现有瓶颈，创造新机会。②亲密。企业在传统的交易模式中只是交易伙伴，企业通过合作建立起超越伙伴关系的强有力的竞争合作关系，代表实现了紧密结合。要建立起这种紧密的合作关系，一要互信。二要信息共享。三要建立有力的伙伴团队。③远景。主要指的是企业通过合作期望达到的目标以及实现的途径和方法，重点包括各种保障机制和主导机制。

对于我国来说，低碳产业发展现在还处在成长期，各种技术或者手段都不成熟，对于产业内部企业间的知识、技术交流活动也都很少，目前通过内部交易的成本要远远高于外部交易成本，在这种背景下，开展低碳技术、产品生产企业之间的合作是十分必要的。同时，开展国际低碳经济合作是促进一国低碳产业发展的重要途径。由于发达国家和发展中国家的低碳政策制定、低碳技术利用和低碳产品开发等方面存在很大的差距，随着企业国际化程度的加深，开展企业之间的强强联合对于企业自身技术进步和创新，形成合作共赢局面具有重大意义，同时，也可通过优势企业发展进而形成产业竞争优势。

（四）产业生命周期理论

产业生命周期理论起源于产品生命周期理论，弗农（Vernon）的产品生命周期理论最具有代表性，1966 年弗农从国际化的视角，依据产业从发达国家到欠发达国家依次转移现象，将产品生产划分为导入期、成熟期和标准化期三个阶段。随后，20 世纪 70 年代，伯纳西（Abernathy）和厄特巴克（Utterback）将产品生命周期和创新结合起来进行研究，共同提出了 A—U 模型。接着，一些研究产业生命周期领域的学者 Gort 和 Klepper 建立了产业经济学意义上第一个产业生命周期模型，称为 G—K 模型。据此他们将产业生命周期划分为引入期、大量进入期、稳定期、大量退出期和成熟期五个阶段。

影响产业竞争力的关键因素在产业生命周期不同阶段是不相同的。在引入期，市场容量很小但不确定性很高，产品设计较原始而生产过程非专业化。此时，在引入期间，竞争导致了创新，产品在生产技术上、功能上的独创性是决定产业竞争力的关键因素，创新又推动了大量企业进入市场。产品研发是一个试错过程（trial and error），企业争取通过异质性创新获取竞争优势。此时，大企业相对小企业并没有优势，因为创新不是大规模 R&D 导致的。当越来越多的企业进入时，消费者从产品中获得了更多的收益，产业进入了成长期。产出水平开始提高，产品设计趋于稳定。接着，由于进入壁垒提高，进入市场的企业开始减少，而在最终将会发生淘汰，只有强大的竞争者才能在市场中生存。① 由于产品设计趋于稳定，研发变得越来越复杂，企业 R&D 部门的规模与创新效率直接相关。在这一阶段，价格优势反映竞争优势。此时，便宜的原材料和劳动成本是影响产业竞争力的关键因素。然后产业进入成熟期，产出增长率逐步放缓，这个阶段，市场趋于饱和，消费者对产品和服务的要求提升，进入率进一步下降，进入壁垒很高，但研发的进入壁垒很低，一些企业因不具有产品价格优势退出该行业，创新的焦点完全转向了过程创新和管理战略，比如企业的知识管理效率、研发能力、产品的生产流程工艺改造成为影响产业竞争力的关键因素。

产业生命周期是客观规律，是影响企业竞争力强弱的重要因素之一，企业在制定发展战略时必须对产业的生命周期特点及所处阶段具有明确的分析、判断和预测能力，经过发展战略的实施实现企业长期盈利，并达到延长企业生命周期的目的。具体来看，在企业发展过程中需要明确三方面的问题：一是依据企业所处的产业生命周期阶段及时进行竞争策略的调整；二是依据产业生命周期不同阶段的不同特点调整创新路径和内容；三是要依据产业生命周期发展演变规律，同时考虑到可能发生的异化情况，及时培育新兴产业。

三、低碳产业评价理论

低碳经济发展要重点依托低碳产业，通过产业发展带动低碳经济大发展。随着低碳产业研究的深入，许多学者就如何分析影响低碳产业发展的各种因素与现实问题、如何评价一国（地区）低碳产业发展水平、如何提升低碳产业竞争力等，研究提出了若干低碳产业评价指标体系与评价方法，对低碳产业发展具有重要指导意义。

（一）低碳产业发展影响因素分析

影响产业发展的因素有许多，但是大体可以分为两类，一类是外部因素，包括：（1）国际因素。比如国际市场环境、市场需求结构以及国外竞争者因素；（2）国内因素。比如生产要素因素、政府因素、相关产业和支持性产业因素以及市场结构因素。另一类是产业内部因素：包括产业发展水平与结构因素、企业管

---

① 张家伟：《创新与产业组织演进：产业生命周期理论综述》，《产业经济研究》2007 年第 5 期。

理与战略实施因素。对于产业发展来说，产业内部环境因素固然重要，但是外部因素也至关重要，产业外部因素比如国际市场环境、国内政府政策扶持能够为产业发展营造一个良好的外部环境，为产业发展提供新机遇。

　　低碳产业发展从产业尚未形成的种子期渐渐过渡到萌芽期，最后到成长期，整个过程发展要素是多因素的，随着产业演进，这些因素互为影响构成一种多因素的动态系统模型。在低碳产业发展不同阶段，各个因素的重要性和影响程度也不相同，所以，在进行低碳产业发展的因素分析时，可以从三个维度展开，分别是宏观层次、中观层次和微观层次，同时，结合产业发展不同时期，可以得出低碳产业影响因素分析框架模型。①

表1—2　低碳产业发展要素分析

低碳产业发展要素		种子期	萌芽期	成长期
总体环境因素	大环境的产业因素：产业结构变动、发展趋势	无相关	有关	有关
	市场因素：下游低碳产业的需求	有关	有关	有关
	政府因素：低碳产业政策及相关措施	有关	有关	有关
	资金因素	尚不存在	有关	有关
	技术因素：境内与全球范围的科技和技术专利因素	有关	有关	有关
	人力资源因素	尚不存在	有关	有关
	相关的支持咨询产业	无相关	有关	有关
产业相关因素	产业结构因素：产业分工与产业价值链	尚不存在	无相关	有关
	产业聚群因素：聚群效应	尚不存在	有关	有关
	产业创新与技术能力因素：产业技术创新环境	尚不存在	有关	有关
	产业网络关系因素：产业内部企业间的网络关系	尚不存在	无相关	有关
企业层面相关因素	企业的资源禀赋：企业拥有的资源、能力规模	尚不存在	有关	有关
	创业者的因素：自身的创业精神	尚不存在	有关	有关
	企业的战略因素	尚不存在	有关	有关
	企业的管理因素	尚不存在	无相关	有关

　　在低碳产业的种子期阶段，我们可以看到市场因素、政府因素和技术因素起着比较重要的作用。基于发达国家和发展中国家的不同国情，必须认识到这样一个事实：

　　政府这一发展要素在经济发展程度不同的国家发挥的作用存在较大差异。发达国家市场经济制度相对完善，市场参与主体发育较为成熟，有较强的抗风险能力，政府只是作为辅助要素发挥功能；相反的，发展中国家因其市场经济制度和参与主体不够成熟，需要政府参与经济活动进行决策和指导，政府起着关键作

---

① 卢晓彤：《中国低碳产业发展路径研究》，华中科技大学博士学位论文，2011年。

用。[①]在鼓励支持低碳产业发展，发展中国家政府需要在多方面进行干预和引导，旨在创造低碳产业发展良好的外部环境。重点要做好两点工作：一是在市场机制不能发挥作用的领域要进行突破，通过创新体制、机制改革填补市场空白，发挥政府职能；二是在市场机制发挥作用不甚有效或是存在市场失灵区域有所作为（市场发育不完全），降低企业适应市场成本，缩短产业的成长时间。

这些职能主要包括：①学习职能。结合本国国情并借鉴发达国家经验，进行市场体制的改革和完善，或者是利用国家力量吸引国外资本流入，实现产业发展原始资本积累。②培育职能。包括三层含义：一是培育市场职能，营造良好的市场环境，促进公平竞争和等价交换，加快市场保障机制和激励机制建设，培育一个健全的市场体系；二是培育人才职能，低碳产业未来将是知识密集型和技术密集型行业，这些都离不开高素质人才，要重视教育资源利用和人才开发；三是培育新经济增长点职能，政府在引导低碳产业发展时，可以依据国家战略需要和要素禀赋优势，重点发展如新能源汽车产业、光伏产业等，力求做大做强，带动国民经济的新一轮增长。③保护职能。这是由发展中国家经济或是技术落后所决定的重要职能。在一国低碳产业发展初期，由于市场参与主体发展尚不成熟，产业竞争力薄弱，如果失去国家行政力量上的保护，幼稚产业将会被重重包围在具备较强竞争力的国外产业群中，失去发展机会。④创新职能。重点指的是国家在产业发展政策、经济体制、发展战略等方面的创新，调动所有积极因素，为产业发展营造良好的外部环境，积极推动产业成长，努力实现"后发优势"。

（二）低碳产业评价体系

1. 低碳产业评价体系构建原则

（1）科学性和可比性原则。在设计评价指标体系时，既要准确、客观地反映区域低碳产业发展现状，又要抓住不同区域的共有特征，使各区域间具有可比性。

（2）全面性原则。对低碳产业的评价是一个系统性工作，所选取的指标应该能够全面准确地反映低碳经济的发展状况，同时要防止所选指标过多过繁，应该选取具有代表性的指标，以尽量少的指标反映尽量多的信息。

（3）可计量性和可操作性原则。首先，对于相关指标的数据收集可以在现

---

① 刘晓辉：《中国产业竞争力影响因素分析研究》，河北工业大学硕士学位论文，2006年。

行的资料中获取；其次，对于一些指标的计算必须可直接计算或者是推导算出；最后，对于定性指标也可以通过各种方法加以量化。

（4）动态调整性原则。低碳经济的发展本身就是一个动态过程，因此其评价指标体系也应根据实际相应变动，动态调整性原则表现在两个方面，指标选取的动态调整和指标权重的动态调整，依据社会、经济、技术等因素的变化情况，相应地增加或删减指标，同时根据指标对低碳产业发展整体水平的影响程度调整其权重。

2. 低碳产业评价指标体系设计

目前低碳产业包括高碳产业低碳改造、新能源新材料产业、传统低碳产业优化等方面，可以说，对于地区的所有产业发展来说，低碳化发展已经成为一种趋势。低碳产业评价指标首要考虑经济效益，其次是低碳产业发展带来的环境效益，最后是给整个社会带来的社会效益，因此，指标设计应包括这三个层次的内含指标。通过建立低碳产业评价体系，对区域的低碳产业发展水平进行定量评价，也可进行不同区域间的比较。

（1）低碳产业产值占比。该指标是用于衡量低碳产业对经济发展的贡献度大小，比值越大，低碳产业在该地区的产业规模越大。

（2）低碳产业工业增加值增长率。该指标越大，表明低碳产业发展增长速度越快，越有利于本地区的低碳经济转型。

（3）第三产业/GDP。按照钱纳里的标准结构说，可以对地区产业结构的合理化程度进行大致的测评，同时，第三产业发展程度的高低也反映了地区经济服务化程度。

（4）高新技术产业/GDP。该指标数值越大，代表高新技术产业对地区经济发展的贡献度越高，同时，高新技术产业也是典型的低碳行业，所以该指标也反映出地区的低碳经济发展水平。

（5）新能源制造业产值占比。该数值越大，说明某地区或者一国的低碳经济发展越好。

（6）产业碳生产率。指单位二氧化碳的 GDP 产出水平。数值越大，产业的低碳化程度越高。

上述指标多是对低碳产业发展现状的相关指标，对于地区低碳产业发展来说，某些产业可能由于初始资金需求大，产品市场尚未形成，短时期内无法看到明显的低碳经济效益，比如低碳生产技术行业等，这些产业的发展也是衡量地区低碳经济发展的重要方面，所以，采用一些相关的定量指标加以测度，来衡量产业发展潜力。

一是 R&D 支出和专利申请量，这两个指标是衡量产业的潜在技术创新能力。

二是低碳产业从业人员数和低碳产品与对外服务额。

这两个指标主要是从对经济发展的推动作用方面加以衡量，对于地区经济发展，低碳产业不仅要实现资源节约、环境友好，更重要的是能够促进当地就业，同时，低碳产业作为国际产业调整的新动向，要求和国际市场接轨，将产品和服务推向国际市场。指标数值越大，说明该地区的低碳产业发展潜力越大，越有助于促进就业和经济增长。

关于低碳产业环境维度指标选择，重点是：

一是资源利用指标，是通过行业的单位能耗水平、水耗水平和固体废弃物利用率来测算。

①行业单位能（水）耗水平，计算公式为：能源供应量（水资源供应量）/行业 GDP。这两项指标数值越小，代表资源利用率越高，行业的附加值越大。

②工业固体废弃物利用率，计算公式为：每年综合利用工业固体废物的总量/当年工业固体废弃物产生量和综合利用往年贮存量总和。这是一个总量指标，是衡量地区低碳经济总体发展状况的一个指标，数值越大，说明环境污染程度越低。

③清洁能源消费在能源消费总量中占比。该比重越大，说明能源利用低碳化程度越高。

二是污染控制指标，利用碳排放强度、污染物排放总量和污染物排放达标率来衡量。

①碳排放强度，与行业碳生产率互为倒数关系，是单位行业 GDP 带来的二氧化碳排放量大小，数值越小，表明行业发展带来的环境破坏程度越少。

②污染物排放总量和污染物排放达标率，是从总量指标和绝对量指标进行的污染控制程度衡量，绝对数值越大，相对数值越大，代表污染控制工作取得了显著成效，反之亦然。

三是社会评价维度的指标，包括社会效益和公众认可两个层次，社会效益衡量可利用环保机构总数、年环保投资额、科技进步贡献率来估计，公众认可度可采用低碳意识认可度、低碳产品接受程度来衡量。

具体指标体系建立如表 1—3 所示。

表 1—3 低碳产业评价指标体系

目标层	一级指标	二级指标	具体指标
区域低碳产业发展评价指标体系	经济发展维度	产业发展水平	低碳产业产值占比
			低碳产业工业增加值增长率
			第三产业 /GDP
			高新技术产业 /GDP
			新能源制造业产值占比
			产业碳生产率
		产业发展潜力	R&D 支出
			专利申请量
			低碳产业从业人员数
			低碳产品与对外服务额
	环境维度	资源利用率指标	行业的单位能耗水平
			行业的单位水耗水平
			工业固体废弃物利用率
			清洁能源消费在能源消费总量中占比
		污染控制指标	碳排放强度
			污染物排放总量
			污染物排放达标率
	社会评价维度	社会效益	环保机构总数
			年环保投资额
			科技进步贡献率
		公众认可	低碳意识认可度
			低碳产品接受程度

（三）低碳产业评价方法

1. 国内低碳产业评价方法应用

一是低碳产业综合评价方法运用。

（1）指标值综合合成法。指标值综合合成法是利用所有测度指标对低碳产业发展进行综合评价的一种方法。关于指标值的合成主要通过线性加权、乘法合成、加乘混合成来实现。具体步骤：指标首先要进行无量纲化处理，然后确定指标权重和指标值的综合集成。在此过程中，关于指标的权重确定是关键步骤。每个国家的低碳产业发展水平存在差异，不同指标发挥作用大小决定权重数值。在权重的确定上，目前有德尔菲法、标准离差法、数据包络分析等方法。最后对综合集成后的指标值进行判断，可参照国内外相关标准来评判。

（2）基于物质流分析法（MFA）的低碳产业综合评价。经济系统是和自然环境之间依靠各种物质流动联系在一起的，经济系统是自然生态系统的一个子系统，但有其独特的特性，主要体现在一是物质流动速度快；二是物质利用效率低。利用物质流分析法是衡量非物质化和可持续发展的重要内容，可以用来测算多物质的使用效率，一是原材料、产成品等，可通过投入—产出分析来估计，二是产品生产过程中产生的固体废弃物、向水体和空气中排放的污染物等。

在对低碳产业进行评价时，要涉及能源的利用效率问题，通过建立物质流分析模型，关键是要找出企业进行产品生产时资源利用率低下和资源严重浪费的环节，以期通过生产工艺改进等手段来提高资源利用效率，对于推动低碳产业发展具有重要的指导意义。

（3）灰色综合评价法。灰色综合评价法是基于灰色关联度分析的一种综合评价模型。灰色关联度分析以因素之间发展趋势的相似或相异的程度为分析依据，对样本规模和分布规律没有要求，但样本数据必须具有时间序列，它所运用的数学方法属于非统计方法，对系统数据资料较少和不满足统计条件的情形更有实用性。总的来说，以灰色关联度分析为核心的灰色综合评价解决了评价指标难以准确量化和统计的问题，剔除了人为评价的影响，使分析结果更加与事实相符。

综合评价的理论基础是灰色系统理论，它的研究对象具有"外延明确，内涵不明确"的特点，部分信息明确，部分信息还处于未开发状态，即存有信息不确定性。指标体系的研究对象是对低碳产业的发展现状进行评价，以低碳产业为研究外延，但具体的内涵对象并不明确。虽然可以通过几个维度对低碳产业进行评价，但是并不能包含所有的方面，同时，每个维度下的指标选择，也不能涵盖所有的指标。因此，低碳产业评价体系符合灰色系统理论的"贫信息"不确定性。从数据可适性看，灰色关联度分析要求样本数据必须具有时间序列，通过时间序列的分析，可以对低碳产业发展的速度和质量进行对比分析，对于发展具备发展潜力的低碳产业也起到一定作用。

二是指标权重确定的方法运用。

（1）层次分析法。层次分析法是将与决策有关的元素分解成目标、准则、方案等层次，定量地计算出各因素对总目标影响的权重。其基本步骤为：建立递阶层次结构模型、构造出各层次中的所有判断矩阵、层次单排序及一致性检验和层次总排序及一致性检验。[①] 在确定权重的过程中，主要是通过 4 种方法：算术

① 刘嵘、徐征、李悦：《低碳经济评价指标体系及实证研究——以河北省某县为例》，《经济论坛》2010 年第 5 期。

平均法、几何平均法、特征向量法和最小二乘法，4 种方法计算出来的权重向量一般比较接近，多使用算术平均法进行估算。

层析分析法最终是要确定各元素，特别是最低层中各方案对目标的排序权重，从而进行方案选择，对层次总排序也需进行一致性检验，计算各层要素对系统总目标的合成权重，并对各备选方案进行排序。层次分析法的优点主要表现在：首先，它是一种定性分析和定量分析相结合的评价决策方法，比单纯凭经验所确定评价因素权重的专家咨询法更为科学；其次，将指标划分为不同的层级进行分析，是利用系统分析的思想来判断方案的影响程度差异，对于实施反馈控制也具有现实指导作用。

依据低碳产业的概念和发展内涵，结合产业发展水平的相关指标，仅从一些定量指标无法全面考察低碳产业发展水平，采取定性和定量分析相结合，选择不同侧面指标可更科学地反映低碳产业发展状况，所以，利用层次分析法构建低碳产业评价指标体系具有一定的可行性。

（2）主成分分析法。[①] 主成分分析（Principal Components Analysis，简称 PCA），又称主分量分析，最早由 Karl Pearson 提出，用于对非随机变量的研究，后 Hotelling 将研究范围推广至随机变量。总体定量分析多采用样本分析，样本指标少则十几个多则成百上千，分析过程复杂而繁琐，主成分分析法可以大大简化这一过程，涉及变量又少，涵盖信息又多。它利用降维[②] 的思想，把多指标数据集转化为少数几个互不相干的综合指标，用这几个综合指标代替原始数据集，然后对综合指标进行线性组合，把线性组合的结果作为最终的评价指标。综合指标的互不相干，可以保证指标所含信息互不重叠，使综合指标更具代表性。每一个综合指标对应一个主成分，含有信息量最多的主成分作为第一主成分，其后依次类推，信息量的多少通过方差来衡量，方差越大，所含信息量越多。

主成分分析法步骤：①对原始数据进行 KMO 检验和巴特利特球形检验。②数据的标准化处理，统一变量量纲。③进行因子分析，找出主成分因子，包括计算贡献率和旋转前因子载荷矩阵，以累计贡献率超过 80% 的前几个因子作为主成分因子。④根据特征值和旋转前因子载荷矩阵计算单位特征向量。⑤计算主成分综合评价函数，进行综合评价。

---

① 刘雪丽：《低碳经济发展评价指标体系研究——以江苏为例》，南京邮电大学硕士学位论文，2013 年。

② "维"指的是一个数学问题中元素的自由度，即该元素的坐标数。"降维"则通过一些数学方法，将高维的数学问题降为低维，从而使复杂的数学问题得到简化。

（3）因子分析法。因子分析是主成分分析的推广，因子分析的实质就是用几个潜在的、不可观测的、互不相关的随机变量去描述许多变量之间的相关关系（或者协方差关系），这些随机变量被称为公共因子。因子分析的主要任务之一就是对原有变量中信息重叠的部分提取彼此间互不相关的综合因子，达到减少变量个数的目的。同时，根据标准化后的因子得分系数可以计算出各因子得分，通过选择合理的权重可计算最终的综合得分。

（4）变异系数法。变异系数法是将利用指标相关数据，通过一定数学处理得到变异系数，然后获得指标权重的一种方法。在对低碳产业发展进行评价时，多指标要进行权重确定，若某个指标变异系数相对其他指标的变异程度大，则应被赋予较大权重，反之亦然，这种方法关键是利用某个指标的变异系数相对总体指标的变异程度作为区分不同指标的重要程度标准。①

具体步骤如下：

首先，计算第 j 个评价指标的平均值和标准差；

其次，计算第 j 个评价指标的变异系数；

最后，将变异系数归一化处理得到各指标权重。

采用变异系数法不仅消除了量纲不同对指标权重的影响，同时，利用评价对象达到该指标平均水平的难度来确定权重，既有效利用了指标信息，也准确反映了指标的重要程度。

2. 国外低碳经济评价②

（1）低碳经济综合评价模型。发展低碳经济必定促使使用清洁能源，减少碳排放量。综合评价模型重点强调将经济和环境结合起来进行分析。比较典型的综合评价模型有 E3MG（Energy—Economy—Environment Model at the Global Level）、ECPSE（Energy and Climate Policy and Scenario Evaluation）模型等。国外学者通过利用 E3MG 模型对英国的碳排放进行分析，并提出了英国实现脱碳的相关意见；Hal Turton 在研究能源和投资战略问题时，利用 ECLIPSE 探讨不同方案带来的能源和气候变化政策的影响。

（2）投入—产出法（I—O 模型）。在对低碳经济进行投入—产出分析时，要对传统的研究一般经济活动的投入—产出模型进行改造，低碳经济最大的特点表现在环境效益上，所以要在模型中加入相应的环境因素。如 A.Druckman、

---

① 彭博：《低碳经济评价指标体系构建与实证研究》，湖南大学硕士学位论文，2011 年。

② 周富华、陈雄：《国内外低碳经济评价初探》，《当代经济》2011 年 5 月（上）。

P.Bradley 等运用环境型投入—产出模型（Environmental Input—Output，EIO）来分析英国的碳减排情况。Jyoti Parikh、Manoj Panda、A.Ganesh-Kumar 和 Vinay Singh 通过投入—产出法（IO）和社会会计矩阵（SAM）来评估印度经济发展的碳排放现状。Cheng F. Lee 等在灰色理论（grew theory）和投入—产出理论（input—output theory）的基础上，运用模糊目标规划（fuzzy goal programming）方法构建模型，模拟了三种碳税方案下碳减排的力度和经济影响。

（3）可计算一般均衡模型。是基于瓦尔拉斯的一般均衡理论建立起来的反映所有市场活动的经济模型，包括生产要素市场、产品市场和资本市场，能够模拟不同行业或部门之间复杂的、基于市场的相互作用关系。通过建立模型，可以求解市场出清价格、部门的产出、投资以及二氧化碳排放量等。利用一般均衡模型对低碳经济进行评价时，在方程设计时注意加入低碳经济发展相关指标，比如可以模拟碳税等经济政策在经济活动中的影响。在这方面，Mustafa H.Babiker 运用跨区域性的可计算一般均衡模型（CGE 模型）来预算碳消费支出额。

第二章 低碳产业的产生与发展

2008 年春，美国著名经济学家、诺贝尔经济学奖获得者约瑟夫·斯蒂克利茨应邀到中国参与经济情势分析。在做正式报告之前，他首先讲了一个故事：有两个行星划过了地球，有一个星球就问另一个星球，你在担心什么？另一个星球就说，我在担心人类；这个行星说，你不用担心，因为人类不久就不存在了。然后，斯蒂克利茨请与会者关注，我们这样一个星球，在传统的资源浪费型的生活和消费模式下是不能够存活的。他指出，我们需要一个新的、符合社会本质的生活和经济发展模式。① 要实现整个人类的持续发展和繁荣，改变当前的产业发展模式刻不容缓，发展低碳产业是应对当前人类生存挑战的不二法门。

一、低碳产业产生的背景

低碳产业的产生与发展，既是人类产业发展模式高级化的自觉选择，也是应对资源环境挑战的自然选择，是整个产业发展模式优化选择的必然结果，因此，我们回眸整个人类产业的进化过程，就能真正明白发展低碳产业的必要性。

（一）农业社会的低碳经济

在人类社会发展的早期阶段，人类始祖和其他动物一样，过着茹毛饮血的生活，只能依靠自身的基本能力并借助自然的能量来维持生存。能够从弱肉强食的动物世界中竞争而生存并成为世界的主宰，人类成为动物种群中的一个独特族

---

① 《经济情势报告（第 29 号）》，香港环球经济电讯社 2008 年 3 月 28 日中文版，第 14—15 页。

群的根本原因是因为人类拥有超越其他动物的智慧，能够从自然界的发展与变化中认识到自然界的独特现象并发现其规律，利用自然界的不能为其他动物所掌握和使用的力量来壮大和拓展自己的力量，利用自然的能量来弥补人类自身能量的不足，在人类早期所能利用的自然力，首推人类对火的认识和利用。人类祖先的某个先祖在无意中，从大自然的火山喷发或者是雷击发生的天然大火中，发现了经历大火烧烤以后的食物味道、口感变化和消化吸收营养的改善，某些自然品经过大火炙烤后发生了物理和化学变化，从形态到使用效果上都发生了很大的改变，这个偶然的发现，在个人身上是很小的一步，但是对于整个的人类社会和自然界的进化来说就是跨出了惊天动地的一大步。火的力量让人类认识到了在自然界存在超越人类自身能量并可以被人类所借用的外力，能够成为人类生存并进一步发展的最重要辅助力量。

从某种意义上讲，火的使用使人类出现了碳的排放，而碳的排放无论是对于提高人类的生活水平还是生活质量都具有非凡的意义。据《韩非子》《太平御览》等古书记载：在远古的时候，人们惯吃生食，茹毛饮血。生食腥臊恶臭，伤害肠胃，易生疾病。后来，人们发现火烤熟的食品味美且易消化而有利于身体健康，若能长期地通过烧烤来改善人类的食物和营养结构不仅改善了身体健康状况还能提高人类适应自然界的能力。但因雷击等产生的自然火很少而且存在时间短暂且火种不易长时间保留，当时有一位圣人从鸟啄燧木出现火花而受到启示，就折下燧木枝，钻木取火。他把这种方法教给世人，人类从此掌握了人工取火的技术，用火烤制食物、照明、取暖、冶炼等，使人类的生活进入了一个全新的阶段。在北京人的洞穴中，发现了厚达六米的灰烬堆积层，在贵州桐梓猿人遗址中也有烧烤过的兽骨，这些遗迹说明中国古代的猿人已经普遍使用火并利用火来烧烤食物。为了感恩火所带来的恩惠，世界不同地区流传着各种火种发明者的神话传说故事，在中国人们称这位圣人为燧人氏。燧人就是"取火者"的意思，奉他为"三皇之首"。而在希腊的神话故事中，有一个普罗米修斯的故事。在整个人类处于黑暗的时代，生活遭受到前所未有的困难，为了将人类从黑暗中拯救出来，他不惜冒犯天庭从上天盗来人类生存的圣火，从而挽救了整个人类。中华民族和西方世界对于火种传播者的赞扬和美好的传说，其根源是对火的能量的赞扬，是对碳能量的一种粗浅认识。

火的出现在人类科技发展史上具有非常特殊的地位，在特定的历史条件下，科技的发展与进步尚处于一种朦胧的经验，火在当时就相当于现在的高技术，而伴随这种新兴技术的是碳的排放。应该说碳排放使人类社会的生产生活方式开始发生根本性变化，人类开始从原始的动荡游牧生活逐步向稳定的农居生活转变，生产力的提高促进剩余产品的出现，促使人类社会从原始公有制向私有制转变，人类社会开始进入农业文明时代。

在整个农业文明时期，人类生活的基本模式就是低碳生活模式，因为当时生活来源主要依靠自然界的植物，简单地说就是简单碳水化合物的利用。农业社会在整个人类发展历程中时间最长，借助能量的获取形成完整的食物链，植物借助光合作用形成碳水化合物，一部分动物通过食用植物获得碳水化合物，另一部分动物通过使用动物和植物来获得，而人类则通过食用自然界中的动植物来维持生存，并通过燃烧植物保暖来形成完整的能量储存与转化体系。在这个能量转化过程中，太阳能最为重要，不仅是碳水化合物形成的基础，还是地球上基本能量的最主要来源，尽管存在植物秸秆燃烧取暖的情况，但二氧化碳的排放量极少，并能被植物完全吸收，因此不存在二氧化碳存量上升的问题。

整个农业时代的低碳排放确保了人类自然环境的优美，但无法保障生活富足和财富的积累，解决温饱问题是人类始终面临的核心问题，因此，农业社会开始了人类的低碳产业发展的先河，但无法快速推动人类社会的进步与发展。

（二）工业社会的高碳经济

工业文明的发展和演进多与技术革命相联系，而每次重大技术革命的突破又与动力革命连为一体。利用太阳和火作为主要的能量来源是农业社会发展最主要的特点，通过动植物驯养和种植是实现能量储藏和转换的一种补充。长期以来，人类在能量的储藏和转化上做了巨大的努力，并渴望获得一种效率更高的转换手段和方式，但在农业社会阶段没有实现根本的突破，靠天吃饭和自然能量的无法控制致使人类在农业社会进步异常的缓慢。

近代工业文明的标识是人类燃烧煤炭和石油，而构成这些矿物燃料的基础是地球长期积累的碳水化合物，以动植物躯体作为碳水化合物储存基础，经过长期的化学物理变化形成化石燃料，并因此构筑工业社会。"工业社会是建立在对化石燃料（能源）的勘探、开采、加工、利用基础之上的经济社会，它使人类经济发展方式发生了翻天覆地的变化。"[1]近代工业生产建立的基础是蒸汽机的发明和使用，在能量转化技术进步推动下，柴油机和汽油机的相继发明推动了工业生产的迅速进步与发展。从蒸汽机到柴油机再到汽油机，这些能量转换机械设备

---

[1] 鲍健强、苗阳、陈锋：《低碳经济：人类经济发展方式的新变革》，《中国工业经济》2008年第4期。

的出现，促进了生产发展和速度的革命。但是，这些能量转化机械在使用中存在一个巨大的缺陷就是机械必须和能量母机联系在一起，而能量转化机械又要和能源的供应结合，同时燃料的燃烧会造成巨大的环境破坏和污染，远距离的能量转换和传输也是异常的困难。在一个地区能否建立工业生产的基地最主要是看这个地区是不是存在大量的煤或者石油资源，能源来源的制约和环境的污染成为工业社会发展的巨大制约。但是长期以来，化石能源的使用产生大量的二氧化碳的排放，地球的二氧化碳存量越来越多，生产过程的二氧化碳增量不断增加，人类社会不知不觉进入"高碳社会"。在化石能源体系的支撑下，"人类形成了火电、石化、钢铁、建材、有色金属等工业，并由此衍生出汽车、船舶、航空、机械、电子、化工、建筑等行业，这些高能耗的工业都可称为高碳工业，即化石能源密集型产业。甚至连传统的低碳农业也演变成高碳农业，支撑现代农业发展的化肥和农药都是以化石能源为基础的。"[1]

现代工业社会的发展是建立在能源消耗技术上的，这些技术，在带动生产发展的同时也导致了大量的污染物排放到自然界中。特别是一些高污染资源的消耗造成巨大的恶性污染并让人类付出了巨大的发展代价，在欧洲和美国等首先进行工业革命的国家，不仅消耗了大量的自然资源，造成了环境的严重恶化，而且发达国家为了保护自己国内的环境，不断地向发展中国家转移对环境污染非常严重的工业，形成了发达国家先污染，为了治理自己国内的环境将污染严重的工业转移到发展中国家来污染发展中国家环境的恶性转移循环事件。如美国将国内污染严重的化学工业转移到印度，在印度形成的博比惨案，就是因为毒气的泄漏造成印度1500多人的伤亡和环境的长期恶化。日本国内因为环境的变化形成的污染是非常的严重，发展中国家在工业化的过程中，也是在不断地以牺牲环境作为代价换取发展。如对森林的大量砍伐和土壤的沙漠化成为进一步发展的巨大桎梏。因为环境的恶化导致人类的整个生存环境都在发生变化，原来并不存在的各种疾病在不断出现，对人类的威胁依然大量的存在，同时因为环境的恶化导致了各种动植物面临灭绝的危险，生物的多样性的消失成为在工业社会环境污染的另外的恶果。伴随着经济全球化的深入发展，国际投资和加工贸易的盛行使碳排放问题成为当今重要的全球性问题之一。

因此，在对于传统的工业文明反思的基础上，在认识到高碳排放对经济发展的推动作用的同时，还应该看到高碳排放的副作用，就是人类不能仅仅只考虑

---

[1] 鲍健强、苗阳、陈锋：《低碳经济：人类经济发展方式的新变革》，《中国工业经济》2008年第4期。

到高碳排放带来的财富和便利，还要意识到其带来严峻的环境问题，这一"双刃剑"的现实再次说明，人类必须树立更加科学的发展观，大力发展绿色科技，以实现整个人类的可持续的发展。但如何有效解决财富增长与碳排放之间的正相关性不仅是考验人类科学技术的难题，更是考验人类的重建全球经济发展制度的智慧。

（三）未来社会的低碳经济

建立在高碳基础上的工业社会，人类创造了巨大的物质财富和精神财富，但是环境的恶化给人类敲响了警钟。高碳排放所催生的生态环境问题是工业革命的一种副产品，但是在很长一段时间并没有真正引起人类足够的重视。

从 1962 年美国生物学家卡逊出版《寂静的春天》开始，人类对传统生产模式所造成的弊端的反思愈来愈深刻，反映了人类自工业革命以来对自身命运走向的觉醒。1966 年，美国经济学家鲍尔丁提出了循环经济的概念。1972 年罗马俱乐部发表题为《增长的极限》的研究报告，作者通过统计模型计算并预言：在 21 世纪，人口和经济需求的极度增长将导致地球资源耗竭、生态破坏和环境污染[1]，并提出持续发展要从全球化的视角来考虑。作者认为全球化的动力主要有两个：其一，生产力的提高和科技的进步尤其是信息技术的进步使地球成为名副其实的"地球村"；其二，全球性问题的出现如生态环境问题等要求进行全球性合作。而生态环境问题主要有几个特点：一是全球性；二是超越意识形态；三是整体关联性；最后是生态环境的破坏具有不可逆转性。1972 年的第一次人类环境会议在斯德哥尔摩召开，标志着人类在生态环境领域的合作迈出了坚实的一步；1987 年布伦特兰夫人在《我们共同的未来》的报告里，第一次提出可持续发展的新理念。1992 年，在巴西里约热内卢召开的联合国环境与发展大会上，通过了《里约宣言》和《21 世纪议程》，号召各国走可持续发展之路，这是人类在生态环境问题合作上具有里程碑意义的事件。

生态环境问题是人类终极关怀的问题，不论在发达国家还是在发展中国家，不论资本主义国家还是社会主义国家都是应该认真面对的问题。人类应该放弃传统的"人类中心主义"而转向"生态中心主义"，这不仅是人类几千年认识史上的重要转变，更重要的是提醒人类在享受过去 200 多年的工业社会的高速发展所带来的财富的同时，必须认真面对高碳排放造成的恶果。

---

[1] 丹尼斯·L.米都斯：《增长的极限》，四川人民出版社 1984 年版，第 39 页。

气候变暖和二氧化碳的排放已经成为全球性的问题，要解决此问题必须全球联合，单靠单个国家难以解决。1997 年在联合国的主持下，以解决二氧化碳排放为和核心议题的《京都议定书》出笼，世界主要国家试图形成联合遏制二氧化碳过度排放的体制，2007 年的"巴厘岛路线图"，各国希望能形成一个二氧化碳减排目标实现的时间表。二氧化碳的减排机制的形成是一个复杂的问题，关系到国家的责任、权利、利益，还包括各国民众的态度，尤其是对经济发展水平相对落后的国家形成压力巨大，因此纷争众多但总体看其正面意义远超过其负面影响，因为全球环境容量有限，二氧化碳的排放不能出现公共用地的悲剧，全球联合解决具有必然性。科学家认为，当温室气体（CO_2）浓度超过 550PPM，会导致全球气候和生态环境发生根本性的改变，甚至频繁出现灾难性气候等。不正视二氧化碳过度排放的后果，将为人类的灭亡埋下定时炸弹，但因二氧化碳排放者的属地管辖权属于企业所在地的政府，没有全球各国政府的共同努力难以完成这一历史重任。因此，二氧化碳的排放由经济问题转变为政治问题有其现实的必然性。由于对化石能源有限，开发替代性的能源和清洁生产技术要全球联合攻关，并形成成果共享机制。化石能源储存有限且不可再生，价格长期趋势走高，对化石能源的高效使用、清洁开发、节约利用具有现实的必要性，考虑到环境的影响，需要大力发展可再生能源，如太阳能、风能、生物质能、潮汐能等。但要解决这些问题不仅是政治决心和意志的问题，更是技术创新能力的问题，世界各国技术开放能力的差异必然导致技术创新程度的参差不齐，发达国家要承担帮助发展中国家的责任和义务，全球的同呼吸共命运的现实要求全球联合，因此，构建以低碳排放为基础的发展模式已经成为全球的共识。

要实现建立在化石能源基础之上的传统工业经济向低碳经济转型不仅成本高昂而且难度比较大。一是经济发展模式转化过程中的沉淀成本和新建成本巨大。传统经济发展是建立在化石能源的利用和开发基础上，与此相匹配的基础设施和设备已经形成巨大的沉淀成本，要建立与新的低碳经济相适应的基础设施，不仅意味着原来沉淀成本的废弃，还意味着必须投入新的成本建立与之相适应的基础设施，这个需要巨大财力投入。二是要结合新能源的需要进行技术研发，并对传统的生产模式和流程进行改造，提高能源的利用效率并减少二氧化碳的排放，需要巨大技术研发投入。三是开发新能源，包括风能、太阳能、地热能、核能等都需要进一步的投入和技术创新研发，其投入是非常昂贵和巨大的。而基础设施建设和使用的周期一般在 40—50 年，在二战后 60 年代形成的基础设施目前正处在更新换代周期，如果我们能把握这次机遇，还是有突破发展的可能。

世界上最主要的发达经济体，如美国、欧盟、日本、以色列等都在结合低碳经济的发展趋势进行的技术创新，试图抢占未来发展的制高点，目前已经积累了大量的相关清洁生产技术和新能源利用的手段。但发达国家从获取技术专利收益的角度出发，一方面大力宣传并要求落后国家节能减排推进清洁生产，但另一方面却不肯利用自身的技术优势支持落后的国家，形成两难的局面。因此，只有全人类共同努力，摒弃偏见才能解决全球共同面临的传统高碳生产模式带来的不良后果，推进低碳生产方式的实现。

二、低碳产业概念与内涵

低碳产业是一个全新的概念，其内涵在不断地丰富和延伸，正在对人类产业的发展形成引导，随着人类认识的不断深入，发展低碳产业会形成更加科学合理的路径。

（一）低碳产业认识的演进与发展

对于发展低碳产业的必要性，人类的认识是在逐步深入，最早的认识是建立在产出效率认识的基础上。Paul Krugrnan（1994）经典文献声称亚洲增长没有奇迹，主要不是依靠生产率的提高而是依靠要素的高投入实现的，这样一种增长在边际递减规律作用下必然是不可持续的。过去 30 多年，我国年均 10% 以上的经济增长也被称之为"中国奇迹"，然而我国的经济增长方式也是"高投入、高消耗、高排放、不协调、难循环、低效率"。[①]

对发展低碳产业重要性的认识是从资源环境角度切入，并将其与生产规模、产业结构和技术进步有机结合。从生产的角度看，可以细分为生产规模、结构（包括投入结构与产出结构）和技术（包括全要素生产率和专门的环保技术）三个方面。在其他因素不变的情况下，产出规模增长必然带来污染的增加，在理论模型和经验中都得到了证实，因此，化解环境与增长的矛盾只能依靠另外几类因素：一是产出结构变化。随着一国经济的发展，产业结构将从劳动密集型、农业占主导的资本密集型、工业和重工业向知识技术密集型、服务业占主导产业结构变迁过程中改善环境。二是投入结构变化。一国能源消费结构碳、石油、天然

---

① 《马凯在中国发展高层论坛 2004 年会上的发言》，http://www.people.com.cn /GB /jingji /8215/32688 /2403681.html。

气、水电、核电所占比重不同，将带来不同的环境影响。能源、污染与增长联系在一起，但能源强度和投入结构的变化，可以在实现增长的同时减少污染，能源强度的变化既有产出结构变化的影响也有节能技术进步的因素。三是技术进步。技术进步可以分为两类，一是产品生产技术进步，或者是一般的技术进步，可以用全要素生产率（TFP）表示；二是环保技术，包括节能、减排、治污等专门的技术。技术进步可能减少能源资源的投入，并提高资源的使用效率，降低污染物的排放，从而达到改善生态环境的目标。

随着人类认识水平的提升，环境的成本逐渐成为考核经济发展的重要指标，但自然环境的不可分割性和公共物品的性质，使环境污染的成本长期没有受到关注，但随着环境污染问题逐渐演变成为全人类问题，污染的成本和代价逐渐为人们所认识。英国政府在应对气候变化和发展低碳经济上形成持续的政策延续，继 2003 年能源白皮书发表，2006 年又发布了《气候变化的经济学：斯特恩报告》系统分析全球气候变化并提出英国的见解：结论显示如果不能遏止全球气候变暖，人类付出的代价将超过一场世界大战的损失。全球气候变化的灾难性后果并非无法避免，只要全球每年愿意拿出 GDP 的 1% 来应对，未来将能减少GDP5%—20% 的损失。依据整个人类目前的技术积累完全可以做到的，关键是决心和行动的迅速果敢，因此，全球经济应该向低碳经济转型，借助相应的产业措施和政策引导来实现最终目标。

国际社会对发展低碳产业的重要性认识空前提高，一国经济发展的外部性造成的额外成本成为世界各国关注的焦点，节能减排降低二氧化碳的排放，不仅能促进本国经济效率的提升，也能降低其他国家的发展成本，要改变自然环境"公共用地"的悲剧，只有全世界的国家联手才能解决。2009 年的哥本哈根世界气候大会，是人类共同应对全球气候变化的一次集体努力，会议涉及世界各国从高碳排放的工业文明向低碳消耗的生态文明的革命性转型，尽管在大会上各种力量博弈激烈，但这次会议将对地球今后的气候变化走向产生决定性的影响。哥本哈根会议将成为启动这个绿色经济的新长波，引导人类经济的增长从高碳转向低碳，并将进入发展高潮，世界经济走向低碳化的长期趋势已经确立。

（二）低碳产业的概念界定

低碳产业首次出现在英国政府的《低碳和环保产品与服务产业分析》报告中，"低碳"和"高碳"是相对而言的。那么，"低碳产业"这一名词到底有什么内涵，它与以往的环保产业、可再生能源产业以及绿色产业有什么不同。因此，为了更全面地理解低碳产业的内涵，有必要对这几个概念进行辨析，进而做到把握低碳产业的内涵，才能对低碳产业的概念进行界定。（见表2—1）

表2—1　低碳产业内涵辨析[①]

产业	时期或背景	概念
低碳产业	源于国际社会对引发全球变暖的二氧化碳气体排放的关注	狭义地讲，低碳产业是指提供以减少二氧化碳排放为标的的服务和产品的行业； 广义地讲，低碳产业是指有助于节能减排的所有行业类别，增加了通过提供节能技术服务间接减少二氧化碳排放的行业，如清洁生产技术和处理已经产生二氧化碳的行业，如森林碳汇，还有服务于碳排放权交易市场的所有行业。
环保产业	20世纪70年代	主要关注污染治理，根据污染物种类，将环保设备和相关服务细分成五个类别，即废水治理、废弃物管理、空气质量控制、噪声控制以及环境分析和环境咨询等。
可再生能源产业	源于可再生能源的发现和应用	开发可再生能源的单位和企业所从事的工作的一系列过程，如对太阳能、地热能、风能、海洋能、生物质能和潮汐能等的开发。
绿色产业	20世纪90年代	从广义上说，不仅涵盖生物资源开发、无公害农业、花卉等，而且包括没有污染和少污染的产业； 从狭义上讲，"绿色产业"包括粮食作物、畜牧、水产、果品、食品深加工、饮料、食品包装、无公害农业生产资料和人类其他生活用品等。

通过对概念的辨析可以知道，环保产业涉及的对象是污染，主要是涉及与污染治理相关的行业，更注重的是行业的前期检测咨询和后期的治理，处于产业链的两端；可再生能源产业涉及的对象是可再生能源，主要是围绕可再生能源研发和应用的行业，处于产业链的前端；绿色行业涉及的对象是第一产业和食品加工行业，主要是与第一产业相关的行业；而低碳产业则涉及与产业链中碳排放相关的各个环节，"低碳"不仅是减少碳排放，而且是追求效率的提高。

从产业角度来分析，理论界对于产业的认识，一是从"质"的角度动态地揭示产业间技术经济联系与联系方式不断发展变化的趋势，揭示经济发展过程中国民经济各部门中主导产业和支柱产业变化的规律和结构效益，从而形成狭义产业结构理论。二是从"量"的角度静态地研究一定时期内产业间联系和联系方式的技术经济数量比例关系，即"投入"与"产出"的比例关系，反映经济发展的

---

① 崔奕、郝寿义、陈妍：《低碳经济背景下看低碳产业发展方向》，《生态经济》2010年第6期。

效率。那么，低碳产业也可以从质和量两个角度进行认识。从产业"质"的角度理解，低碳产业是指以减少二氧化碳排放为标的的服务和产品的行业。从产业"量"的角度理解，低碳产业是指有助于节能减排的所有行业类别，增加了通过提供节能技术服务间接减少二氧化碳排放的行业，如清洁生产技术和处理已经产生二氧化碳的行业，如森林碳汇，还有服务于碳排放权交易市场的所有行业。因此，低碳产业涉及电力、交通、建筑、冶金、化工、石化等部门以及在可再生能源及新能源、煤的清洁高效利用、油气资源和煤层气的勘探开发等各个领域，几乎涵盖了 GDP 的所有支柱产业，甚至还包括为低碳技术行业服务的上下游产业。

对于低碳产业的概念有很多不同学者从不同的研究角度表达各自的观点。（见表 2—2）

表 2—2　四种代表性的低碳产业概念

界定角度	学者	代表观点
行业密集程度	刘文玲	能够以相对较少的温室气体排放实现经济较大产出的行业；低碳工业主要包括知识密集型和技术密集型产业。
行业的碳标准	崔奕	高碳产业低碳化后形成的新产业、含碳量低的生产行业、生产低碳技术的行业及从事碳排放权交易的行业，其每个构成部分都具有各自的低碳标准，同时每个部分又由能达到低碳标准的若干企业构成。
低碳技术和产品	李金辉	以碳的减排量或者碳的排放权为资源，以节能减排的技术为基础的从事节能减排产品的研究、生产和开发的产业集合体，具有产业领域多元化的特征。
行业功能和意义	王海霞	具备低碳特征和节能减排的潜力；在国民经济中具有战略性地位；能体现技术的先导和创新性；具有环境友好和绿色驱动功能。

因此，低碳产业是指以碳减排量或碳排放权为资源，以节能减排技术为基础，从事节能减排产品的研究、开发、生产的综合性的产业集合体，它是低碳经济发展的基础，是国民经济的基本组成部分。

对于这一概念可以从两个角度来理解低碳产业：

（1）低碳产业是低碳经济的核心。低碳产业作为新的产业形态，它为低碳经济的发展提供了新的发展方向和发展模式，这一新的产业形态必将促进经济的可持续发展。低碳产业是以应对气候变化、保障能源安全、促进经济社会可持续发展有机结合为目的，以低能耗、低污染、低排放为发展特征的新模式，是影响未来经济发展的重要力量。低碳产业通过低碳技术的推广与应用，建立起清洁能源生产机制，并进一步影响到所有的产品生产，实现经济增长和二氧化碳排放减少的同步，形成新的技术创新和制度创新，进而推动低碳经济的快速发展。

（2）低碳产业是低碳经济发展的载体。低碳经济发展的载体是低碳产业，低碳经济发展的水平取决于低碳产业承载能力的大小（低碳产业发展规模的大小、质量的好坏）；低碳产业的传递和催化作用体现在：低碳产业的发展将带动现有高碳产业的转型发展，催生新的产业发展机会，形成新的经济增长点，促进经济"乘数"发展。[①]

三、低碳产业的特征

低碳产业与传统产业的最大差别在于低排放，能极大降低二氧化碳的排放，实现人类的可持续发展，在发展过程中体现出自身特征。

（一）高度低碳化

实现低碳发展是一项系统性的工程，主要是围绕着碳的投入和二氧化碳的排放进行优化，实现碳的低投入高产出，低碳化是低碳产业发展的关键和核心。低碳化就是以产业为基础，围绕碳的投入和排放来组织生产活动，尽可能降低空气中的二氧化碳浓度，实现发展的可持续性。低碳产业是一项系统性工程，是围绕生产、消费、流通各环节推行低碳化，离开任何一项的努力，都会使得低碳产业发展的成果大打折扣。

1. 能源低碳化

能源低碳化就是利用对二氧化碳排放量比较低，对环境影响比较小，对气候没有太大影响能源来替代传统的高排放能源。根据科学家对低碳能源的分类，主要有两大类。第一类是清洁能源，主要包括天然气、核电等。核能最大的特点是高效，只要科学使用不会污染环境，是一种清洁优质的能源，在发达国家已经在广泛地使用，人类已经积累了一定的使用经验，并具有一定的风险防范能力。天然气和煤炭、石油等能源相比，具有发热量高、燃烧充分且燃烧后无残留等优势，但天然气存在的问题是地球上储量有限，且分布不均衡。第二类是可再生能源，主要包括太阳能、风能、生物质能等。可再生能源最大特点是可再生，可以

---

① 袁男优：《低碳经济的概念内涵》，《城市环境与城市生态》2010年第2期。

无限制地重复性使用，可以实现二氧化碳的零排放，是人类社会可持续发展最重要的能源，目前存在的问题是在地球上分布不均衡，使用技术还需要进一步提高。生物质能源是对传统植物秸秆的高效科学利用，具有"碳中和"效应，对解决生产剩余物具有积极意义。

因此，要实现经济低碳化，关键是要在能源投入上进行防控，并利用现代科学技术实现能源利用效率的提高。

2. 工业低碳化

从整个碳排放的历史来看，二氧化碳的排放主要来源于工业生产，工业低碳化就是要在工业生产过程中尽量降低二氧化碳的排放，从而有效地降低空气中的碳浓度，不使全球气候变暖。工业低碳化主要是在生产过程注重能源投入的低碳化，在生产过程中尽量减少二氧化碳的排放，实现能源的充分利用和注重能量的回收再利用。

节能工业包括以下三个方面：（1）产业结构低碳化。降低高能耗的第一、第二产业比重，注重发展低能耗的第三产业，实现产业结构的低碳化。尤其是当前的能耗消耗环节，对能耗大、污染重的产业进行调整，通过减少产量和对产品循环利用来实现产业结构的低碳化。（2）生产过程低碳化。在生产制造过程中，结合生产提高能源的利用效率，降低二氧化碳的排放，综合考虑环境的影响和能源的使用效率，注重生产流程全过程的低碳化，从每一个具体环节抓起，在整个生产流程中，优化流程设置，注意绿色生产技术的推广和使用。（3）工业管理节能。在整个工业生产和物流过程中，注重能源消耗与利用的管理，充分利用清洁能源和可再生能源来为生产提供动力，在物流过程中，注重发挥水能、风能、潮汐能的作用，最大限度降低能源的投入，尽可能降低二氧化碳的排放。

工业低碳化成果不仅要在工业行业广泛应用，还应该向其他领域扩展，把工业低碳化的产业和建筑、交通等行业联系起来，形成关联效应，并进一步利用新兴低碳技术改造传统的工业生产，最终实现整个第二产业的低碳化，达到有效降低碳排放的目的。

3. 农业低碳化

农业作为解决人类衣食的重要来源，也是大气中二氧化碳的重要来源，农业低碳化就是将农业发展和植树造林、节水农业、有机农业结合。植树造林是农业低碳化最简易、最有效的途径。节水农业是提高用水有效性的农业，也是水、土作物资源综合开发利用的系统工程，通过水资源的时空调节、充分利用自然降水、高效利用灌溉水,以及提高植物自身水分利用效率等诸多方面,有效提高水资源利用率和生产效益。[①] 有机农业以生态环境保护和安全农产品生产为主要目的,大幅度地减少化肥和农药使用量,减轻农业发展中的碳含量。

4. 服务低碳化

一是要建立起低碳化的服务体系,在整个服务提供过程中,注重能耗的降低和二氧化碳的排放,注重无毒无污染的包装、耗材在服务业中的使用。注重包装设施的重复利用,尽可能减少能源物质的投入,减少污染物的排放。在整个服务业发展中要充分重视物流低碳化和服务信息化,发展物流服务尽量减少高能耗的运输模式,探索低能耗的方式。重视发挥信息的作用,利用网络平台建立起高效的信息交换机制,确保流程的优化科学化,尽可能实现物流能力的高效利用。

5. 消费低碳化

消费低碳化要从绿色消费、绿色包装、回收再利用三个方面进行消费引导。绿色消费就是对物质欲望要有节制,从环境友好的角度出发,尽量减少从大自然中获取能量。在整个消费过程中,要培育正确的消费观念,要用实际行动支持资源节约型社会的建设。要形成科学的消费模式,要注意消费的节约,间接节约能源投入。

高度低碳化是低碳产业最基本的技术特征,目前正在影响着人类的经济发展模式和产业结构,并将引发新一轮的技术创新竞争,从而成为引领人类经济增长进入新的周期。在关注低碳产业发展带来红利的同时,必须清楚地看到,世界各国因为各自的国情存在千差万别,在推动经济发展的高度低碳化时存在不同特点,必须充分考虑各国的实际情况,采取有差别的措施和对策才能确保整个人类经济持续向低碳模式发展。

(二)产业领域多元化

低碳产业源于传统工业、能源、交通和建筑等部门,最初是为这些部门提供节能减排和提高能效等服务。但是随着工业时代带来的各种问题,低碳产业逐渐独立于传统产业之外,并由减排机制催生出全新领域,如碳汇行业,呈现出产业领域多元化。从这个意义上讲,低碳产业既包括以可再生能源、新能源为主要

---

① 刘达等:《浅谈低碳经济》,《长三角》2010 年第 4 期。

生产资料的新兴制造产业,又涵盖了为实现节能和降低温室气体排放而转型的现代农业及现代服务业,并包括了以碳的排放权交易为主的新型贸易行业。[①] 依据产业活动中碳素流的变化,低碳产业涉及的产业领域可以分为五个方面:

1. 碳存储领域。这一领域主要涉及对碳元素的储存,它是指将气候系统内现存或其他经济活动排放的温室气体或其前体存储起来或直接加以利用的产业。这一领域既包括了技术研发,又包括了工业加工,如对于碳捕获和碳封存技术以及新型储存材料的研发,工业加工是指把碳资源化,即将二氧化碳加工成原材料或者中间品或消费品加以利用。

2. 碳汇领域。这一领域主要是对碳消除或吸收,由从大气中清除温室气体、气溶胶或温室气体前体的任何经济活动或机制形成的产业,包括陆地碳汇、森林碳汇和海洋碳汇等。这一领域包括了传统的三次产业的部分内容,如第一产业的森林、农作物、海洋、草原以及沼泽等,都是投入少、成本低、简单易行的碳汇产业,第二产业中如消耗臭氧层物质替代品的开发与利用,第三产业则包括与碳汇相关的服务业,如碳金融等。

3. 碳替代领域。这一领域涉及对于碳的替代产业,主要包括由以减少碳排放为目标的能源替代和供应形成的产业,由与可再生能源和清洁能源利用的相关产业组成。这一领域涉及新技术、新能源和新材料的研发和应用。

4. 碳循环领域。这一领域主要涉及碳的循环利用从而提高碳的利用效率,主要是指借助制度创新和技术集成创新,通过延长碳素循环路径,实现总体产出规模增加情况下的碳效率提高,间接降低碳排放强度的经济活动。这一领域也涉及各种传统的产业,如冶金化工和工农业复合循环等。

5. 低碳化领域。这一领域涉及低碳化特征的产业和传统高碳产业的低碳化,是指天然具有低碳排放特征的产业,和由减少向大气中释放温室气体、气溶胶或温室气体前体的经济活动形成的产业,主要解决现有相对高耗能、高排放行业的低碳化发展问题。如高新技术产业属于天然低碳产业,钢铁冶炼等属于高耗能、高排放产业。

四、低碳产业的分类

英国提出"低碳经济"的概念以来,不同国家都结合本国的经济特征来强

---

① 刘晗、顾晓君:《低碳产业发展研究述评》,《上海农业学报》2012年第4期。

调各自认识的不同，因此，对于哪些产业属于低碳产业并没有统一的认识和标准。随着各国对低碳产业发展的认识逐步加深，不同的国家结合自身认识形成初步的分类，在国际上形成了一个大概的分类框架，为我国对低碳产业进行科学合理的分类提供了基础和借鉴，同时能为发展低碳产业制定更具有针对性的规划。

（一）国际组织的分类与借鉴

联合国环境规划署的《绿色职位：可持续发展的低碳世界里的体面工作》在2008年出炉，对与低碳产业发展相关的"绿色"工作做了初步的概括和说明。"从这些工作的性质看，其实涵盖了现有的绝大多数行业。"[1]

日本国家环境研究所（NIES）联合京都大学等研究机构组成的"2050低碳社会情景研究小组"，在2008年发布了《走向低碳社会（LCSs）的日本情景与行动》的报告。"报告对2050年日本在199目标的可行性进行了详尽的分析，并且提出2050年低碳社会情景的日本12大行动，每项行动对应具体的行业。"[2]总之，要达到低碳社会的目标，必须在传统产业的节能技术和服务以及低碳的新能源开发方面取得进步。

因此，从国际组织以及发达国家的这些报告中显示，低碳产业主要包括节能环保所涉及的诸多产业以及可再生能源领域。英国独立研究机构Innovas Solutions在2009年出台的《低碳和环境产品与服务产业分析报告》认为，"低碳产业涵盖23个行业95个子行业，大致可以分为环境产品和服务、可再生能源、新兴低碳行业三大领域，其中，环境产品和服务领域主要涉及相对成熟的传统产品与服务，如空气污染控制、噪声控制、垃圾处理、资源回收利用、环境咨询服务等；可再生能源领域包括水电、风能、太阳能、地热能、生物质能等新兴能源的开发利用；新兴低碳行业则包括替代燃料的研发及其应用（如由此衍生的新能源汽车等）、节能建筑技术、核能技术和碳金融等。"[3]（见表2—3）

从这一低碳经济的分类表可以看到，这三个大领域的一些子领域会存在一些交叉，如替代能源很多是潜在的新兴能源，可以放在可再生能源领域，但是这里分布在新兴低碳产业领域中，这一领域主要包括正处于研发阶段的一些能源

---

[1] 卢晓彤：《中国低碳产业发展路径研究》，华中科技大学博士学位论文，2011年。

[2] 卢晓彤：《中国低碳产业发展路径研究》，华中科技大学博士学位论文，2011年。

[3] 卢晓彤：《中国低碳产业发展路径研究》，华中科技大学博士学位论文，2011年。

表 2—3　国际社会对低碳产业进行的分类

领域	行业	子行业	
环境产品及服务	空气污染控制	尘埃和颗粒物控制	室内空气质量
		工业 / 道路交通排放控制	工业排放控制
		工业环境（车间）空气控制	加工工艺中空气污染控制
	环境咨询和相关服务	环境领域的专家咨询	培训与教育
		雇员及业务人员招募	环境领域的管理服务
	环境监测、仪器仪表和分析	环境监测	环境状况分析
		仪器仪表及软件	
	海洋污染控制	海洋污染的清除	相关技术和研发
		海洋污染专家咨询与培训	
	噪声和振动控制	消除噪音	相关技术和研发
		噪音和振动领域的咨询、培训和教育服务	
	受污染的土地复垦和整治	土壤修复和荒地开垦	核基地的退役和复垦
	垃圾管理	垃圾处理设施建造和运营	垃圾处理的机械设备
		相关技术及研发	咨询、培训和教育
	供水和污水处理	水处理及其配送	咨询、培训和教育
		相关技术及研发	相关工程
	资源回收利用	雨水收集	工程及设备
		咨询、教育和培训	相关技术和研发
		纺织品类回收加工	堆肥类原料加工
		废纸类原料加工	汽车回收
		木材类回收加工	油料类回收加工
		电子相关产品回收加工	家用电子产品回收加工
		塑料回收加工	橡胶制品回收加工
		煤燃料产品回收加工	玻璃回收加工
		建筑及爆破废料的再利用	金属回收加工
可再生能源	水电	涡轮机	供电
		大坝及其建造	泵及其润滑
	海浪和潮汐能	涨潮落潮能源利用	泵及其他设备
		"双池"方案	涡轮机及发电
		技术评估和测量	其他通用服务
	生物质能	教育和技术咨询	锅炉和相关系统的制造
		锅炉和相关系统	生物质高炉
		生物质能系统	
	风能	风场管理系统	大型风力涡轮机
		小型风力涡轮机	
	地热能	全系统制造	咨询及相关服务
		专用设备的制造及供应	相关系统的供应
		部件设计与研发	
	可再生能源咨询	可再生资源的综合咨询	
	太阳能光伏	系统与设备	太阳能光伏电池
		其他相关设备与化合物	化合物（材料）
		研发服务	

（续表）

领域	行业	子行业	
新兴低碳行业	替代燃料汽车（低碳汽车）	汽车专用的替代燃料	其他燃料和车辆
	替代燃料	主流燃料	电池
		其他燃料	核电
	其余能源	在研发中的其他能源	
	碳捕获与存储	碳捕获与存储	
	碳金融	碳金融	
	能源管理	节能照明设备	节能加热和通气设备
		节能电子设备	供气
		咨询、教育和培训	相关技术和研发
	绿色建筑技术	节能窗	节能门
		绝缘和保温材料	能源监控系统

资料来源：BERR. Low Carbon and Environmental Goods and Services: an industry analysis，Mar.2009。

（如氢能燃料电池）；生物燃料既包括在替代能源行业中，也包括在替代燃料汽车（低碳汽车）行业中（其他燃料汽车）。此外，新兴低碳领域中的很多行业可以看作是环境产品和服务领域的"边缘"产品和服务，但是，与英国的这一分类不同，很多国家包括美国、德国、丹麦、日本等则将这些产业如绿色节能建筑技术、替代能源技术产品和服务看作环境产品和服务领域中的核心产业。尽管不同国家对低碳经济涵盖的产业及其具体的分类有不同的做法，但是在总体的原则上基本上是一致的，即，低碳经济包括了传统的环保领域、新能源领域以及新兴的低碳产品与服务领域。

（二）我国低碳产业的分类

发达国家结合自己的经济发展阶段和产业结构对低碳产业进行分类，对我国发展低碳产业具有很强的借鉴意义，但考虑到我国经济的发展阶段，我国的低碳产业主要包括以下几类：

1. 低碳农业

低碳农业是从生态经济系统结构合理化入手，通过实施工程措施与生物措施强化生物资源再生能力，通过改善农田景观及建设农林复合生态系统使种群结构合理多样化，恢复或完善生态系统原有的生产者、消费者与分解者之间的链接，形成生态系统良性循环结构及物质循环利用它要求把发展粮食与多种经济作物生产，发展大田种植与林、牧、副、渔业，发展大农业与第二、三产业结合起来，利用传统农业精华和现代科技成果，通过人工设计生态工程、协调发展与环境之间、资源利用与保护之间的矛盾，形成生态上与经济上两个良性循环，经济、生态、社会三个效益的统一。

2. 低碳工业

低碳工业从一般意义上讲，它意味着环境友好的工业体系，是与自然生态系统协调发展的工业生态系统。广义上，低碳工业包括不同的侧面和层次。从产品层面看，它是产品生态设计，是环境友好产品；从技术层面看，它是清洁生产技术开发，是生态技术的转让与扩散；从企业层面看，它是厂内单元操作清洁生产技术改进，是厂内副产品回收，是企业环境友好管理；从一定区域层面看，它是复合型生态企业，是企业间副产品的交换网络，是生态工业园区；从行业角度看，它是行业结构调整的生态化转向；从国家角度看，它又是国家循环经济体系的基石。狭义上，低碳工业专指与传统高碳工业相对的工业形态。在这一意义上，低碳工业按照工业生态学原理进行组织，基于生态系统承载能力，具备高效的经济过程及和谐的生态功能，具有网络化和系统进化特征。它通过两个或两个以上的生产体系或环节之间的系统耦合，使物质、能量多级利用、高效产出与持续利用。[①] 发展低碳工业就要从工业生产源头到生产过程再到产品全部低碳化。采用清洁能源，实施清洁生产，最后产出低碳绿色产品，使整个工业产业发展同环境承载、能源约束相适应。

传统高碳工业社会的产业结构中，经济增长严重依赖第二产业，这样造成了传统工业的高资源和能源消耗、高环境污染的低水平重复建设，而缺少低污染或无污染的高新技术产业。如果不改变传统的产业结构，环境污染、能源危机等社会问题就在所难免。所以，必须通过运用低碳产业改造传统工业，推行清洁生产技术和工艺，降低传统工业的物质消耗和污染排放。通过两个或两个以上的生产体系或环节之间的系统耦合，使物质、能量能多级利用、高效产出，资源、环境能系统开发、持续利用。使企业发展的多样性与优势度、开放度与自主度、力度与柔度、速度与稳定达到有机地结合，污染负效益变为经济正效益。[②]

---

① 崔晓莹：《我国经济技术开发区循环经济发展路径研究——以天津经济技术开发区为例》，南开大学硕士学位论文，2008年。

② 吕黄生：《中国城市生活垃圾处置经济学分析》，武汉理工大学硕士学位论文，2003年。

3. 低碳服务业

低碳服务业涵盖一切服务于低碳经济发展，为实现低碳目标提供节能减排的服务，如低碳技术研发、低碳解决方案、碳汇服务等。其服务内容包括低碳技术服务、低碳金融服务、低碳综合管理三大块，涉及农业、工业、商业、建筑、市政和公共机构、居民生活等领域。其服务机制具有多样性，如国际上的碳交易机制：国际排放贸易机制（IET）、联合履行机制（JT）、清洁发展机制（CDM）等；国内能源服务的营销机制："BT"总承包模式、"EMC"能源合同管理模式、"EMB"分期付款模式、节能设备融资租赁方式等。

低碳技术服务业可以更加合理地评价政府政策的成本、机会成本、创新的延期、政策的敏感性以及技术外溢等。根据产业内的循环体系，低碳技术服务不仅包括低碳新产品设备的生产、制造技术研发，如新能源、新材料技术、减排设备专利技术等，还包括生产、生活过程中节能改造技术、设备更新技术、能效提高技术、能源转换与替代技术，以及末端处理的碳捕捉、碳封存技术的研发、应用与监测。由此，低碳技术服务创新是发展低碳经济的一种十分重要的手段。低碳金融服务对社会经济发展的影响，主要体现在金融对低碳经济发展的支持并服务于限制温室气体排放。其中的碳金融是现代金融根据环境金融与绿色金融延伸出来的最新提法与发展方向，也是环境金融在低碳经济领域的应用。低碳综合管理是目前一个新的综合性名词，主要集中在城市碳管理与合同能源管理这两个领域。基于城市角度的低碳管理服务更多是低碳城市管理的制度、政策，低碳管理服务对整个城市环境、人口素质、经济发展等都会起到积极作用，对实现去碳化发展目标和城市可持续发展具有重要的意义。

4. 走有差异化的中国低碳产业发展道路

我国低碳产业发展水平同发达国家相比明显落后，在当前复杂的国际经济环境下发展低碳产业，既要考虑发展低碳产业普遍性特征，又要结合我国的实际，按照我国对低碳产业发展的认知，走有差异化的道路。

（1）制定以我为主的低碳产业国家发展战略。低排放、低污染、低能耗的根本问题是发展问题，应立足于当前，着眼长远，从提升新世纪国家低碳经济竞争力的高度出发，研究制定低碳产业发展的国家战略，重点是明确低碳产业在国民经济中的战略地位，目标是确保我国在这一重点领域抓住发展机遇，赢得发展优势。战略制定建议应突出"以我为主"，充分发挥我国的比较优势，从发达国家已走过的低碳经济发展道路中吸取正反两方面的经验和教训，针对我国当前的新型工业化、城市化的基本国情，建立具有中国特色的低碳产业管理体制、市场机制和保障体系，形成中国的国际话语权。

（2）进行低碳产业体制建设与市场构建。低碳产业的市场是政策驱动型市场，建议借鉴发达国家的节本体制机制建设的有益经验，结合我国的基本国情，建立健全管理体制、市场机制和保障体系。特别是要重视和强化节能环保等低碳技术、低碳产品及服务的标准化、系统化工作，大力制定和完善我国主导的相关标准体系，引导产业朝着规范化、规模化、高水平、高效益方向发展。如制定和完善产品能耗限额标准、终端用能产品低碳标准以及污染物和二氧化碳排放标准体系等。

（3）制定成体系的产业规划。要以政策体系、管理体制、市场机制建设为重点，以培育市场为核心开展系统性的产业规划编制。规划应充分考虑各地区经济发展不平衡的实际，分时间阶段、分地区地加以实施。体制机制建设进程也应纳入规划的范畴。涉及低碳产业项目方面的规划，国家、省、市、县各级规划应衔接配套，统筹部署。

第三章　低碳农业发展

农业作为国民经济的基础产业，既是重要的碳源部门，又是主要的碳汇来源。长期以来，现代农业被认为是"高能耗、高物耗、高排放和高污染"的高碳农业发展模式，在这一理念的指导下，农业的经济功能被更多地关注，恰恰忽略了农业的生态与经济功能。[①] 农业源温室气体的不断增加不仅破坏生态环境的良性循环，还严重影响到农业部门自身的生产活动。在全球产业结构进行战略调整的前提下，中国如何实现农业经济由"高碳"向"低碳"的转换，是关系到农业产业结构优化升级，以及能否实现我国经济社会、人与自然的和谐发展。因此，发展低碳农业，对于我国进行产业结构调整，破解低碳经济发展的难题，推动我国两型社会发展都具有十分重要的战略意义。

一、低碳农业与传统农业

（一）农业的起源与发展

传说神农氏之前存在包牺氏，古典记载："包牺氏没，神农氏作"；"包牺氏之王天下也，……作结绳而为网罟，以佃以渔。"可以看出当时正处在渔猎阶段，没有农业的发生，到了后来，因人口增加而野兽相对减少，食物出现短缺，于是出了神农氏。神农氏"因天之时，分地之利，制耒耜，教民农作。"成为农业的始祖。

中国农业从其产生之始，就是以种植业为中心的。首要的问题是野生植物

---

① 许广月：《中国低碳农业发展研究》，《经济学家》2010 年第 10 期。

的驯化。在长期的采集生活中，对各种野生植物的利用价值和栽培方法进行了广泛的试验，逐渐选育出适合人类需要的栽培物种来。从"尝百草"到"播五谷"和"种粟"，就是这一过程的生动反映；而所谓"神农尝百草，一日遇七十毒"，则反映了这个过程的艰难且充满风险。传说中神农氏创制斤斧耒耜，"以垦草莽"，从而确立了农业经济的地位，同时，又在漫长的原始生活中经历了"释米加烧石上而食之"到"作陶"的历史过程，解决了谷物熟食的方法和工具。由此可见，所谓"神农氏"的传说，是中国农业从发生到确立整个历史时代的反映。

原始农业的耕作技术就是刀耕火种，中国长江流域地区在唐宋以前的很长历史时期里也都保留了这种耕作方式，称为"畲田"。随着青铜器时代的到来，社会生产力得到了大力发展，尤其是以使用畜力牵引或人力操作的金属工具为标志，在两千多年前的夏朝进入阶级社会后，黄河流域也逐步从原始农业转变为传统农业，我国农业也就逐渐形成精耕细作的传统，中国农业史迎来了又一个崭新的时代——传统农业。这是一种主要运用人力、畜力、铁器等的手工劳动形式，凭借一代一代积累下的经验不断发展，主要是自给自足的自然经济的农业。其特点是精耕细作，农业部门结构较单一，生产规模较小，经营管理和生产技术仍较落后，抗御自然灾害能力差，农业生态系统功效低，商品经济较薄弱，基本上没有形成生产地域分工。受中国两千多年的封建制度的影响，传统农业一直是我国主要的农业生产方式，随着时代变迁以及全球政治和经济环境的变化，尤其是19世纪末，向西方学习的浪潮使许多有识之士认识到农业也需要发展科技，从此，中国便开始农业现代化步履维艰的过程。

18世纪以来，人类历史上迄今已完成了三次大的技术革命。以蒸汽动力技术为主导的第一次技术革命使生产的技术方式机械化。以电力技术为主导的第二次技术革命使生产的技术方式在机械化的基础上电气化。以电子技术为主导的第三次技术革命使生产的技术方式在机械化、电气化的基础上自动化。这三次技术革命不仅直接影响了工业、商业以及人类社会的历史进程，也彻底打破了传统农业的生产方式，使人类农业过渡到现代农业生产方式中来。

现代农业是以广泛应用现代科学技术为主要标志，如生物技术、计算机和信息技术，材料、能源科学和工程技术等，采用现代经营理论和方法进行管理，用高效便捷的信息系统和社会化服务体系进行服务。从发达国家的传统农业向现代农业转变的过程看，实现农业现代化的过程包括两方面的主要内容：一是农业生产的物质条件和技术的现代化，利用先进的科学技术和生产要素装备农业，实现农业生产机械化、电气化、信息化、生物化和化学化；二是农业组织管理的现代化，实现农业生产专业化、社会化、区域化和企业化。但这种农业通常是建立在高度工业化基础之上的农业，过分依赖能源的消耗，尤其是化石能源的消耗，表现为重开发轻保护、重生产轻管理、重产量轻质量、重效率轻环保和高投入高产出等特征。随着人类对能源需求的不断增加与地球能源资源日益短缺之间的矛盾越来越明显，以及地球生态环境的不断恶化，人们开始反思人类自身的社会生产活动对环境产生的影响，其中包括反思我们在进行农业生产的同时是否破坏了生态环境的良性循环，如可持续农业、有机农业、休闲观光农业和绿色农业的提出，都是为了顺应这一新的要求，而另外一种全新的农业发展方式——低碳农业，也正悄然兴起。

（二）低碳农业的兴起

最早开始系统谈论低碳经济，是 1992 年的《联合国气候变化框架公约》和 1997 年的《京都协议书》，2003 年，英国发布能源白皮书《我们的能源未来：创建低碳经济》，率先在政府文件中提出了"低碳经济"的概念。低碳经济的提出，使人们真正开始关注节约能源资源的重要性，并思考如何提高能源的利用率且降低以 CO_2 为主的温室气体的排放量等一系列关系人类生存与发展的重大问题。然而，低碳经济的兴起主要集中在工业化和城市化过程之中，农业作为国民经济的基础产业，其低碳化发展的紧迫性并未得到足够的重视。政府间气候变化专门委员会第四次评估报告表明，每年由农业排放的温室气体比全球温室气体其他排放总量的 30% 还多。与此同时，联合国粮农组织还估计，生态农业系统能够抵消约 80% 的农业排放温室气体，无须生产工业化肥还能降低 30% 的农业排放。在发展低碳经济方面，农业潜力巨大。

2009 年 12 月，哥本哈根世界气候大会即《联合国气候变化框架公约》第 15 次缔约方会议暨《京都议定书》第 5 次缔约方会议，在丹麦首都哥本哈根召开。来自 192 个国家的谈判代表共同商讨《京都议定书》一期承诺到期后的后续方案，即 2012 年至 2020 年的全球减排协议。虽然这次会议因未能出台一份具有法律约束力的协议文本让很多人感到失望，但其环境意义和政治意义还是相当深远的。低碳经济得到更多国家和人们的普遍关注，尤其是作为温室气体重要来源的农业，如何在增加粮食产量的同时又减少农业生产中温室气体的排放，已成为许多国家和专家学者研究的重点。随着对低碳农业研究的深入，以及越来越多相关低碳农业政策的出现，低碳农业也随之兴起。

（三）低碳农业与传统农业的区别

1. 低碳农业以传统农业为基础

低碳农业是在低碳经济背景下出现的新型农业发展形态，目前尚处于"萌芽"发展时期，还没有形成比较科学和完整的理论系统，因此，深入研究低碳农业的科学内涵，具有很强的现实意义。从某种程度上讲，低碳农业是传统农业的继承和发展。

长期以来，人们更加注重农业的经济功能，忽略了农业的生态和社会功能。直接后果就是品种选育单一，天然植被遭到破坏，自然物种减少等不良后果，对生物多样性构成严重威胁。改变高碳农业的方法就是要避免使用农药、化肥，发展生物多样性农业。低碳农业作为一种全新的理念和生产方式，正是以此为基础提出来的。中国是一个农业大国，因其特殊的国情和社会环境因素，使得我国在农业现代化过程中，既保留了传统农业精耕细作、分散耕种的方式，又糅合了现代农业以石油为主要动力的机器化、规模化耕作方式，低碳农业正是以此为基础发展起来的。另外，考虑到中国的现实情况，在下面的分析当中，我们把传统农业理解为以石油等化石能源为驱动力的石油农业，从这种意义上讲，与传统农业相比，低碳农业是一种安全、高效、绿色生态的可持续农业。其内涵主要表现为：低碳农业是低碳经济在农业生产方面的应用，是传统农业的提高和升华，即以"低碳"理念为核心，强调用节能减排、固碳技术、清洁能源等理念指导农业生产实践，以实现农业生产"低能耗、低污染、低排放、高效益"，最终达到保护生态环境、改善环境质量的新型农业模式。[①] 可见，低碳农业是针对减少碳排放建立的一种全新农业发展模式，将生态农业理念内生于农业生产中，代表了现代农业发展的新趋势。其实质是能源高效利用、减少环境污染、能源结构调整与优化的问题，核心是能源利用技术创新、体制创新和人们传统思维的根本性转变。通过低碳农业，在减少对自然资源破坏、改善生态环境的同时，还能促进农民增收、加快农村经济快速发展，实现农业可持续发展。

2. 低碳农业优于其他传统农业

随着人们对"石油农业"的反思，农业的功能逐渐为人们所认知，由于这

---

① 骆旭添：《低碳农业发展理论与模式研究——以福建省为例》，福建农林大学硕士学位论文，2011年。

一认识是的传统农业呈现了多元化的发展方向，形成了多种发展模式，如生态农业、有机农业、循环农业、休养农业等。与传统农业相比，低碳农业具有明显的优势，集中体现在：节约性、环保性、安全性、高效性、和谐性，其发展理念体现了低碳农业是资源节约型农业、环境友好型农业、优质安全性农业、经济高效型农业、社会和谐性农业。

表 3—1　农业生产模式比较 [1]

农业模式	核心理念	农药化肥	农业机械
低碳农业	减少温室气体排放	限制	限制
石油农业	增加农业收益	鼓励	鼓励
生态农业	平衡生态系统	适应	鼓励
有机农业	作物自然生长	拒绝	鼓励
循环农业	循环利用	限制	鼓励
精密农业	信息技术	鼓励	鼓励

3. 低碳农业的功能 [2] 高于传统农业

以往的环保农业、循环农业、绿色农业在于培育高产、优质、高效、安全、生态的可持续农业功能，低碳农业在此之外，更拓展了现代农业功能。体现为：

（1）生产功能。通过调整农业结构、转变农业生产方式，在不增加气候变化压力下提供粮食、副食品、工业原料、资金和出口物资的基本需要。

（2）安全保障功能。采用资源节约、环境友好的农业生产体系，通过节能减排技术，发展生物质能源，改善农业生态环境，保障农业安全。

（3）气候调节功能。通过减少使用化石燃料、发展循环和立体农业，减轻农业生产对气候变暖的压力。

（4）生态涵养功能。发展配合农业生产的自然与生态湿地，利用湿地固碳、净化水源等功能，保护水资源，减少面源污染，改善农业生态环境，保护自然生态资源。

（5）金融功能。通过发展低碳农业所减少碳排放量的市场交易获得收益。

（6）提升国际竞争力功能。国际市场对农产品安全指标要求日高，低碳农业可满足国际市场有机、清洁、绿色食品的需要。

---

[1]　王青、郑红勇、聂桢祯：《低碳农业理论分析与中国低碳农业发展思路》，《西北农林科技大学学报》(社会科学版) 2012 年第 3 期。

[2]　罗吉文：《低碳农业发展模式探析》，《生态经济》2010 年第 12 期。

（7）调整农业生产结构功能。低碳农业能引导、促进农民调整生产结构，发展低能耗、低污染、低排放的新型农业。

（8）改善农村环境功能。发展低碳农业可解决农业面源污染、农产品污染、农机废气、焚烧秸秆、畜禽粪便乱排等大气污染问题，提高农民生活质量。

4.低碳农业更加注重生态目标

与传统农业发展目标不同，低碳农业发展目的就是要减少农业和农村经营活动的温室气体排放，遵循基本生态原则，以促进农业生态系统良性循环，确保农业生态效益、经济效益和社会效益的有机统一。

低碳农业具有广泛性，它不仅体现在农业投入方面，在农产品生产、加工、包装、运输、消费和综合利用等环节均具有可操作性。低碳农业可持续发展所期望达到的目的是，以发展为基本前提，在低碳农业生态化发展过程中，尽可能减少温室气体排放，以实现农业生态效益、经济效益和社会效益的协调。发展、公平、协调的相互统一是低碳农业可持续发展的目标。因此，我们可以把低碳农业可持续发展的目标概括为低碳农业发展的持续性、低碳农业发展的协调性、低碳农业发展的公平性三个方面。[①] 低碳农业发展的持续性又可以分为农业资源环境的持续性和农业社会经济发展的持续性，低碳农业生态发展的协调性包括农业各子系统内部协调性和农业各子系统之间协调性，低碳农业发展的公平性可以分为代内公平性和代际公平性。

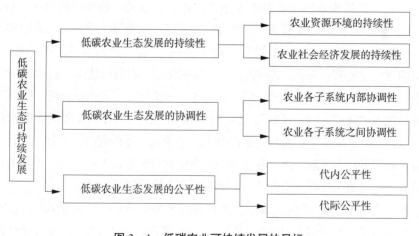

图3—1　低碳农业可持续发展的目标

---

① 严立冬、邓远建、屈志光:《论生态视角下的低碳农业发展》,《中国人口资源与环境》2010 年第 12 期。

二、创新低碳农业发展模式

中国传统的农业发展模式主要是精耕细作，效率低下，而现代农业则主要以消耗大量化石能源为代价，带来的影响就是农业源温室气体不断增加，严重影响气候变化及农业发展，为此，转变农业发展思路，实现农业的低碳转型，发展减源、增汇农业，建设低碳乡村，是创新农业发展的有效模式。

（一）减源型农业发展模式

减源型农业发展模式是就农业排放的角度而言的，农业本身就是一个很大的温室气体排放源，将温室气体排放源头控制住，也就把握了低碳农业发展的根本路径，具体来讲，减源型农业就是借助现代先进科学技术，严格控制能源、化肥、农药等要素的投入，从农产品生产的最始端，一直到农产品进入市场的整个生命周期都注入低碳理念。其主要有两种模式：

1. 减量化农业

减量化农业是就农业投入要素而言，最大限度地减少农药、化肥的投入，同时通过先进的农业技术提高农业生产效率，以达到降能增产的目的。目前，"九节一减"是其重点发展方式，所谓"九节"，即节地、节水、节肥、节药、节种、节电、节油、节柴（节煤）、节粮，"一减"是减少从事"一产"的农民。采取的方式主要有：一是发展有机农业，控制化肥、农药的使用，同时发展农用薄膜替代技术，如使用农家肥，用生物农药、生物治虫替代化学农药，用可降解农膜替代不可降解农膜，开展测土配方施肥和平衡施肥等；二是发展先进的农业生产技术，提高农业生产效率，在降低农产品投入成本的同时，增加产出；三是发挥工业的劳动力吸附作用，将农村的剩余劳动力转移到工业中去，既增加了农民的收入，又为工业提供了劳动力，有利于工农协调发展。

减量化农业的典型模式是"立体种养的节地、节水、节能模式"。立体种养，狭义就是指充分利用立体空间的一种种养模式；从广义来说，也可以理解成充分利用时间、空间等多方面种植、养殖条件来实现优质、高产、高效、节能、环保的农业模式。其特点集中体现为集约、高效、持续和环保，既充分挖掘了土地、光能、水源、热量等自然资源的潜力，又节省了时间和空间，使单位面积的物质产量大幅度提高；同时，农药、化肥等的利用率也大幅提高，从而生态环境受残留化肥、农药的污染得到减轻，经济与环境之间更加和谐。具体而言，该模式主要包括：

（1）立体种养节地。将自然与生物、生物与生物有机结合起来，根据彼此的依赖关系，充分利用土地、阳光、空气和水等自然资源，形成共生共长的良性发展模式。比较常见的如"稻田养殖""菱蟹共生""藕鳖共生""藕鳝共生"的农渔结合，稻田养鸭的农牧结合，养殖羊、鸭、鹅的林牧结合，水网地区的渔牧结合等形式，通过自然与生物间这种共生结合方式，有效地提高了土地的产出率。

（2）节水型农业。目前，我国农业年用水量约为4000亿立方米，占全国总用水量的68%，是最大的用水户。其中灌溉用水量为3600—3800亿立方米，占农业用水量的90%以上。据水利部农水司测算，全国灌溉水利用系数仅为0.46，即从水源到田间，约有一半以上的灌溉水因渗漏、蒸发和管理不善等原因没有被作物直接利用。灌溉后农田水的利用效率为每立方米水生产约1千克粮食，仅为发达国家的一半。可见，积极发展防渗渠道和管道输水，减少和避免水的渗漏与蒸发，同时大力推广水稻节水灌溉技术和农作物喷灌、微喷灌、滴灌等技术，是发展节水型农业的有效方式。

（3）节能农业。一是推广节能技术，如根据作物特性推广耐旱作物品种及多种形式的旱作栽培技术，推广集约、高效、生态畜禽养殖技术，太阳能和地热资源调温技术等；二是探索建立高效、节能的耕作制度，如推广免耕少耕、水稻直播等保护性耕作。

2. 循环型农业

循环型农业以资源的循环利用为目的，将农业生产与废弃物联系起来，构建起"资源—农产品—农业废弃物—再生资源"的农业循环生产模式。该模式不仅提高了资源的利用效率，还减少了农业污染源的产生。

（1）农产品深加工模式。农产品是工业发展的物质来源，将工业深加工技术应用到农产品上，不仅能充分利用农产品的资源价值，还能延长农产品的价值链，构建一条更长的产业链条。在这个过程中，一是减少了农业资源的浪费，提升了资源利用率，二是较少了为进行农业重复生产所消耗的能源资源，从而降低了温室气体的排放量。

（2）废弃物综合利用型农业发展模式。农业生产过程中很多物质资源不能直接进行工业生产，但它们又具有很高的有机价值，如果直接将其扔掉，不仅浪费资源，还可能污染环境。这类物质如秸秆、粪便、农业副产品、有机肥料等。

秸秆可以用于工业和养殖业，还可以当作天然肥料还田，以及生物质发电等；粪便可以发酵产生沼气，沼渣和沼液还可以继续用于肥田和养殖，等等。这种将农业资源最大化利用的模式，不仅减少了农业温室气体排放，也实现了种植与养殖、生产与再生产的完美结合，是一条有效的低碳农业发展模式。

（3）清洁生产型农业发展模式。低碳农业生产要符合清洁生产标准和绿色产品标准，按照这种要求，发展清洁生产型农业模式可以从两个方面着手：一是清洁能源模式。利用农村丰富的资源发展清洁能源，如风力发电、秸秆发电、秸秆气化、沼气、太阳能利用等。特别值得一提的是，近几年，各地积极实施"一池（沼气池）三改（改厕、改厨、改圈）"生态富民工程，既净化了环境，又获取了能源，还增加了收益，一举多得。二是"三品"基地模式。"三品"是无公害食品、绿色食品、有机食品的总称，是农产品生产的三个不同级别的质量安全标准认证，是对质量安全的农产品或食品的标识和称谓。无公害农产品即指产地环境、生产过程和产品质量符合国家有关标准和规范的要求，经认证合格获得认证证书并允许使用无公害农产品标志的未经加工或者初加工的食用农产品；绿色农产品指遵循可持续发展原则、按照特定生产方式生产、经专门机构认定、许可使用绿色食品标志的无污染的农产品；有机农产品主要是指根据有机农业原则和有机农产品生产方式及标准生产、加工出来的，并通过有机食品认证机构认证的农产品。[①]目前，在全国各个省市均已开始建立自己的"三品"生产基地。据统计，经过近几年的发展，截止到2011年5月，我国获得"三品"认证的农产品已超过8万个，其中，无公害农产品5.7万多个，绿色食品1.7万多个，农业系统认证的有机农产品接近7000个。"三品"基地建设的不断发展，大大提高了农产品的安全性能。

（4）以循环农业园区为方向的整体循环农业模式。将区域产业的种植业、养殖业、农产品加工业、生物产业以及流通业五个子系统纳入到整个循环农业体系的闭合路径中来，通过由生产到消费的外循环及废弃物资源再利用的内循环两条循环流程的物质流动，实现区域内不同产业系统的物流与价值流的共生耦合及相互依存，最大化延伸"农—工—贸"一体化的低碳高效产业链条发展模式。

（二）增汇固碳型农业发展模式

农业具有天然的固碳性质，是最理想的碳汇场所，发挥农业对二氧化碳的吸收作用，可以有效地降低农业源温室气体排放的总量。

---

① 江应松：《农产品质量安全的经济分析》，南开大学硕士学位论文，2007年。

1. 耕地增汇固碳模式

耕地是农业生产的物质载体，土壤中含碳量的高低，间接反映了耕地生产能力的水平大小，同时，耕地还具有很强的生态功能，耕地土壤中储存了大量动植物、微生物残体、排泄物、分泌物等分解后以土壤腐殖质形式存在的有机碳，这些有机碳的形成，极大地减少了直接以二氧化碳排放所形成的农业源温室气体。为此，提高土壤的固碳能力，必须增强土壤有机碳储存能力。如果以18亿亩耕地资源计算，土壤有机质含量若提高1%，土壤就可从空气中净吸收306亿吨二氧化碳。按照中国向世界宣布的到2020年单位GDP二氧化碳排放减少40%—45%的减排目标，中国将减少28—31.5亿吨绝对碳排放量，而耕地固碳量按照保守估计，其贡献率也可以达到32%—36%。因此，保护好耕地，充分发挥耕地固碳功能，为我国实现低碳发展，都有很重要的意义。

2. 林地增汇固碳模式

林地、草地和湿地是最大的天然固碳场所，森林更是被誉为"地球之肺"。据测算，林木每生长1立方米，平均吸收1.83吨二氧化碳，放出1.62吨氧气。根据第七次全国森林资源清查的结果，全国森林面积1.95亿公顷，森林覆盖率20.36%，森林蓄积137.21亿立方米，可以推断出我国森林植被储碳总量高达78.11亿吨。另据专家估算，1980—2005年期间，中国通过开展植树造林和森林管理活动，累计净吸收二氧化碳46.8亿吨；通过保护森林，减少CO_2排放4.3亿吨，合计51.1亿吨，相当于同期工业排放总量的8%。可见，保护林地、草地和湿地资源，植树造林，实施生态退耕还林、还草等工程，是降低温室气体排放的有效途径，也是发展固碳低碳农业模式的重要保障。

三、低碳农业发展路径与政策

（一）低碳农业发展的路径选择

农业、农村和农民历来是中国革命和建设的根本问题。目前我国仍然是一个农业大国，没有农业、农村和农民的全面小康，就不能实现全国的全面小康。科学发展是"十二五"规划的主题，转变经济发展方式是"十二五"规划的主线。我国农业要根本转变经济发展方式，就必须科学发展，从技术、组织、制度上探索出适合我国国情的低碳农业发展路径。

1. 技术路径

要减少我国能源消耗，减少温室气体排放，必须以技术创新作为支撑。根据目前减排的方式可以将低碳技术分为三类：第一类是减碳技术，比如煤的清洁高效利用、煤地下气化、油气资源和煤气层的勘探开发技术以及可燃冰的开采应用等。第二类是清洁能源技术，即利用在应用过程中能够实现低碳排放甚至零排放碳的能源替代传统的化石能源，比如核能、太阳能、风能、生物质能、地热能等可再生能源技术。第三类就是去碳技术，其典型应用当属二氧化碳碳捕获与封存（CCS）技术。我国农业生产中的农药、化肥使用效率只有30%左右，农业节水灌溉系数很低，所以农业生产中的节肥、节药、节水技术，风能、太阳能、生物质能等可再生能源发电技术的开发应该作为我国今后一个时期发展的重点。就目前而言，涉及低碳农业的技术具体包括垄作免耕技术、灌溉节水技术、施肥技术、病虫害防治技术、新型农作物育种技术、畜禽健康养殖技术、沼气工程节能减排技术、秸秆资源化利用技术等。

2. 组织路径

没有发达的低碳农业产业组织，就不可能有现代意义的低碳农业。通过组织创新并逐步建立起低碳农业产业组织，是实现低碳农业的关键。低碳农业产业组织是指生产模式的创新。比如集约化生产，通过合作社，专业协会推动集中生产、经营，提高效能。低碳农业实现的组织模式选择没有统一的标准，但总的发展趋势是：大型化（合并）、企业化（公司化）、广域化及国际化。在操作层面上，我国可选择三种具体的农业组织形式："农协"（农业协同组合）模式；农业生产合作组织模式；地区农业集团化模式。

（1）农业协同组合模式。农业协同组合是农民自愿组成的具有互助、合作性质的群众组织。农协具有五个特点：一是属地上的所有农户都参加农协，成为它的正组合员（即农协会员）；二是成立了中央农协、县农协和单位农协三级组织；三是农协经营多种事业，从农业技术指导、培训到农产品加工、销售和信用、金融、保险等；四是建立"准组合员"（即准会员）制度，住在当地的非农业人口也可参加农协组织，他们一般占农协会员的1/3左右；五是行政依存体制，农业大型项目的投资主要靠当地政府解决。比较有影响的是日本的农业协同组合，其功能涵盖生产、销售等多种业务。

（2）农业生产合作组织模式。农业生产合作组织是在农村家庭承包经营基础上，由农民自愿联合、民主管理的从事农产品市场信息的收集、生产资料的购买、农产品的营销以及售后服务等活动的互助性经济组织。农业生产合作组织主要由具有农村户籍并享有农村土地承包经营权的农民组成，将农产品产前的市场信息收集、产中的生产、分销、加工、运输、贮藏以及与农业生产技术的提供，农产品的促销以及售后服务等有机结合起来，并运用财务管理、营销管理、物流管理、生产管理等现代管理理念加强管理，践行和遵循国际上通行的合作组织的定义和基本原则。通过这种方式开展各种低碳农业技术、管理、种子农资宣传服务，统一消费、谈判和销售权，节约了组织内社员的开支。农民之间则可以通过具有包容性和综合性的经济发展合作社进行低碳技术宣传、资金互助、土地整合、劳动力统筹等低耗高效的经济合作。比较有影响的如法国共同使用农业机械合作组织的业务范围仅限于购买和使用农业机械方面的合作；美国的新一代合作组织的业务则集中于农产品的深加工等。

（3）地区农业集团化模式。所谓集团，是指为了一定的目的组织起来共同行动的团体。多个公司在业务、流通、生产等等方面联系紧密，从而聚集在一起形成了公司（或者企业）联盟。集团成员企业之间在研发、采购、制造、销售、管理等环节紧密联系在一起，协同运作的方式叫作集团化运作。集团化运作具有单个企业所不具备的特点。首先，可以资源共享，节省成本和费用。统一采购可以降低采购成本，集团大制造可以利用制造资源、统一技术和研发平台以研发高难度的课题，统一销售可以节约营销费用，统一结算可以节省财务费用和解决融资的难题等。其次，能够优势互补，提升了企业的运作和管理效率。集团化运作可以将某一企业的"长板"弥补其他企业的"短板"，使这一长项得到充分发挥，从而提高其他成员企业的效率。比如销售渠道的融通、人力资源管理经验的借鉴等等。最后，提高企业的创新能力和综合竞争能力。技术创新、营销创新以及成本和费用的降低等，都能使企业及集团综合竞争能力得到提升。

借助这种模式，可以将某一地区的农业生产以集团化的形式来开展，实现资源共享、优势互补以及生产模式的创新，达到节约生产成本，提高生产效率和能源利用率，从而开创低碳化农业生产的新路径。

3. 制度路径

制度路径是从政府的角度来设计低碳农业发展的方法和途径，目的是要达到农业生产和生态环境保护"双赢"的一种农业经济发展形态。良好的制度环境是推动事物发展的前提条件，发展低碳农业也不例外。当前，我国发展低碳经济的相关制度才刚刚起步，各个方面还没有形成一套行之有效的体系，低碳农业方面显得尤为欠缺。因此，探讨适合我国低碳农业发展的制度，是解决农业低碳化发展一条行之有效的途径。总结国外低碳农业发展的实践经验，结合我国目前的现状，提出以下几种构建制度体系的路径以供参考。

（1）农业资源产权制度。产权制度是指既定产权关系和产权规则结合而成的且能对产权关系实现有效的组合、调节和保护的制度安排。从经济学的角度来讲，产权的清晰界定是资源有效利用的前提和基础，倘若不清晰则会导致所有者虚置，使用者行为缺乏约束，进而导致资源低效使用、浪费。这种典型的市场失灵现象，需要通过政府的相关制度加以规范，最基本的制度安排就是产权制度。既要依据农业资源属性的差异，加快对农业资源的私有产权及共有产权的界定，还要促进农业资源所有权和使用权的分离与结合，对于公益性、外部性强的农业资源要实行两权结合，对于排他性、竞争性强的农业资源则要明确两权分离。

（2）农业碳交易制度。碳排放权交易的概念源于上世纪 60 年代经济学家提出的排污权交易概念，参照排污权交易的做法，《京都议定书》规定了碳排放权的交易方式，即协议国家承诺在一定时期内实现一定的碳排放减排目标，各国再将自己的减排目标分配给国内不同的企业。当某国不能按期实现减排目标时，可以从拥有超额配额或排放许可证的国家主要是发展中国家购买一定数量的配额或排放许可证以完成自己的减排目标。同样的，在一国内部，不能按期实现减排目标的企业也可以从拥有超额配额或排放许可证的企业那里购买一定数量的配额或排放许可证以完成自己的减排目标，排放权交易市场由此而形成。因此，一个组织（主要是企业）如果排放低于预期额度的二氧化碳，那么就可以出售剩余的额度并得到经济补偿；而那些排放量超出限额的组织须购买与自身超限额相等的许可额度（碳排放配额），以避免政府的罚款和制裁。[①] 政府通过这种方式实现国家对二氧化碳排放总量的控制即是一种碳排放交易制度。

（3）低碳农业政策机制创新。首先，要发挥财政税收政策的导向作用，引导企业加强对低碳农业技术的研发与应用，促进诱致性制度变迁。例如，政府可以向资源、环境使用者征税，向实施循环再利用、清洁生产者等发放补贴。其次，要为低碳农业发展提供绿色通道。例如，政府可以建立健全农村环境规划，优先安排低碳农业项目建设等。最后，在保证质量前提下加快农村环保立法工作。例如《农村环境保护法》《农村清洁生产促进法》《农业资源综合利用法》《生态农业保障法》等，都可以对破坏农村环境行为形成法律制约。

---

① 黄山美：《发展低碳农业的碳市场机制初探》，《中国农学通报》2011 年第 8 期。

（二）创新低碳农业发展的政策与法规

完善的法律制度体系是低碳产业发展的重要保障。欧盟在鼓励低碳发展的政策上不断推陈出新，已形成了灵活的市场机制和严格的法律体系，制定的很多计划和目标都具有法律约束力。我国现阶段在低碳经济领域的相关制度尚不健全，完善该领域内的政策法规显得尤为必要。我国对于涉及能源、环保、资源等的法律也需要做进一步修改，包括可再生能源、环境保护的法律等。此外，我国目前的低碳经济政策还比较零散，缺乏系统性的强制力。十多年来，我国虽然相继出台了一系列有关农业生态环境保护的法律法规和政策措施，但随着改革开放和经济的发展，我国的农业生态环境状况发生了巨大的变化，也出现了许多新的问题，为此，应借鉴国外成功经验，结合中国实际，从财政政策、低碳农业法律法规、农村金融服务等方面进行政策创新，有针对性地制定并完善农业投入品对生态环境影响等相关标准，规范低碳农业发展。

1.财政金融支持政策

（1）财政投资。农业是基础性产业，具有准公益性，同时，低碳农业与其他产业相比又具有明显的弱势，这使得私人资本不愿介入此领域，需要政府加强支持和保护。我国已进入工业化发展的中期，政府在构建公共财政框架体系时，应当体现低碳农业的优先位置，要随着经济的发展和国家财力的增强，不断加大财政支农力度尤其是低碳农业的投入，确保财政低碳农业支出的增长速度超过财政其他支农的增长速度。同时要强调依法治农，通过不断完善立法和严格执法，确保财政低碳农业投入优先增长、稳定增长的政策充分落实到位。除了直接投入外，要重视发挥财政扶持低碳农业资金的引导功能，灵活运用贴息、担保、政策优惠等方式，吸引信贷资金、民资等资本投入低碳农业，以拓宽低碳农业投资渠道。

（2）财政贴息和补贴。发展低碳农业，不仅需要有为农业生产提供农用机械、化肥、农药等农用生产资料的企业进行新技术研发，生产低能耗、低排放、低污染的低碳农用产品，还需要广大农民愿意购买，并且购买得起这些相对价格较高的低碳农用产品，这需要充分发挥财政补贴的替代作用。从生产者的角度看，可通过企业亏损补贴、财政贴息、税收支出等各种直接补贴和间接补贴方式达到调动企业从事生产新技术研发和环保新产品供给的积极性。从消费者的角度讲，可通过加大低碳农业生产资料价格补贴力度，引导农民购买和使用技术含量较高的低碳农业生产资料。另外，为鼓励和引导农民自愿选择生态和可持续的农业生产模式，有效控制农业源污染，应借鉴欧盟的经验，改善农业的生态补偿机制，建立农业环境补贴额度与其环境保护投入相挂钩的财政补贴政策。目前，财政在继续通过支持农村沼气项目的推广来推进畜禽粪便的资源化利用，以及推进农作物秸秆等污染物资源化利用的同时，应重点增加对农民采取减少施用化肥、农药、增施有机肥等环境友好和资源节约型生产措施，以及农民对土地资源节约、保护、节水灌溉等生态方面的建设投入等方面的财政补贴。

（3）转移支付制度。中央财政的转移支付是中央政府通过无偿拨付调节各地区政府财力水平的一项政策手段，是公共财政的重要职能，其目标就是实现各地区间财力的协调与均衡。在分级财政的体制框架下，优化中央和地方各自的财政收支范围及其财税手段，明确赋予其各自的职责和任务要求，充分调动中央财政和地方财政的积极性，有利于推进低碳经济转型和低碳示范区的发展。我国中西部地区农业占比较大，农业又是重要的碳源和碳汇，因此，在中西部财力相对比较短缺的情况下，中央财政加大对中西部地区节能减排、发展低碳农业的转移支付力度，可以明显起到减少碳源增加碳汇的效果。

另外，还应增加财政在农业和农村基础设施投入，特别是国家和地方财政要通过转移支付或专项拨款等形式，加大对地方农村基础设施的建设。一是加强以水利为重点的农业基础设施建设，加快大江、大河治理及大型灌溉水利设施的更新和配套工程建设；二是加快植树造林步伐，加强水土流失治理，实施天然林防护计划；三是加大对农村环境污染治理的力度，防止新的污染源产生。在继续落实已有的扶持农村基础设施建设政策的同时，再制定和实施新的扶持低碳农业政策。如对农民采用节水滴灌技术、秸秆的循环利用等进行补助。构建起支持农村基础设施发展的长效机制。

（4）低碳税收体系。国家相关部门要加强协作，完善我国现行税制，加强对税收政策调整，在条件成熟后择机推出碳税，这能够为低碳经济发展提供有效的政策支撑。同时也应注意对现有税种的调整，如扩大消费税的征税范围，开征碳税，促进资源的综合利用；取消高能耗、高污染和资源性农林产品（涉及濒危动植物及其制品、部分木板和一次性木制品）的出口退税待遇等。

（5）完善农村金融服务体系。自从"十一五"时期我国提出新农村任务以来，新农村建设的浪潮便传播开来。要通过发展经济达到建设新农村的目标，就必须借助于金融的支持。为此，就要在认清当前农村金融存在问题的基础上，进一步加快农村金融体制改革，不断完善农村金融服务体系。从现有农村金融服务体系来看，主要包括以下几个方面的内容：一是开展三农绿色信贷，加大对低碳农业发展领域中的重点节能减排工程、水污染治理工程、清洁能源和可再生能源利用等国家鼓励类项目的信贷投放力度，大力支持符合低碳农业建设的农业生产和农村生活节能技术的推广应用，开辟有利于低碳农业建设优质项目的绿色通道；二是发行低碳农业债券，以弥补农村资金不足的缺陷；三是建立低碳农业碳基金，解决低碳农业项目进行过程中的资金困境；四是开发农村碳金融衍生品，多方位多角度地为低碳农业提供资金支持。

2. 制定低碳农业法律法规

（1）进一步完善现有环保方面的法律法规。至今为止，中国尚未制定促进绿色低碳发展专门法，但中国不乏促进绿色低碳发展的相关法律。在环境法领域，中国已制定了《环境保护法》《大气污染防治法》《固体废物污染防治法》《噪声污染防治法》等多部环境法律，颁布了《建设项目环境规定》《自然保护区管理条例》等数十部环境行政法规，以及一系列环境部门规章；在经济法领域，对绿色低碳发展有促进作用，效果显著的有《清洁生产促进法》和《循环经济促进法》；在能源法领域，对绿色低碳发展促进力度大、功能最直接、操作性最强的是《节约能源法》和《可再生能源法》。这些法律不仅为绿色低碳发展提供了政策支持，还为低碳经济政策的施行发挥着激励作用。

值得注意的是，部分法律法规还专门针对农业出台了具体的政策措施。如，《中华人民共和国环境保护法》第二十条规定：各级人民政府应该加强对农业环境的保护，合理使用化肥、农药及植物生长素。《中华人民共和国草原法》规定：地方各级人民政府负责组织本行政区域内的草原资源普查，制定草原畜牧业发展规划；加强草原的保护、建设和合理利用，提高草原载畜能力；严格保护草原植被，禁止开垦和破坏；合理使用草原，防止过量放牧；对已建成的人工草场应当加强管理，合理经营，科学利用，防止退化。另外，农业部还发布了《关于"九五"期间加快能源环境工程建设的通知》，要求新建畜禽场等农业企业要根据《国务院关于进一步加强环境保护工作的决定》精神，对粪便、污水的治理要做到同步规划、同步设计、同步建设，治理费用不低于总投资的10%。2010年10月，国务院常务会议决定建立草原生态保护补助奖励机制，在"十二五"期间每年投入134亿元对八个省区牧区进行草原生态保护补助奖励。与此同时，在林业方面，还出台了关于植树造林、退耕还林、林业碳汇等一系列保护森林资源和应对气候变化的法律和行政法规。

这些法律法规为我国应对气候变化，发展低碳经济提供了强有力的保障，进一步完善这些法律法规，将成为我国发展低碳经济，尤其是发展低碳农业至关重要的一环。

（2）在现有法律中注入低碳农业理念。现有法律一般很少有针对低碳农业的规定。因此，在已有相关法律中注入低碳农业的理念和内容，完善其在低碳农业领域的法律法规，也是当务之急。一方面，要在我国《农业法》中明确提出"国家支持走低碳农业发展道路"。如对《环境保护法》《农业法》中关于农业的规定进行修订，制定土壤污染防治的专门法律，加强农药、化肥、农用薄膜、植物生长调节剂等农用化学物质的环境无害利用的规范，控制农业污染源，制订农村生活垃圾污染环境防治的具体办法；另一方面，对现有农业法律进行"绿化"。低碳农业理念对于法律体系有重大影响，不仅仅是一部低碳农业法律就能完成，还需要整个法律理念的更新。例如，要修订《固体废物污染环境防治法》《节约能源法》《清洁生产法》等，对于农业资源的节约、废弃物回收、有害物排放都要有特殊规定。

四、案例分析：台湾地区低碳农业发展的策略与启示

（一）台湾地区低碳农业发展概况

1. 台湾地区农业温室气体排放状况

我国台湾地区西隔台湾海峡与福建相望，是一个多山地区，高山和丘陵面积占全部面积的三分之二以上，冬季温暖，夏季炎热，雨量充沛，其北部属亚热带气候，南部为热带气候。煤和天然气都很贫乏，金属矿产也比较稀缺，但特殊的地理环境赋予了其丰富的水力、森林、渔业等自然资源。其中，水资源方面：独流入海的大小河川达608条，且水势湍急，多瀑布，长度超过100公里以上的河流达到6条之多；森林资源方面：森林面积约占全境面积的59%，三大著名林区台北的太平山、台中的八仙山和嘉义的阿里山，其木材储量多达3.26亿立方米；渔业资源方面：因四面环海，又地处寒暖流交界地区，给台湾地区带来了丰富的渔业资源，东部沿海岸峻水深，渔期终年不绝；西部海底为大陆架的延伸，较为平坦，滋养了丰富的栖鱼和贝类，不仅拥有发达的近海渔业和养殖业，还拥有发达的远洋渔业。此外，在农耕面积约四分之一的土地上，以稻米为主，盛产蔗糖和茶，还有水果和花卉等农作物。

近年来，由于人类对石油资源的过度依赖和使用，导致全球气温上升，生

态环境遭到严重破坏，面对日益严峻的气候环境形势，台湾当局积极研拟和推动温室气体减量管理的相关政策，其中 2008 年提出的"永续能源政策纲领"，规划了台湾地区近 50 年减排路线图，具体为：在近期，要求 2016—2020 年的排放量降到 2008 年水平；在中期，要求 2025 年排放量降到 2000 年水平；在远期，要求 2050 年排放量降到 2000 年的一半。农业是温室气体的主要排放源，理所当然成为重要的减排对象，由对台湾地区 1990—2008 年各部门温室气体排放趋势的统计可知，与能源部门和工业部门相比，农业部门温室气体排放量总体上呈现下降趋势，农业温室气体排放占全岛温室气体排放总量之比从 1990 年的 9.4% 降到 2007 年的 3.8%。

2. 台湾地区农业低碳化发展概况

为了落实"永续能源政策纲领——节能减碳行动方案"，台湾"农委会"在 2008 年成立包括农业各领域在内的"节能减碳"重点产业研究团队；在 2009 年通过了《能源管理法》的部分条文修正案、《再生能源发展条例》以及《绿色能源产业旭升方案》；在 2010 年的"台湾节能减碳年"中，明确提出"节能减碳总计划"。① 台湾通过一系列的政策措施来带动低碳经济的发展，并以此带动低碳农业的发展。综合起来，具体表现在化肥、农药的合理减量化使用、废弃物再利用与生物质能开发利用上。此外，台湾还积极开展低碳农业合作，学习其先进的技术和管理理念，其中，闽台低碳农业协同发展在政策、经济和技术的交流与合作上已取得了一定的成效，并形成了某些切实可行的合作模式。

（二）台湾地区低碳农业发展策略

台湾地区低碳农业发展的政策由台湾"农委会"负责，主要依据是 1998 年以来的诸次能源会议以及 2008 年的"永续能源政策纲领"，总体策略为：制定以减少农业温室其他排放为目标的农业气候灾害发生潜势评估系统；植树造林，增强林业系统碳汇功能；打造绿色安全、休闲旅游、生态宜人、永续发展的现代低碳型农业。具体包括农牧渔业、林业、低碳型现代农业方面的策略。

1. 农牧渔业"节能减碳"政策

台湾农政部门先后推出"水旱田利用调整方案""水旱田利用调整后续计

---

① 翁志辉等：《台湾地区低碳农业发展策略与启示》，《福建农业学报》2009 年第 6 期。

划"，实现合理休耕和稻田轮休；推出粗放果园造林或转作，蔬菜则是分期休耕或转作绿肥；推出"活化休耕农田措施"，以提升粮食作物、有机作物及绿肥作物的生产。为了保证土壤的永续生产力，台湾大力推广土壤诊断技术、合理化施肥策略，对于使用有机肥料、生物肥料的企业和个人进行嘉奖，并鼓励运用农畜废弃物加工堆肥，实现循环利用；适度控制土壤的含水量，大力推广干旱作物节水灌溉，并加强灌溉水质的管理和维护。严格控制化学农药的使用，积极推广生物农药，严禁残留农作物焚烧，对于残留农作物的处理和加工利用技术进行辅导；鼓励农户运用休耕农地种植能源作物，打造低碳环保的"绿色油田"。

在畜牧业方面，主要政策包括：实施畜牧场节能减碳示范推广计划，辅导农户成立农牧废弃物处理中心；将畜牧业结构从外销为主调整为内销为主，兼顾环保；强化畜牧业污染的防治工作，以及畜牧业有机废弃物的再利用；建议在畜牧场内部种植林木绿化带，加强环境的绿化和美化。

在渔业方面，主要政策包括：设立渔业生产区，辅导纯海水养殖发展；降低作业渔船数量，对于减船休渔进行嘉奖；减少淡水养殖渔产量比，降低抽用地下水数量；加强对于渔船废气排放的稽查管制；建立渔业资源永续利用机制，兼顾产业经济效益和海洋生态保护；改善渔村景观，促进渔业经营逐渐向休闲、体验、教育、服务型全面发展。

2. 林业增加碳汇策略

2005 年，台湾农政部门确立了"健全森林碳管理"目标，以响应全球碳减排行动，2008 年，台湾政府部门通过实施"爱台十二建设"，使林业碳汇目标更加具体化，主要包括：具体化植树造林目标，通过直接的经济补贴，鼓励和推动植树造林行动；出台相应的政策措施，如"加强森林永续经营 98 至 101 年度中长程计划"，将植树造林以政策的方式确定起来，并将造林计划细化。

3. 低碳型现代农业发展策略

第一，以安全农业理念为标准，建立完善作物健康管理模式以及农产品安全管理体系，为农产品从农场到餐桌的安全把关，也给子孙后代创造良好的生态环境。近些年来，台湾着力推动的安全农业项目主要包括：吉园圃安全蔬果、CAS 优良农产品、产销履历与有机农业等。其中，农产品产销安全履历制度是台湾安全农业的最大特色，通过成立"农产品安全追溯资讯网"，消费者可轻松查询到农产品在产前、产中、产后的各种具体信息。

第二，以休闲农业为经营模式，推动农业与服务业的紧密结合，推动发展具备教育、经济、游憩、医疗、文化、环保等复合功能的低碳现代农业。在休闲农业的建设上，台湾要求严格按照生态农业（主要以有机肥为主，在一定标准范围内对化肥和农药用量加以严格控制）或有机农业（不添加任何农药和化学肥料）的相关规定，保证农产品的无公害、安全、营养、放心。

（三）借鉴与启示

在探索低碳农业发展模式上，我国江苏、上海、江西、福建等许多省市与台湾地区进行了多方面合作与交流，借鉴台湾发展低碳农业的成功经验，走出一条适合本地区独特的低碳农业发展道路。总结台湾地区低碳农业发展的经验，我们发现台湾低碳农业的发展一方面主要着力于控制 CH_4 和 N_2O 等农牧渔业带来的温室气体排放；另一方面通过植树造林，加强林业系统吸收温室气体的功能，以及建立一个安全休闲的农业模式。台湾低碳农业发展策略具有很强的实践意义，其经验给我们很好的借鉴与启示。

1. 着力推动大陆绿色安全农业与观光休闲农业发展

（1）绿色安全农业方面。通过对台湾地区低碳农业的研究，我们发现台湾"三品"农业中绿色食品和有机食品的生产非常注重发展质量，同时注重对农产品安全产销履历制度政策、机制和技术的大力推广，以达到稳步推进低碳型安全绿色农业的发展。而大陆绿色有机农业在耕种面积上都要高于台湾，但由于长期以来只注重发展的数量和规模，导致在监管认证、生产者信用和消费者认同等方面都存在很多问题。因此，应借鉴台湾地区发展的经验，在提升农产品数量的同时，更应该注重质量的发展，坚持数量与质量并重，走一条速度、质量、效益、信誉协调发展的低碳农业之路。

（2）休闲农业方面。大陆休闲农业是最近几年才开始兴起的，由于起步较晚，在很多方面不太完善，随着人们对自然环境和休闲要求的逐步提高，休闲观光农业显得越来越重要。从台湾地区发展休闲农业的经验来看，如何将服务业和农业有机结合是最重要的方面。根据台湾地区的做法，其发展休闲农业的目标是将农业打造成具有教育、经济、游憩、医疗、文化和环保功能的低碳型现代农业。

2. 强化海峡两岸在农业减碳创新平台上的交流合作

海峡两岸农业经济结构和功能在长期发展过程中形成了各自鲜明的特征，

在低碳农业领域也各有其优势和不足，因此，加强两岸之间相互借鉴、协同发展，意义重大。为此，可建立两岸农业低碳政策、经济、技术的交流平台，强化海峡两岸在低碳农业科研人员方面的正式与非正式交流，定期或不定期举办两岸低碳农业论坛，加强两岸在低碳农业科教、信息、项目等方面的互动交流；加强对低碳农业生产经营机制的实地调研和考察，相互学习、借鉴，避免走弯路、错路，并逐步探索两岸在低碳农业方面的发展对策。两岸通过合作，可以将低碳农业相关的技术、产业合作作为科技合作的重点，以此为支撑，促进两岸低碳农业的进一步发展，积极发挥双方在设备、技术、人才、资本等方面的比较优势，力促成果共享。

3. 强化海峡两岸在 CDM 方面的碳交易合作

当前，通过进行碳交易以降低全球 CO_2 的排放量，已成为全球化的重要议题，海峡两岸能够在清洁发展机制即 CDM 的前提下，加强在碳交易方面的合作交流，努力与国际碳交易市场接轨。例如，台湾在大陆投资的低成本减排项目，并藉此获得减排信用，通过较低的代价实现减排目标，而大陆则能够通过 CDM 项目，获得台湾地区较为先进的技术、较为充足的资本，实现双赢。台湾能够运用先进的耕作管理技术、技术资金优势，与大陆的资源、土地、低成本劳动力等优势相结合，在大陆地区投资设立低碳农业生产基地，加强两岸在低碳农业问题上的分工协作。大陆地区能够制定激励措施，吸引、鼓励台资企业到大陆投资低碳农业，研发应用低碳农业的先进技术。

第四章　低碳工业振兴

一、低碳工业与传统工业

工业（industry）是人类社会大发展、出现分工发展的产物，是指采集自然界的自然物质为原料，并将它们在工厂中借助于机器设备，采用专门的技术和方法生产成产品的物质生产部门。工业是唯一生产现代化劳动手段的部门，决定着国民经济现代化的规模、速度和发展水平，是国家财政收入的主要来源，一直被称为国民经济的主导产业。然而工业部门也是高耗能的部门，在为经济社会作出贡献的同时，也带来了诸如环境污染、生态破坏等诸多问题。为保持经济平稳、有效并且可持续地发展，发展低碳工业刻不容缓。那么什么是低碳工业，它与传统的工业有什么不同便是我们首要解决的问题。

（一）传统工业

传统工业是一个相对的概念，主要指传统的基础工业，例如钢铁、汽车、建筑、纺织、橡胶、造船等以及与它们相关的一些附属工业部门。其具有"高投入、高消耗、高污染和低利用"的特点，因此这些工业部门在为社会带来巨大财富的同时，也产生了极大的负面影响：环境的污染以及生态的破坏。传统工业大多是工业革命后，机器大工业发展的鼎盛产物和标志产物。随着现代科学技术的发展和经济结构的转变，新兴工业不断兴起并迅速发展，极大地冲击和改变了原有的工业结构，使传统工业生产停滞不前，甚至衰退。但传统工业目前在经济发达国家的经济中仍占主要地位，在较短时间内还不可能为新兴工业所取代。在发展中国家，传统工业仍处于兴起、兴盛时期，尚待大力发展。通过引入、采用新技术，对其进行改造，提高生命力，可以推动传统工业继续发展，适应工业现代化要求。

（二）低碳工业

"低碳"，英文为 low carbon，意指较低（更低）的温室气体（CO_2 为主）排放。低碳工业是在全球气候变暖、对人类生存与发展产生严峻挑战的背景下产生的，作为具有广泛社会性的前沿经济理念，低碳工业其实没有约定俗成的定义，学术界也存在很大的争论。低碳工业也涉及广泛的产业领域和管理领域，乃至人们的生活观念和方式。

结合"低碳"的含义和"工业"的含义，本书提出：低碳工业是在反思过去传统的"高投入、高能耗、高污染、低利用"工业生产模式的基础上，按照生态经济学的原理和清洁生产理论，将资源的节约、环境的友好、生产的情节和废弃物的多层次周转运用为特征，应用先进的绿色生产工艺和资源减量化利用技术以及环境保护技术，建立的一种层次、结构和功能多元化，废弃物资源化，以低能耗、低污染、低排放、高利用为基础的工业生产模式，是人类社会继农业文明、工业文明之后的又一次重大进步。

（三）低碳工业与传统工业的区别

表4—1 低碳工业与传统工业的区别

	低碳工业	传统工业
追求的目标不同	追求经济效益为主	经济效益与生态效益并重
自然资源的开发和利用方式不同	有利于短期内提高产量、增加收入的方式都可采用	对资源进行合理开采，使各种工矿企业相互依存，形成共生的网状低碳工业链
产业结构和产业布局要求不同	区域封闭式发展，产业结构趋同、产业布局集中，与当地的生态系统和自然结构不相适应	合理的产业结构和产业布局，以与其所处的生态系统和自然结构相适应，以符合生态经济系统的耐受性原理
废弃物的处理方式不同	实行单一产品的生产加工模式，对废弃物一弃了之	尽量减少废弃物的排放，而且还充分利用共生原理和长链利用原理，采用"原料—产品—废料—原料"的生产模式，通过生态工艺关系，尽量延伸资源的加工链，最大限度地开发和利用资源

（续表）

	低碳工业	传统工业
工业成果在技术经济上的要求不同	不强调	强调其技术经济指标有利于经济的协调，有利于资源、能源的节约和环境保护
工业产品的流动控制不同	只要是市场所需的工业产品，传统工业一律放行	只有那些对生态环境不具有较大危害性，而且符合市场原则的工业产品才能流通

二、低碳工业振兴与发展重点

低碳工业的振兴与发展就是要坚持两手抓，一手抓传统工业的提升，一手抓全新低碳工业的发展。所谓提升传统工业，就是要推行体制创新和科技创新，运用先进的科学技术对旧的工艺和设备彻底进行改造，使之尽快地生长成为新的工业生态系统的组成部分。只有以经过彻底改造过的传统工业和全新的低碳工业为主导，才能把生态特色经济发展起来。

（一）提升传统工业

加快运用节约能源技术、开发可再生资源技术以及减少温室气体排放的高新技术或先进适用技术改造提升传统产业，促进信息化和工业化深度融合，促进产品的低碳开发，重点支持对产业升级带动作用大的重点项目和重污染企业搬迁改造，维持全球的生态平衡。[1] 必须结合国内优先战略发展目标和各行业自身特点，把握好低碳重点领域，以尽可能低的经济成本降低碳排放量，获取最大的整体效益，逐步实现整个国民经济"低碳化"。

1. 煤炭工业

要提升和改造煤炭工业，要很好地实现低碳化转型，首先，应通过相应的技术，推行清洁生产，提高煤炭的使用效率，减少其生产利用过程中的污染物的产生和排放量，使有限的煤炭资源能够最充分、最有效地利用。

---

[1] 黄勇等：《从不平衡到平衡：重塑中国产业结构》，《江汉论坛》2013年第8期。

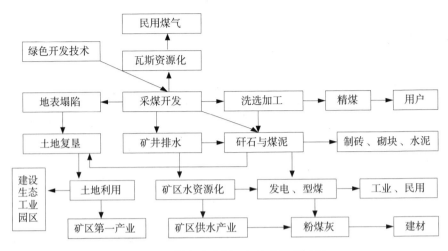

图4—1 煤炭生产循环经济发展模式图

炭企业内部延伸煤炭工业产业链，实现工艺间的物料循环。

从图4—1可以看出，煤炭工业可以形成几个产业链条：第一条煤炭开采后通过洗选加工产出精煤，可以供用户使用，这条产业链便是传统的产业链；第二条在煤炭开采过程中产生的矸石和煤泥可以通过相应工艺加工成砖、砌块、水泥等建筑材料；或者通过加工制作成作为工业或者民用的型煤；第三条是针对煤炭开采过程中产生的矿井排水通过污水处理厂（或者污水处理工艺）进行处理，将矿区水资源化、生产冷却水或者生活用水；第四条针对煤炭开采过程中产生的瓦斯，将其作为居民用气、供暖或者形成企业进行发电；第五条煤炭开采过程中造成的地面塌陷可以用开采过程中的矸石进行填充，形成新的土地层，进行土地的复垦，进行很好的土地利用。这几条产业链的循环，不仅可以使煤炭生产过程中产生的各种矸石、废水、瓦斯等废物资源得到有效的利用，减少了废弃物的排放，降低了环境的污染，提高了资源的利用效率，同时还能提高企业的经济效益和环境效益。

其次，加强企业的低碳化技术运用和创新，积极推进煤的低碳化转化和运用。洁净煤技术将成为未来能源部门发展的趋势，包括超越临界值发电和整体煤气化联合技术。目前在煤炭富集、清洁和转化方面的进步，主要包括密相硫化床干燥富集、湿煤深筛选、微泡浮选柱分离、分子煤化学、煤炭的转化和分离等。德国为实现碳减排，在电力行业未来几十年重点发展的先进技术主要是煤炭联合气化技术、天然气联合循环技术和碳捕获与存储技术。基于我国煤炭工业发展状况，应遵循"分配得当、各得所需、梯度利用"的原则，大力发展煤基多联产技术，尤其是大力推进低碳技术的创新，坚持以煤气化为基础，以煤制油、煤制氢或煤制化学品与燃气、蒸汽联合循环发电为主线的多联产体系，辅助 CCS，实现二氧化碳的零排放。

再次，优化生产布局，积极推进结构调整。按照上大压小、产能置换的原则，合理控制煤炭新增规模。新建项目要统筹考虑大型煤炭基地建设、大型坑口电厂建设、煤焦化工产业发展，煤炭生产规划要与下游产业发展规划有效衔接、合理布局，积极推进煤电一体化、煤化一体化、煤路港航一体化、煤炭的深加工与综合利用等联合生产经营。按照调整优化结构、保障合理需求的原则，主要增加发电用煤，合理安排优质炼焦煤生产。煤炭生产以大中型煤矿为主，继续压减小煤矿产量。同时，政府监督企业贯彻落实节能减排相关政策措施，要从严控制，防止低水平、高耗能项目上马，控制高耗能、高排放过快增长，对不具备安全生产条件、资源浪费和环境污染严重的要坚决淘汰，积极推进煤矿整顿关闭和资源整合。

2. 钢铁工业

钢铁工业在生产过程中会消耗大量的能源，每吨钢铁生产将消耗大约 0.6 吨至 0.8 吨标准煤、1.5 吨至 1.55 吨铁矿石、80 千克至 150 千克废铁以及 3 吨至 8 吨水，是第一能源消耗大户；同时会产生大量的复杂的废弃物的排放，废水和废气的排放仅次于化工产业，位居污染大户第二。当前，社会大众的环境保护意识越来越强烈，而且激烈的市场竞争使得钢铁工业频频面临寒冬，对企业成本的降低提出很高的要求，鉴于此，需要对钢铁工业进行低碳化改造。

（1）通过加强管理和采用适用技术，实现资源节约。首先是原材料采购管理，保证原料的质量和数量。选择优质优价的标准煤、铁矿石等原料；降低原料采购途中的损耗，通过加强对标准煤、铁矿石等原料采购过程中计量、装卸、堆放、运输、保管等多环节严格把关，强化责任问责，减少原料采购途中的不必要浪费和损耗；强化监督，坚决杜绝采购过程中以次充好、滥竽充数、偷工减料等腐败现象的发生。其次是生产流程管理。目前炼钢工艺主要分为高炉—转炉长流程和电炉短流程，其生产工序包括：烧结、焦化、炼铁、炼钢和轧钢。工序节能技术利用和设备改进如表 4—2 所示：

表4—2　钢铁生产工序

工序	节能技术运用	节能设备改造
烧结工序	小球烧结、厚料烧结、热风烧结、余热回收等	电机采用变频调速、先进的点火器、新型节能点火保温炉
焦化工序	回收焦炉上升管煤气余热的显热、干熄焦技术	可控硅串级调速装置
炼铁工序	降低炼铁燃料比、提高风温	采用优质耐火砖
转炉工序	转炉煤气干法除尘技术	建转炉煤气回收柜
电炉工序	优化供电制度	超高功率电弧炉炼钢
轧钢工序	蓄热式燃烧技术、连铸坯热送热装和直接轧制技术	电机采用变频调速或液力耦合技术

最后是加强质量管理，采用过硬生产技术，生产出轻度高，耐磨损性强，耐腐蚀性强的钢铁产品，延长钢铁产品的使用寿命，避免钢铁产品过早地成为废弃物，减轻社会废弃物的产生和排放量，同时能够提高企业的信誉，实现经济和环境的"双赢"。

（2）通过废弃物的有效处理和消纳，实现资源化，降低环境污染。改进设备，实现伴生资源的回收利用。钢铁生产过程中会产生大量的煤气、余热等伴生资源，通过改进设备或延伸工艺，实现伴生资源的回收利用，降低对环境的污染。如：对烧结机加装烟气脱硫装置和余热回收装置，降低烟气中的硫排放，回收余热可以用于单位办公楼和宿舍楼的供热供暖，或用于单位生产和生活的蒸汽发电；对高炉、转炉等建造余热锅炉，回收蒸汽用于发电、供暖、供热；将焦炉加载干熄焦装置，并配备蒸汽发电装置，将焦炭先热转化为蒸汽，用于发电、供暖、供热等；通过回收炼钢钢渣中的渣铁作为炼钢的入炉料，将钢铁生产过程中产生的废铁回收作为炼钢的入炉料，将高炉水渣、转炉渣等作为水泥厂生产的原料。变废为宝，实现资源的有效利用。

（3）淘汰落后产能，遏制重复建设。我国的钢铁产能过剩已成为威胁钢铁工业可持续发展的主要原因，加快淘汰落后产能已成为当前和未来我国钢铁行业发展的重要突破口。从短期来看，要严格执行国家有关"等量淘汰"的产业政策，严格预防地方企业在落后产能淘汰过程中的产能继续扩张。企业从增强产业市场竞争力方面也应积极调整产品结构，增加高附加值钢铁产品数量，实现高端钢材从依靠国外进口到国内供给转变。从长期来看，淘汰落后产能必须从根源上防治导致钢铁工业的重复建设，理顺钢铁工业的体制机制，调整和完善现行的钢铁产业发展政策，调整和完善现行的财税体制。主要包括不断完善现有体制机制；改革相关财税体制和单纯依靠"GDP"的政绩考核制度，建立产能利用情况信息发布制度。

3. 石油工业

作为传统的工业，石油工业从勘探开发到炼制，销售和使用整个业务环节中，在给石油公司带来巨额利润、给人们生活带来便捷的同时，也伴随着大量的温室气体排放，而作为我国支柱产业和主导产业的石油工业，既是能源生产大户，也是能源消耗大户，在低碳经济发展背景下，寻求行业发展的重新定位和低碳发展策略是众多石油公司面临的选择。

（1）延长产业链，实现石油工业的资源节约。发展石油化工，延长石油工业产业链。现在石油产品主要是初级产品，利用也是初级利用，资源的利用率较低，经济价值也不高。随着经济的不断发展，新型资源逐渐代替石油资源，石油工业要想更好发展，实现经济效益，应当积极谋求更加有效的经济方式，改进现有石油产品的生产技术，降低石油产品及伴生或相关产品生产过程中的每单位能源消耗量，合理开采、精细加工、创新产品，发展石油化工，延长石油工业产业链，提高自然资源的开发利用效率。同时可以通过改进技术，利用清洁生产技术，推动石油产业产品结构升级。借鉴发达国家先进的清洁生产技术，提高石油资源的利用效率，优化石油资源产品结构。

（2）研发和推广绿色低碳技术，实现企业节能减排。坚持节约并举、节约优先的方针，严格对企业生产进行环境管理，通过采用节能工艺设备利用新技术，强化节能。目前，我国三大石油化工企业都将节能减排作为工作重点来抓。中石化重点研究石油高效开发和利用技术、氧化碳和甲烷等温室气体排放控制与处置利用技术，实施油气田甲烷气体回收技术试点和生物柴油技术开发等。中石油大力推进油田二氧化碳驱油与埋藏关键技术研发，并在低碳关键技术研究上取得突破，大力推广实施催化裂化装置再生烟气脱硫工程等减排项目，初步形成四大含油污泥处理技术系列。大体来说，石油工业未来技术的发展重点主要包括：源头治理中的开发可再生能源和新能源技术，如新一代生物燃料、天然气水合物技术等。过程治理中提升能效技术（如发展分子炼油、未来炼厂技术等）、提高石油和天然气采集率技术等。末端治理中的减碳技术，如将二氧化碳捕集，注入衰竭油田、煤层和气田，或深海封存技术等，也可将二氧化碳作为原料，用于化工生产等领域。

（3）积极参与新能源、可再生资源的开发与利用。一是要大力开发煤层气。煤层气是一种优质洁净的气体能源，可用于发电燃料、化工原料和居民生活燃料。我国煤层气储量较为丰富，仅次于俄罗斯和加拿大，位居世界第三。除了能带动运输、钢铁、水泥等相关产业的发展外，还能推动本行业技术革新和科技研发。二是探索开发可燃冰。可燃冰具有燃烧值高、清洁无污染等特点，是地球上尚未开发的最大新型能源。同等条件下，煤、石油、天然气产生的能量仅为可燃冰的1/10。目前，我国的可燃冰开发仍处于调查实验阶段，开采技术正在不断摸索，未来需要积极开展国际合作。三是推广使用乙醇汽油。目前，中国石油天然气公司新能源的投资重点之一就是燃料乙醇上，可以想象在不久的将来，乙醇汽油的使用会极大节约石油资源，也提高了粮食等作物秸秆的再次利用。四是要大力开发地热能、太阳能、风能、潮能等替代能源，实现石油和替代能源相互补充和促进。

4. 水泥工业

水泥产业是资源、能源消耗密集型产业，是二氧化碳排放的重点行业之一。上个世纪末以来，美国、日本等发达国家开始积极关注资源、能源的利用问题，并取得了很大进展。目前，日本等发达国家正在研究生态水泥的工艺标准。据估测，世界每年新增水泥生产能力平均约为3300万吨，会加速消耗不可再生的矿石资源，同时也带来了巨大的碳排放量[1]。我国是水泥生产大国，就现实需求来看，水泥会在5—10年内仍将成为我国的主要工程材料，这些都提出了水泥工业的低碳转型的现实需求。

（1）强化产业结构调整，淘汰落后产能。"十二五"期间，水泥行业结构调整的重点是企业兼并重组，通过兼并重组来实现市场集中度的提高，完成市场整合，减少恶性竞争。通过市场引导和宏观调控，完成对新上项目干预手段的有效性。坚持按照"优化存量、控制增量"的原则进行项目审批，减少地方政府对水泥投资的干预，将已经产能过剩的水泥新上项目的环境评估权利上收到国家环保部门，新上项目要经国家主管部分组织论证、核准后才能开工。

淘汰落后生产能力，减少对资源的过度消耗和对环境的污染。据估算，若按淘汰5亿吨落后工艺水泥考虑，可节煤7000万吨，节电450亿度，减少二氧化碳排放3.5亿吨，减少粉尘排放700万吨。[2] 淘汰落后产能要锁定水泥熟料产能，将环保不达标、能源消耗超标、产品质量不稳定、生产过程存在安全隐患、市场竞争力差的企业，通过政策的引导退出机制和市场竞争而淘汰出局，以减少行业产能过剩压力。

（2）推广适用的清洁生产应用技术，节约资源，保护环境。通过应用高效预热器及分解炉系统、高效节能篦冷机、新型高效燃器、料床粉磨技术等新型干

---

[1] 常新：《山东省水泥工业低碳经济发展对策研究》，青岛大学硕士学位论文，2011年。

[2] 韩仲琦：《步入低碳经济时代的水泥工业》，《水泥技术》2010年第1期。

法水泥技术淘汰 5 亿吨落后的工艺水泥；通过采用纯低温余热发电技术将水泥生产过程中的余热用于发电，如果一年的发电量能达到 90 亿千瓦时将可以节约标准煤 360 万吨，减少二氧化碳排放 864 万吨；通过长袋低压脉冲除尘器、反吹风袋式除尘器等袋除尘技术可以减少 2/3 的烟尘和粉尘的排放量；通过矿渣、粉煤灰、电石渣、煤矸石等资源化技术及废弃混凝土再利用技术等废弃物资源化技术，将这些"废弃物"替代熟料，可以增加水泥粉磨混合材掺入量 10%，一年即可减少二氧化碳排放量 1 亿吨；通过工业废弃物、生活垃圾、污泥的水泥窑焚烧处置技术等水泥窑协同处置废弃物可以将这些可燃废弃物替代燃料用于生产，如果替代了达到 10%，则可以节约 1600 万吨标准煤。

（3）加强国际间的合作，联合开发二氧化碳减排的新技术。未来碳捕获与封存技术（CCS）将会成为最有效的减碳技术，根据国际能源署的预测，CCS 在水泥行业应用小规模示范有可能在 2015 年启动。目前，全球范围内正在研发适合在水泥行业的节能减排技术：气化合成气提取氢气为水泥窑燃料。利用氢气作为燃料，需要对工艺流程进行很大改动，虽然氢气燃料作为非碳燃料，但短时期内技术不能实现，需要进行技术攻坚并大规模商业化应用。富氧燃烧技术。这是一种利用富氧气体代替空气的做法，富氧燃烧技术已在国外现代玻璃生产和电力行业中应用，对于在水泥行业中的运用，仍需要大量研究。用于捕集二氧化碳的后燃烧技术等。后燃料技术属于末端处理方案，对于燃成熟料工艺不需要很大的改变，该技术特别适合于窑的改造，目前国际水泥行业正在评估该项技术，以作为现有窑潜在的改造方案。我国要参与到全球减碳技术研发中，积极与技术国家开展合作。

5. 建材工业

（1）基础材料制造的节能减排技术。一是在水泥、陶瓷、玻璃等的产品制造过程中，重点抓生产中的每一环节，通过生产工艺创新或是利用替代能源、资源实现节能减排目的。要继续对 CO_2 的减排技术创新进行攻克，争取在共性技术和关键性技术上取得突破。二是综合利用和协同处理技术。建材行业的废弃物数量巨大，若对这些资源进行回收再利用，将会在很大程度上解决废弃物污染环境的问题。建材行业要实现循环经济的发展模式，不仅要体现在对废水、废气、废渣的小循环上，也要体现在大量使用粉煤灰、煤矸石、高炉矿渣等工业废渣替代天然资源作为原料，或是利用建筑垃圾经过处理代替砂石等建材原料的中层循环上，同时更要体现建材行业对工业废弃物的消纳和处理、对有毒物质的降解和对资源的保护上，可采用废弃物大宗处理技术、垃圾减量化控制技术等进行控制。

（2）新技术的开发和新材料的运用。随着人们对居住环境要求的提高，必然会引领一场新材料革命。目前来看，建材的发展方向主要有以下几个方面：一是新型墙体材料。墙体材料在未来会朝着绿色、环保、节能、保温方向发展，如可考虑利用基础材料合成复合材料，形成材料的导热系数接近聚苯乙烯保温板，材料成本与聚苯乙烯保温板相当。要针对不同区域的气候与环境，开发不同特色、多种结构形式的承重及非承重结构体系的墙体材料。同时现实中经常出现外墙的抗风性差、易脱落等问题，要完善墙体的保温体系，提高保温的持久性和安全性。这些技术包括建筑用轻板的开发及应用技术烟具、烧结多孔保温外墙板的应用技术研发等。二是节能型功能材料的开发与应用。重点研究透光率高并具有温度可逆变化的储能控温材料，同时设计具有高吸波特性的吸波材料以及兼具遮阳与采光相协调的智能建筑材料。国家需加快相关技术的标准制定，要包含单一技术和成套技术的标准体系。

（3）延伸建材产业链，与服务业融合发展。要创造条件主动延伸建材产业链，以水泥工业为例，要发展骨料、商品混凝土、水泥制品，以至发展粉体加工、矿业开采、绿色生态建设和节能环保产业等。要围绕建材产业，配套发展生产性服务业，打造低碳建材产品研发、产品深加工、物流金融服务等为一体的产业链。重点发展关联性强、拉动作用大的现代物流、金融、科技信息、服务外包、现代商务等服务业，引导资源要素集聚，带动产业调整升级。

（二）发展战略性新兴产业

科学判断未来市场需求变化和技术发展趋势，加强政策支持和规划引导，强化核心关键技术研发，突破重点领域，积极有序发展新一代信息技术、节能环保、新能源、生物、高端装备制造、新材料、新能源汽车等产业，加快形成先导性、支柱性产业，切实提高产业核心竞争力和经济效益。发挥国家重大科技专项的引领支撑作用，实施产业创新发展工程，加强财税金融政策支持，推动战略性新兴产业做大做强。

1. 新能源产业

新能源产业即是指新的能源资源开发利用和传统能源变革过程中形成的相关产业，主要包括小水电、现代生物质能、太阳能、风能、地热能和生物燃料等。我国新能源和可再生能源具有资源储量丰富、开发潜力大的特点。

（1）太阳能。我国是太阳能资源相当丰富的国家，绝大多数地区年平均日辐射量在 4kwh/㎡ 以上，西藏最高达 7kwh/㎡。目前太阳能的主要转换和利用方式有光热转换、光电转换以及光化学转换，从而用于生产和生活。

（2）地热能。据资料显示，全国可开发利用的地下热水资源量每年约 67 亿立方米，折合 3283 万吨标准煤。目前地热开发有两种方法：一种是浅层地热直接开发，把地下温泉水直接抽上来用；另一种是地热水源热泵技术，通过水源热泵把深层的地下水抽上来利用。

（3）风能。风能的主要应用方式为依靠区域风力资源优势，进而开发利用，如风能发电。从 2001 年到 2012 年，我国的风电累计装机容量从 381 万千瓦增加到了 75324.2 万千瓦，增加了约 197 倍。截止到 2012 年底，中国已建成的海上风电项目共计 389.6 兆瓦，是除英国、丹麦以外海上风电装机最多的国家。

（4）潮汐能。根据不完全统计，全国潮汐能蕴藏量为 1.9 亿千瓦，其中可供开发的约 3850 万千瓦，年发电量 870 亿千瓦时。目前潮汐能最主要的利用方式是潮汐发电，同时，从降低成本的角度考虑，应积极拓展潮汐电站的其他功能，分担潮汐电站建设成本，例如开展水产养殖、旅游等，充分利用电站。

（5）生物质能。我国拥有丰富的生物质能资源，理论生物质能资源 50 亿吨左右。现阶段可供利用开发的资源主要为生物质废弃物，包括农作物秸秆、薪柴、禽畜粪便、工业有机废弃物和城市固体有机垃圾等。生物质能技术运用主要包括户用沼气池、节柴炕灶、薪炭林、大中型沼气工程、生物质压块成型、气化与气化发电、生物质液体燃料等。

2. 新能源汽车产业

新能源汽车是指采用非常规的车用燃料作为动力来源（或使用常规的车用燃料，采用新型车载动力装置）、动力控制和驱动方面形成的具有新技术、新结构的汽车。新能源汽车包括混合动力汽车、纯电动汽车、燃料电池汽车、氢发动机汽车以及燃气汽车、醇醚汽车等。[①]

美国政府在奥巴马时期以率先实现混合动力车商业化为近期目标，将燃料电池车作为远期目标，主要发展插电式混合动力汽车，并大规模投资研发动力电池和电动汽车。日本主要发展混合动力汽车、纯电动汽车和燃料电池汽车。目前，混合动力汽车技术已趋于成熟，并进入商业化应用阶段，比较全面系统地提出了纯电动汽车的发展规划，燃料电池等技术研发居世界前列。我国《节能与新能源汽车产业发展规划 2012—2020 年》明确提出了新能源汽车产业的发展重点：以纯电驱动为主要战略取向，当前重点推进纯电动汽车和插电式混合动力汽车产

---

① 马春梅：《国外新能源汽车发展分析与启示》，《科学管理研究》2011 年第 5 期。

业化，推广普及非插电式混合动力汽车、节能内燃机汽车等。

在未来一段时间内，混合动力汽车会进入大规模、快速增长时期，其中电式混合动力汽车将会越来越受到重视。纯电动汽车随着对动力电池性能的改进和充电设施建设的完备将逐步走上产业化道路。燃料汽车重点是要攻克技术障碍，进入市场需要一段较长时期。在电池研发上，从目前的技术发展水平和发展趋势看，镍氢电池是目前应用最为广泛的车用动力电池。锂离子电池有无记忆性、低自放电率、高比能量、高比功率、环保等诸多优点，一旦解决了成本问题，将会有极好的应用前景。在电机及其控制系统领域，开关磁阻电动机调速系统具有调速范围宽、结构简单、控制灵活、维护修理容易、可靠性好等优势，是未来一段时间内最具有发展潜力的电动车驱动系统。此外，电子控制技术将在新能源汽车产业发展中发挥越来越重要的作用，也是衡量现代汽车技术发展水平的重要标志之一，电子控制技术将会朝着集成化、智能化和网络化的方向发展。

3. 新材料产业

新材料涉及领域非常广泛，既有运用新技术、新方法制造出具有较高性能或特殊功能的材料，也有对传统材料改进，使性能获得重大提高的材料。世界各国均把研究和开发新材料作为一项重大战略，美国、日本、欧盟等主要发达国家和地区均相继出台了一系列新材料相关的发展计划与战略规划，信息材料、纳米材料、生物材料等前沿领域是各国关注的重点。根据《新材料产业"十二五"规划》显示，2010年我国新材料产业规模超过6500亿元，稀土功能材料、先进储能材料、超硬材料、特种不锈钢、玻璃纤维及其复合材料等产能已居世界前列。我国"十二五"863材料战略在前沿技术层面部署了4个领域：先进超导与高效能源材料技术、低维材料与纳米器件技术、材料合金化与复合技术、智能化与仿生材料技术。

（1）超导材料。超导材料是超导行业的核心，零电阻和抗磁性是超导材料的2个重要特性，其下游产品广泛应用于医疗诊断、新能源开发、空间与军事防务、电子设备、磁体工业和交通运输等领域。

（2）纳米材料。纳米材料由纳米粒子组成，其特性在于通过奇异的物理与化学性质从根本上改变材料的结构，尤其是在磁性材料、电子材料、光学材料、高致密度材料的烧结、催化、传感、陶瓷增韧等方面具有广阔的前景。

（3）分子复合材料。复合材料是以一种材料为基体，另一种材料为增强体组合而成的材料。复合材料具有质量轻、强度高、加工成型方便、弹性优良、耐化学腐蚀和耐候性好等特点，已逐步取代木材及金属合金，广泛应用于航空航天、汽车、电子电气、建筑、健身器材等领域。

（4）智能材料。基于仿生构思的智能材料是一种集材料与结构、智能处理、执行系统、控制系统和传感系统于一体的复杂的材料体系，具备自感知、自诊断、自适应、自修复等功能。目前在航空航天、现代医学、军事运用、桥梁建筑、汽车安全、仿生机器人、纺织服装等诸多领域有着广泛的应用。

4.信息技术产业

信息技术产业仍旧是发达国家的战略制高点，目前，全球新一代信息技术呈现出创新引领、融合发展的特征。目前我国正处在一个关键的发展阶段，新一代信息技术对推动我国经济增长方式转变、实现经济结构调整具有重大的现实意义。要力争实现新跨越。新一代信息技术产业要做好顶层设计，制定长远发展规划，循序渐进，突出重点。对我国而言，重点发展新一代移动通信技术、下一代互联网、三网融合、物联网、云计算、大规模集成电路、新一代显示技术、高端软件、高端服务器和信息服务，明确短中长期发展目标。

实现技术突破和创新。突破制约产业发展的关键核心技术，做大做强集成电路、新型显示器、软件等核心基础产业。突破一批支撑新一代信息技术产业发展的关键共性技术，特别是高性能集成电路、新型平板显示器、基础软件、应用软件、计算机存储芯片、数字音视频处理芯片、移动通信专用芯片、信息安全芯片、北斗卫星导航系统芯片、物联网感知与信息识别芯片等领域的核心技术等，实现我国信息技术产业的跨越式发展。大力发展应用信息技术，重点发展汽车电子、医疗电子、机床电子、工业控制、传感器等拉动作用强的应用信息技术，尽快发展物联网应用。

推动绿色IT行业发展。基于信息产业的巨大能耗和带来的环境问题，节能环保和绿色IT的发展理念必将付诸行动。低能芯片、低能耗主板、节能电池等将会是产品主流。特别是，要充分运用云计算的共建共享、统筹规划优势，构建绿色IT平台，实现IT资源的节约和利用最大化。

5.节能环保产业

节能环保产业是为资源节约、保护环境和社会经济可持续发展提供技术、装备和服务保障的综合性产业，主要包括节能产业、环保产业和资源循环利用产业，对于缓解气候变化和能源危机带来的影响具有长远的意义，同时在短期内将更直接地促进产业结构的转型。我国在2012年颁布实施了《"十二五"节能环保产业发展规划》，提出了节能环保产业发展的重点领域。

（1）节能产业重点领域：重点包括节能装备、节能产品和节能服务产业三个方面。如要不断推广使用高效节能装备，在钢铁、水泥、建材、化工行业高效燃烧器、换热器、蓄能器、冷凝器、干法炼焦等设备的使用以及高效风机、水泵、空压机等高效节能设备的使用；要利用好高炉炉顶压差发电技术（TRT）、干熄焦技术等。节能产品重点发展高效节能家电产品、办公产品、商用产品、照明产品、建材产品等。节能服务产业要抓好合同能源管理，形成完善的节能服务产业链条。

（2）资源循环利用产业重点领域：包括资源循环利用装备、资源循环利用产品和资源循环利用服务产业。重点研发资源循环利用技术和设备使用，包括废弃物提取分离技术、无污染再生技术等。对于资源的再循环使用，可通过再制造、固体废弃物资源化处理、有机废弃物资源化处理等方式实现资源最大程度的节约。资源循环利用服务体系的建立要规范好再生资源回收体系、建立餐厨垃圾分类回收体系以及循环经济发展服务平台。

（3）环保产业重点领域：包括环保装备、环保产品和环保服务产业。环保装备重点发展如有机废水处理装备、反渗透膜技术装备、渗滤液处理技术装备、机动车尾气处理技术装备等。在生产生活中，多使用可降解产品、环保材料、替代产品、环保药剂等环境友好型产品。做好环保工程服务和环保咨询服务工作，发展生产效率评价服务、环境投资及风险评估服务，不断健全设施维护和运营、技术咨询和人才培训等内容的环保服务产业体系。

6. 生物产业

以生命科学和生物技术研发与应用为基础的生物产业将从根本上解决日益严重的人口激增、老龄化、疾病、粮食短缺、能源危机、气候变化、环境污染等人类面临的问题，许多国家纷纷出台政策扶持生物产业发展，希望在新一轮科技革命和产业革命中占据有利位置。生物产业大体上包括生物医药、生物农业、生物能源、生物制造、生物环保、生物服务等领域。

生物产业具有典型的高技术特征，各个国家都高度重视，并出台相关政策促进生物产业发展。美国基础研究经费中的 49% 用于生物技术和生命科学研究，早在 2006 年德国政府就制定了"2021 生物产业计划"的发展规划，计划从2006—2011 年的 5 年中，投资 1500 万欧元增强德国在工业生物技术方面的实力。

生物产业是继网络经济之后的又一个新经济增长点。全球生物产业的规模还不算大，但发展迅速，生物技术产品的销售额每 5 年增加 2 倍，增长率高达25%—30%，是世界经济增长率的 10 倍左右。据联合国有关部门估计，采用生物技术发展农业生产，到 2015 年可使世界上一半的饥饿人口得到充足的食物，饥饿人口由目前的 8 亿减少至 4 亿。预计到 2020 年，生物药品占全球比重将超过 1/3，生物质能源将占世界能源消费比重的 5%。

生物产业全球化发展趋势日益明显。发达国家的大型生物产业科技公司为了提高自身的竞争力，扩大市场份额，占领国际市场，开始向中国、巴西、印度等新兴市场进行中低端产业环节的转移，并有技术扩散的趋势。随着研发费用的投入和研发成本的增长，全球生物技术外包研发服务公司蓬勃发展。

生物安全成为国家安全的重要内容。生物安全包括转基因技术、产品的引进和传播；动植物病虫害的引进和传播；控制粮食、农业生产的政策法规风险等，生物安全技术和装备研制将会是下一步国家的重要战略部署。

7. 高端装备制造业

装备制造业的突破口高端装备制造业是装备制造业的高端部分，是各项工业技术、信息技术及各类新兴技术的集成载体，它的发展直接关系到各个行业的产业升级、技术进步。高端装备制造业可以从三个角度理解：第一，技术上高端，表现为知识、技术密集，体现多学科和多领域高、精、尖技术的集成；第二，价值链高端，具有高附加值特征；第三，产业链的核心部位，发展水平决定产业链的整体竞争力[1]。

尽管我国已是一个装备制造业大国，但是当前我国装备制造产业和世界先进水平相比还有不小的差距，特别是一些高端制造装备，如半导体、深水海洋和石油装备、百万吨乙烯装置中大型压缩机等几乎全部依赖进口，必须从国家战略上重视，高端装备制造业"十二五"规划在发展方向上着眼五个细分行业：航空、航天、高速铁路、海洋工程、智能装备。发展好我国的高端装备制造业，技术是关键。当前，我国装备制造行业已经陷入了一种引进—落后—再引进—再落后的恶性循环，必须加大科研投入，建立技术创新的推动机制，推动产学研合作、建立产业联盟，从根本上提升自主创新能力，引领世界装备制造业发展潮流。

三、低碳工业发展措施

（一）完善相关法律法规，规范低碳产业发展

建立健全环境立法是将低碳工业发展落到实处的重要保证，国内外实践已

---

[1]　陆燕荪：《高端装备制造产业是振兴装备制造业的突破口》，《电器技术》2010 年第 9 期。

经证明，要想很好地发展低碳产业必须首先制定和完善环境立法，用法律来明确和规范各参与主体的责任和义务。我国在立法方面也做出了努力，已经颁布了《节约能源法》和《中华人民共和国清洁生产促进法》，但是与发达国家相比，还有很大差距，还不能满足低碳工业发展的需要。在低碳工业的发展中，政府需制定的相关法律法规具体来说包括两个方面：一是制定低碳产业发展规划，从宏观上把握低碳产业发展的方向，实现各个阶段的发展战略目标；二是制定低碳行业监管政策，规范低碳产业发展，创造产业内的良好竞争环境。面对日益严峻的能源问题，为避免经济建设和能源基础设施建设在其生命周期内的锁定效应，必须高度重视向低碳经济的转型。有必要制定国家低碳产业发展规划，从长远和全局的角度，明确低碳产业在国民经济中的战略地位和低碳产业的发展思路、主要目标和保障措施，在产业结构调整、区域产业布局、技术创新和基础设施建设等方面，为低碳产业发展做好资源配置创造良好的条件。[1] 要完善低碳经济法律法规政策支持体系：①立法体现低碳理念，建立碳排放者付费的原则；②在法律法规中体现倾向于低碳经济发展的指导原则；③将低碳经济的实践经验提升为基本制度予以规范；④强化执行监督，加大执法力度，确保低碳经济法律法规的贯彻执行；⑤充分调动投资者、消费者及政府各主体的积极性，保证低碳产业发展。

（二）推进传统产业改造升级与新型低碳工业的融合并进

要千方百计推动第二次产业内源性自主创新与外源性技术扩散，把高加工度化、高知识密集化、高附加值化与低碳化始终贯穿在新型工业化的始终。用低碳的理念改造提升传统产业，促进传统产业节能减排。传统的产业不能用传统的办法求发展，必须运用低碳经济的新理念和新发展模式来谋划传统产业又好又快发展：一是狠抓重点行业和重点企业节能；二是加快节能降耗技术开发与推广运用；三是大力发展循环经济；四是加快淘汰落后生产能力；五是形成有效的工业节能降耗激励约束机制。

大力发展高新技术产业，推进高新技术产业化。高新技术产业是低能耗、低污染、高技术含量、高附加值的产业，是低碳产业发展中潜力巨大、前景广阔的产业之一。要进一步深化科技体制改革，推动科研人员进入国民经济主战场，促进科技成果向现实生产力转移，努力把科技能量、科教优势转化为新的资源财富、产能和市场需求，把科教实力转化为经济实力；要突破性发展新材料、新能

---

① 李健等：《低碳产业发展问题与对策研究》，《科技进步与对策》2010 年第 22 期。

源、电子信息、生物医药等高新技术产业；要完善智力资本股权激励政策，激励科研人员走向市场，领办、创办科技型企业等。

（三）加大科研力度，提高技术水平

科学技术是发展低碳工业的重要支撑，在低碳工业的发展过程中，要重点组织开发具有推广意义的资源节约和替代技术、能量梯级利用技术、"零排放"技术、有毒有害原材料替代技术、回收处理技术、绿色再造技术等，努力突破制约低碳工业发展的技术瓶颈。同时还可以积极参与国际交流与合作，借鉴国外成功经验，开展信息咨询、技术推广和宣传培训等服务活动。低碳技术涉及冶金、化工、石化等传统部门，也涉及可再生能源及新能源、煤的清洁高效利用、二氧化碳捕获与封存（CCS）等众多新领域，几乎涵盖了国民经济发展的所有支柱产业。必须做到：

1.领先一步，制定低碳技术标准，加强在国际低碳技术领域的话语权。国际上对低碳技术的界定并无明确定义和标准，一方面我国应抢先建立国内低碳技术标准。把国际低碳技术的新理念、新创造引入中国，并结合中国低碳技术的研发实际，制定具有中国特色的低碳技术标准，对低碳技术的产品及生命周期进行分析、评价，使低碳技术的研发制度化、规范化，避免盲目、无序；另一方面要积极参与国际标准的研究、提出、讨论、确定、实施、完善，获得和增强话语权。

2.整合资源，加快现有低碳技术的推广和应用，科学筹划，增强关键低碳技术的自主创新能力。要加快现有低碳技术尤其是优势技术的推广和应用，包括加快氢能技术产业化，积极推进风能发电的产业化，加快太阳能光伏技术示范和推广，加快清洁煤技术的推广和应用等。在自主创新发明方面，应该制定低碳技术和低碳产品研发的短、中、长期规划，重点着眼于中长期战略技术的储备，使低碳技术和低碳产品研发系列化，做到研发一代，应用一代，储备一代；加大科技投入，积极开展碳捕捉和封存技术、替代技术、减量化技术、再利用技术、资源化技术、能源利用技术、生物技术、新材料技术、绿色消费技术、生态恢复技术等的研发；结合我国实际，有针对性地选择一些有望引领低碳经济发展方向的低碳技术，如可再生能源及新能源、煤的清洁高效利用、油气资源和煤层气的勘探开发、二氧化碳捕获与埋存、垃圾无害化填埋的沼气利用等有效控制温室气体排放的新技术，集中投入研发力量，重点攻关，促进低碳技术和产业的发展。

3.夯实根基，引进与培养并重，加快培育低碳技术人才。我国低碳技术人

才短缺，加快低碳技术人才的培养势在必行。高等教育应把低碳能源技术、低碳能源和可再生能源方面的专业放在突出的位置，直接为企业培养大批急需的技术人才，使他们掌握最优化的设计方法，提高研究、设计和创新能力，加快低碳产品研发速度，缩短低碳产品的研发周期。

4. 利用现有气候制度框架提供的便利，强化国际合作，积极争取国际低碳技术资源。①《联合国气候变化框架公约》和《京都议定书》要求发达国家对发展中国家的减缓行动提供资金和技术支持，这是发展中国家包括中国对外争取国际技术资源的制度依据，但是发达国家在对发展中国家的在技术和资金支持上一直意愿不足、行动迟缓，所以我们必须通过强化国际合作的方式积极争取国际技术资源。要积极参与国际上关于低碳能源和低碳能源技术的交流，尤其是要加强与欧盟、美国和日本的低碳技术交流与合作。通过各种交流合作，引进消化吸收发达国家先进的节能技术、提高能效的技术和可再生能源技术。同时应充分利用广阔的市场条件，制定一些特殊的优惠政策，吸引国外的先进技术和资金到中国来，共同示范，共享成果，争取双赢，为我国低碳技术发展创造条件。

（四）鼓励全民参与

发展低碳工业是一项涉及多个行业、千家万户的大工程，需要政府、企业以及社会各界的共同参与。因此要加强发展低碳工业建设的宣传教育，让社会公众了解我国低碳工业发展的意义，知道发展低碳工业的紧迫性，认清阻碍我国低碳工业发展的因素。通过学校、社区的宣传教育，实现由点到面的扩散，一个学生带动一个家庭、一个家庭带动一个社区、一个社区带动整个社会。让社会公众自主行动，积极投身到发展低碳工业中来。

（五）大力支持静脉产业

静脉产业的发展需要政府给予大力支持，因为静脉产业相对于动脉产业而言，在现有市场经济条件下，其实现的效益更多的是社会效益，而这些社会效益并没有完全转化为企业自身的经济利益，静脉产业具有正的外部性。对于正的外部性的产业，如果没有政府和社会给予支持是难以为继的，因为社会人是理性的经济人，是通过权衡成本和收益来确定自己的行为的，对于具有正的外部性的

---

① 王军：《我国低碳产业发展的问题与对策研究》，《理论学刊》2011 年第 2 期。

"商品"的生产是不划算的，人们往往有搭便车的行为。而静脉产业的发展又是产业结构生态化的必要构成，因此需要政府的政策支持，大力发展静脉产业。政府可以通过减免税金、税收补贴可返还的抵押金制、资源回收奖励制度、废弃物处理收费制度、征收原材料税、优先购买等方式来支持静脉产业的发展。[1]

四、案例分析：警惕"新产业"中的"老过剩"问题

（一）案例：光伏产业"过剩"危机

我国光伏产业在过去几年有了飞速发展，2007年以来，光伏行业的高收益与高增长，点燃了国内光伏厂商的投资热情。2008年、2009年、2010年光伏的市场需求增速分别高达20%、70%、110%，快速增长的市场使得投资蜂拥而至。2006年中国太阳能电池的产能还仅为1.6GW，2010年中国太阳能电池产量达13GW，占全球市场份额的47.8%。[2]

2012年9月6日，欧盟发起的针对我国光伏电池的反倾销调查，涉及金额1300亿元人民币，此次反倾销主要涉及的是太阳能电池及组件制造领域。当地时间11月7日，美国国际贸易委员会（ITC）发布公告，同意此前美国商务部对中国太阳能电池及组件生产厂商在美销售价格低于成本的裁定，将对这些企业征收惩罚性关税，对中国光伏企业征收18.32%—249.96%的反倾销税，且针对中国政府的补贴征收14.78%—15.97%的反补贴税。[3]

对于美国高高举起的"双反"大棒，折射出来我国光伏产业的诸多问题，产品严重依赖出口，中国光伏产品出口量约占到全球的90%，同时光伏企业内部泡沫化严重，不掌握核心技术，产能严重过剩。

多晶硅作为光伏产业的重要原料，也呈现出爆炸性增长。2011年，尽管世界经济遭受金融危机的打击，中国的多晶硅产业却突飞猛进，由世界第四跃居到第一。2012年，国内已建成稳定投产的规模以上的多晶硅项目达到43家，2011年总产能14.5万吨，其中保利协鑫、江西赛维、洛阳中硅、重庆大全四家位居全球前十大多晶硅企业的规模占据了中国总产能的70%。

---

① 吴敏：《武汉城市圈产业结构生态化研究》，武汉理工大学硕士学位论文，2009年。

② 谢蕤叶：《中国光伏企业腹背受敌将掀整合潮》，《赢周刊》2012年第1期。

③ 《美国双反落槌——中国光伏产品税负最高增逾两倍》，《每日经济新闻》2012年11月9日。

（二）分析：正确引导，避免"新产业"出现"老过剩"问题

光伏产业发展是基于传统能源消费弊端而发展起来的，具有成本低、无污染的优势，我国光伏产业快速发展主要是基于以下几个原因：（1）发展没有制定统一规划，项目出现无序发展，遍地开花。（2）政府补贴介入在一定程度上影响了资源配置，由于有政府补贴，企业生产中顾忌较少，缺少对风险的准确把控，银行业对该行业的房贷门槛降低，都导致了规模扩张的风险。（3）只制造无使用，我国虽是光伏电池生产大国，但国内市场严重不足，光伏发电使用较生产几乎可忽略不计，国外太阳能发电已逐步兴起，德国太阳能发电占比 2%。

光伏产业发展空间市场布局要与资源相协调，控制在能源短缺、电价较高地区批准新上项目建设。要加强多晶硅工业与下游光伏产业的联合和合作。据估测，2020 年太阳能光伏发电产业的碳减排量可达 10 亿吨，太阳能光伏发电产业是未来十分具有发展前景的行业。目前国内却出现多晶硅产能过剩与太阳能光伏发电发展缓慢相矛盾的局面，内需严重不足，导致我国输出大量太阳能电池。要进行多种产品开发，包括非晶硅电池、微晶硅电池、薄膜太阳能电池的研发，引导、支持多晶硅企业以多种方式实现多晶硅—电厂—化工联营，对多晶硅行业进行优化整合，实现上下游一体化协调发展。要实现有序发展，对多晶硅环保提纯工艺的改进。对于以太阳能电池为终端的多晶硅产品采用冶金法替代改良西门子法，该方法最后得到多晶硅产品纯度可高达 99.9999%，同时也具有成本低，污染小的优点。

（三）抑制"新产业"的"老过剩"问题的对策措施

1. 各地区各部门要严格按照国家发布的相关行业指导意见进行政策开展和落实，如 2009 年的《中共中央国务院转发〈国家发展和改革委员会关于上半年经济形势和做好下半年经济工作的建议〉的通知》，该《通知》针对重点产业的总体规划和布局进行了详细部署，同时也对产能过剩的行业提出了抑制重复建设的要求。总体上，要不偏离国家经济调整的方向，同时依据省情，从优化产业布局、促进产业升级的角度进行调整，各部门要相互协调、相互配合，形成良好的运作机制和体制环境，切实抓好产能过剩和重复建设问题。

2. 严格市场准入。相关部门要及时制定出产业发展指导政策，明确政府支持发展产业的范围和对象。针对目前多晶硅、风电产业等发展面临的问题，要完

善市场准入制度建设，包括市场进入的法人资格、资产规模、企业效益等标准，从源头上削减小规模企业带来的经济效率不高的问题。同时，质量管理部门要依法对质量不合标准企业进行监督和查处，采用责令整改、罚款等进行行业规范，情节严重的予以取缔。此外，要严格实施生产许可证制度，通过相关专业部门的实地调研，对符合标准企业颁发产品生产许可证，不允许无证生产。

3. 依法依规供地用地。切实加强对各类建设项目用地监管。对不符合产业政策和供地政策、未达到现行《工业项目建设用地控制指标》或相关工程建设项目用地指标要求的项目，一律不批准用地；对未按规定履行审批或核准手续的项目，一律不得供应土地。国土资源部门要切实负起监管责任。对未经依法批准擅自占地开工建设的，要依法从重处理；对有关责任人要追究政纪法律责任，构成犯罪的，依法追究刑事责任。

4. 实行有保有控的金融政策。中国人民行业、证监会、银监会等金融行业监督管理机构要制定相关规章，明确国家重点支持和发展行业范围，监督银行业金融机构实施严格的信贷政策，对于不合程序审批的项目，拒绝发放贷款，已发放的贷款，要及时进行纠正。严格企业利用货币市场、资本市场融资的准入制度，如发行股票、债券、中期票据的市场主体资格限制、资产规模水平、企业所属行业等。严格企业融资审批程序执行，对于违反规定的法人单位和金融机构等要予以严肃处理。

5. 严格项目审批管理。对于投资主管部门要做好项目投资评估审查工作，针对经济发展需求和国家行业调整政策，选择投资项目。对于产能过剩行业要严格执行审批管理制度，严禁下放审批权限、违规审批问题。合理调度财政资金，充分发挥资金对重点项目的支持作用。要尽快完善政府投资项目核准目录，制定市场准入准则，在核准目录尚未出台前，针对有争议性的项目审批报告上级主管部门进行项目论证和核准。

6. 做好企业兼并重组工作。针对目前一批产业出现企业规模小、经济效率不高的局面，进行企业兼并重组任务迫切，切实解决淘汰落后产能、达到结构调整的目的。相关部门要规范兼并重组的工作程序，分步实施、分层推进，有计划、有重点地进行战略调整。要根据产业调整和振兴计划，尽快出台相关指导意见，不仅关注经济发展，同时保障群众利益和社会稳定。

7. 建立信息发布制度。发展改革委员会要联合相关部门，建立完备的信息发布制度。包括国家行业重点调整对象、行业发展规模、生产销售状况、企业改制重组情况、污染排放等信息。充分利用好各种信息平台和渠道，及时反映行业问题和企业诉求，为企业提供信息服务，引导企业和投资者落实国家产业政策和行业发展规划，加强行业自律，提高行业整体素质。

8.实行问责制。地方各级人民政府不得强制企业投资低水平产能过剩行业。政府各有关部门及金融机构要认真履行职责，依法依纪把好土地关、环保关、信贷关、产业政策关和项目审批（核准）关，并加强政策研究、信息共享和工作协调，形成合力，有效抑制部分行业产能过剩和重复建设，引导产业健康发展，促进结构调整和发展方式转变。要按照《中共中央办公厅国务院办公厅印发〈关于实行党政领导干部问责的暂行规定〉的通知》（中办发〔2009〕25号）的有关要求，对违反国家土地、环保法律法规和信贷政策、产业政策规定，工作严重失职或失误造成重大损失或恶劣影响的行为要进行问责，严肃处理。

9.深化体制改革。要着眼于推进产业结构调整以及解决长期困扰我国产业良性发展的深层次矛盾，进一步深化财税体制、投融资体制、价格体制、社会保障体制等方面的改革，完善干部考核制度，形成有力促进经济结构战略性调整，推动我国工业实现由大到强转变的体制环境。

第五章　低碳服务业兴起

自从 20 世纪以来，服务业已经成为发达国家的支柱产业，服务业增加值和就业比重双双超过70%[1]，因此引起学者的广泛关注，成为研究的热点问题。然而随着人口的增长、城市化进程的推进和人们对物质条件的需求持续膨胀和要求的提高，人们对旅游、休闲、娱乐、保健、运动、物流等服务性产品的需求量日益加大，也因此而造成新的资源消耗和环境代价。21 世纪在更加关注生态环境的背景下，人们提出了绿色消费、生态城市建设和低碳服务业等理念。

一、低碳服务业与传统服务业

在我国国民经济核算实际工作中，将服务业视同为第三产业，即将服务业定义为除农业、工业、建筑业之外的其他所有产业部门。服务业在国民经济行业分类中包括除了农业、工业、建筑业之外的所有其他十五个产业部门。即：交通运输、仓储和邮政业、信息传输、计算机服务和软件业、批发和零售业、住宿和餐饮业、金融业、房地产业、租赁和商务服务业、科学研究、技术服务和地质勘查业、水利、环境和公共设施管理业、居民服务和其他服务业、教育、卫生、社会保障和社会福利业、文化、体育和娱乐业、公共管理和社会组织、国际组织等众多部门和行业，其内涵十分丰富。在 ISO9004 中详细列举了 12 大项服务业包含的内容：招待服务、交通与邮电、健康服务、维修、公用事业、贸易、金融、专业、行政管理、技术、采购和科学。从以上划分可以看出，服务业的覆盖面相

---

[1]　谭洪波、郑江淮、黄永春、张月友:《国外服务业研究新进展述评》,《现代经济探讨》2012 年第 2 期。

当广泛，它包括了内贸系统的各行各业：商业（商办工业除外）、粮食业、供销社、物资业、储运业等等。

　　服务业生产的服务产品具有非实物性、不可储存性和生产与消费同时性等特征。所以，服务业经济活动最基本的特点是服务产品的生产、交换和消费紧密结合。服务业的发展水平是衡量现代社会经济发达程度的重要标志。服务经济时代有两条标准：一是服务业创造的财富在 GDP 中占的比重至少 50%，多者可达 80% 以上；二是劳动者在服务业中占多数，其比重至少 50%，多者可达 80%以上。目前在发达国家中，服务业创造的 GDP 和在服务业就业的劳动者都超过70%（如表 5—1 国内国民生产总值产业构成）。所以，发达国家都已进入服务经济时代，而我国目前还处于工业经济时代，服务业发展滞后的状况仍未根本改变。我国第三产业增加值占国内生产总值的比重，已从 2002 年的 41.5% 提升至 2011 年的 43.1%。虽然有持续增长，但是不但远低于发达国家，甚至还低于最不发达地区国家。截至 2000 年全球服务业产出在整个经济中的比重已经达到63%，其中，低收入国家的这一比例为 42%，中低等收入国家为 44%，上中等收入国家为 61%。[①]

　　根据测算，我国"十二五"期间 GDP 增速预计为 8%，2015 年我国服务业占 GDP 比重将提高到 55%。我们应该站在推进经济结构调整、发展方式转变的高度，战略性地谋划现代服务业的发展，谋求从制造业大国向服务业大国的转变。和工业相比，服务业具有投资小、占用资源少、能耗低、污染少和容纳就业人数较多等特点。据统计，我国第二产业的能耗为 2.03 吨标准煤 / 万元，第三产业的能耗为 0.48 吨标准煤 / 万元。在当前发展低碳经济的背景下，如果能因地制宜地加以引导，服务业的发展与创新将在扩大就业、节约能源资源、减少污染排放和发展低碳经济的过程中发挥重要作用，并成为我国从经济大国迈向经济强国的战略性产业。现代服务业具有高技术含量、高附加值、低能耗等特点，已经成为一个国家经济发展水平以及现代化程度的一个重要依据与标志。

（一）传统服务业

　　传统服务业是一个相对概念，是相对于工业社会及后工业社会中发展起来的现代服务业和新兴服务业而言的。有人认为传统服务业是指为人们日常生活提供各种服务的行业，如餐饮业、旅店业、批发零售等。新编《财政大辞典》将传

[①] 《发达国家和国内发达地区服务业情况介绍》，《洛阳日报》2008 年 8 月 26 日。

统服务业定义为"为人们日常生活服务的各种服务行业，如饮食业、旅店业、生活用品修理业等。"

美国学者丹尼尔·贝尔（1973）在《后工业社会的来临》一书中详细分析了后工业社会的特征，并着意强调了后工业社会中的现代服务业与在此之前的服务业的区别。他认为，在农业社会，由于生产效率低，剩余劳动力多、素质差，因而服务业主要以个人服务和家庭服务为主；在工业社会中，服务业主要围绕商品生产活动而展开，以商业服务和运输服务为主；但在后工业社会中，服务业则以技术性、知识性的服务和公共服务为主[1]。美国学者马克卢普（1962）在《美国的知识生产与分配》一书中，则明确给出了现代服务业的一般范畴和简单分类模型。他认为，现代服务业主要包括四个行业，即教育、科学研究、通信媒介和信息服务，突出强调了现代服务业的知识性和信息服务性。[2]

从理论归纳的角度分析，传统服务业一般具有增加值低、乘数效应小和劳动力素质较差等方面的特点。与之相比较，现代服务业一般具有的基本特性：技术密集、知识密集、人才密集、高增性低消耗、新兴性和发展性、高集聚、广辐射。[3] 现代服务业为消费者提供知识的生产、传播和使用服务，使知识在服务过程中实现增值。例如，教育服务、科研服务、文化传媒服务、专业技术服务、计算机软件应用服务等。现代服务业在服务过程产生知识的增值，同时还可以产生服务的规模效应和各种服务相互融合的聚集效应，引起服务的大幅度增值。例如，现代服务业的交互融合程度高，大多集聚于国际性大都市和国内一线城市之中，从而使像纽约、伦敦、东京、北京等这样的大都市，拥有众多的国际性咨询企业、金融企业、网络服务企业、市场中介组织和教育培训基地等，由此带动整个城市的服务经济能够产生规模经济效应和乘数效应，由此引起现代服务业的持续发展、深度专业分工和高效益的跨行业协作。现代服务业还具有科技含量高的特征。例如，银行存贷款业务是传统的银行服务业务，但随着计算机网络技术的发展和日益成熟，使客户享受到电子银行和网上存贷款服务，则银行业就升级成了现代服务业。现代服务业的从业人员大都具有良好的教育背景、专业知识基础和技术、管理的能力，从而构成了现代服务业的核心能力和"白领""灰领"阶层的聚集区。

---

[1] 丹尼尔·贝尔:《后工业社会的来临》，高铦等译，新华出版社1997年版。
[2] 弗里茨·马克卢普:《美国的知识生产与分配》，孙耀君译，中国人民大学出版社2007年版。
[3] 葛季坤:《现代服务业现状及其发展战略研究》，闵行统计信息网 http://tj.shmh.gov.cn/mhtj/。

低碳产业

表5—1　国内国民生产总值产业构成 ①

国家和地区	Country or Area	第一产业		第二产业		第三产业	
		2000	2008	2000	2008	2000	2008
世　界	World	3.6	3.0 ①	29.2	28.0 ①	67.2	69.0 ①
低收入国家	Low Income	32.0	24.8 ②	24.1	27.7 ②	44.0	47.5 ②
最不发达地区	Least Developed Countries	32.7	25.1 ②	23.7	28.9 ②	43.6	46.1 ②
重债穷国	Heavily Indebted Poor Countries	31.3	23.9	23.7	28.1	45.0	48.0
中等收入国家	Middle Income	11.0	10.1	35.4	36.9	53.6	53.0
中等偏下收入国家	Lower Middle Income	16.8	13.7	39.4	40.8	43.8	45.5
中等偏上收入国家	Upper Middle Income	6.0	6.0	32.0	32.6	62.0	61.4
中低收入国家	Low and Middle Income	11.9	10.5	34.9	36.6	53.2	52.9
东亚和太平洋	East Asia and Pacific	14.6	11.9	44.4	47.5	41.0	40.6
欧洲和中亚	Europe and Central Asia	9.5	7.4 ①	34.1	33.6 ①	56.4	59.1 ①
拉丁美洲和加勒比	Latin America and Caribbean	5.9	6.2	29.5	32.1	64.6	61.8
中东和北非国家	Middle East and North Africa	12.6	11.6	43.3	40.6	44.1	47.9
南　亚	South Asia	23.9	18.0	25.8	28.6	50.3	53.4
撒哈拉以南非洲	Sub-Saharan Africa	16.5	13.5	29.3	32.5	54.2	54.0
高收入国家	High Income	1.8	1.4 ①	28.0	26.1 ①	70.2	72.5 ①
经合组织成员国	OECD Countries	1.8	1.4 ①	27.7	25.8 ①	70.5	72.8 ①
非经合组织成员国	Non OECD Countries	2.2	1.5 ①	35.4	34.3 ①	62.5	64.2 ①
中国	China	15.1	11.3	45.9	48.6	39.0	40.1
孟加拉国	Bangladesh	25.5	19.1	25.3	28.6	49.2	52.3
印　度	India	23.4	17.6	26.2	29.0	50.5	53.4
印度尼西亚	Indonesia	15.6	14.4	45.9	48.1	38.5	37.5
伊　朗	Iran	13.7	10.1	36.7	44.9	49.5	45.0
韩　国	Korea, Rep.	4.6	2.6	38.1	37.1	57.3	60.3
哈萨克斯坦	Kazakhstan	8.7	6.2	40.5	41.9	50.9	51.9
巴基斯坦	Pakistan	25.9	20.4	23.3	26.6	50.7	53.0
菲律宾	Philippines	15.8	14.9	32.3	31.7	52.0	53.5

（二）低碳服务业

有人认为低碳经济将引导"第四次工业革命"。第一次工业革命的标志是蒸汽机，替代了手工劳动；第二次工业革命是电力，电力是传输能源，使能源生产规模化，成本降低；第三次工业革命是计算机和互联网；"第四次工业革命"则是

---

① 资料来源：世界银行 WDI 数据库（World Bank WDI Database），http://data.worldbank.org/。

94

新能源革命，就是防止不可再生能源枯竭，防止气候变暖。

1. 低碳服务业的概念

"低碳经济"最早见诸于政府文件是在 2003 年的英国能源白皮书《我们能源的未来：创建低碳经济》，而在我国，2006 年底，科技部、中国气象局、发改委、国家环保总局等六部委联合发布了第一部《气候变化国家评估报告》，2009年 3 月中科院发布的《2009 中国可持续发展战略报告》提出了中国发展低碳经济的战略目标，明确了低碳经济发展方向。低碳产业首次提出是在英国政府"低碳和环保产品与服务产业分析"的报告中，英国提出"新兴低碳产业"是为区别有减排效果的可再生能源产业和部分环保产业，这一产业包括替代燃料行业、汽车替代燃料行业和建筑节能技术行业，但没有包括清洁生产技术，例如资源利用效率和轻量化等产业。美国将低碳产业的内容涵盖于环境产业当中，分为三个门类，包括污染治理、清洁能源与技术和能源管理。康蓉、杨海真、王峰（2009）认为，低碳产业是使用清洁能源提供产品和服务的行业与符合生态原理以更少的资源和能源消耗进行生产和服务的行业聚集。[①] 另外学者们还有提出环保产业、节能服务业、可再生能源产业、绿色产业等不同概念。"环保产业"概念出现于20 世纪 70 年代，是中国环境界与经济界流行的用法，在国际上，规范的术语是"环境产业"（Environmental Industry）。"环境产业"可一般化地定义为"满足用户的环境需求并从而创造出经济价值的产业"。由此，可以透视"环保产业"与"环境产业"之间的概念差异："环保产业"是从防止环境破坏来满足用户环境需求的；"环境产业"不仅包括防止环境破坏问题，而且包括如何发挥和利用正面环境能效。我国环境产业中的功能服务部分是由政府管理的事业单位承担的，所以尚未形成服务产业链条。但根据世界贸易组织（WTO）的划分，环境服务是与商业服务、通行服务、教育服务、金融服务并举的几大服务体系之一，属于环境产业的内容。节能服务产业是近年来应运而生的一种新型生产服务业，以各种专业性的节能服务公司为主体，以能源消费者为客户，通过签订和实施节能服务合同来赚取利润，属于国家鼓励发展的科技服务业，是现代服务业的重要组成部分。可再生能源产业主要是源于可再生能源的发现和应用。绿色产业出现于20世纪 90 年代，是指积极采用清洁生产技术，采用无害或低害的新工艺、新技术，大力降低原材料和能源消耗，实现少投入、高产出、低污染，尽可能把对环境污染物的排放消除在生产过程之中的产业。生产环保设备的有关产业，它们的产品

---

① 　康蓉、杨海真、王峰：《崇明发展低碳经济产业的研究》，《四川环境》2009 年第 3 期。

称为绿色产品。追求无污染、低消耗的消费行为，称为绿色消费行为。

综合上述低碳产业相关概念并结合对环境服务诸多定义的理解，低碳服务业概念界定为：低碳服务产业是经济发展过程中，在环境、资源等要素压力下产生的，由低碳产业、环保产业、生产性服务业与现代服务业融合产生的具有高科技含量、高经济效益、低资源消耗的新兴服务业态。

2. 低碳服务业的分类

随着低碳服务的不断普及，低碳服务业在低碳经济发展中的重要性越来越显著，低碳服务业创新对企业绩效也有明显的正面效应[1]，而且随着产业结构的不断升级调整，这种正面效应会呈现的越来越显著。因此，对低碳服务业的研究不能对其进行简单的概念界定，有必要对低碳服务业的种类进行划分，确定其外延范畴。

国内外经济学家对服务业的分类由于其目的和标准不同，划分结果之间差异十分明显。目前国际上服务业分类标准主要有：根据服务的性质与功能划分、根据服务业在不同经济发展阶段的特点划分、根据服务的供给（生产）导向型分类法、根据服务的需求（市场）导向型分类法等[2]，比较流行的标准分类方法主要有辛格曼分类法、联合国标准产业分类法（2006年版）、北美产业分类体系（1997年）等。

辛格曼服务业四分法。经济学家辛格曼根据服务的性质、功能特征对服务业分类，将服务业分为：流通服务、生产者服务、社会服务和个人服务四类，这种分类方法反映了经济发展过程中服务业内部结构的变化。之后，西方学者将布朗宁和辛格曼的分类法进行综合，提出了生产者服务业、分配性服务业、消费性服务业和社会性服务业四分法，其内容大体上与辛格曼的分类法相同，比较而言，后者的二级分类更为简化。然而，这种分类法由于无法与联合国标准产业分类接轨，因而影响与国际的比较研究。

联合国标准产业分类法（ISIC）。联合国于1958年制定了第一种国际标准产业分类，1968年进行了第一次修正，基本框架没变。其中一级分类有4类，二级分类有14种。第三次修正发表于1990年，修正后的分类结构发生了很大变化，其中服务业大类有11类，小类19类。2006年，联合国标准产业分类法进

---

[1] 李先江：《服务业绿色创业背景下低碳服务创新与企业绩效关系研究》，《华东经济管理》2013年第6期。

[2] 方远平、毕斗斗：《国内外服务业分类探讨》，《国际经贸探索》2008年第1期。

行了第四次修改，沿用至今的 ISIC/Rev 共 21 个门类、88 个大类和 420 个小类。涉及服务业的分类增加了信息和通信业、行政管理及相关支持服务、科学研究和技术服务、艺术和娱乐、其他服务业 5 个门类，反映了服务业发展及其在经济活动中重要性增强的国际背景。[①]

借鉴国内外服务业分类标准，首先按照产业发展过程将低碳服务业分成三个板块、六大一级产业。这三大板块分别为低碳服务理论的产生、低碳服务理念的传播、低碳服务的运用；三大板块下设八大一级产业分别为低碳技术、服务研究与发展、低碳教育、培训产业、低碳信息服务业、低碳综合管理服务业、低碳商务服务业，公共低碳管理服务业。其中教育、培训与公共低碳管理属于低碳公共服务，是不带有盈利性质的低碳经济活动。其次，对照联合国标准产业分类法（ISIC），在六大一级产业下分别设置 15 个二级产业和 54 个三级产业，其中这54 个三级产业分别对应国家标准行业分类产业指标（2002 年版）中的四位代码，因此有很强的应用性和可操作性。这种低碳服务业指标体系分类方法逻辑清晰，便于理解；层级清楚，不会产生交叉。同时，这种分类方法便于将我国低碳服务业融入国际标准行业分类体系。[②]当然由于低碳服务业的研究尚处于初期，对于其分类，还有待于今后继续研究。

目前国内外许多学者已关注并研究低碳经济的发展模式、路径和对策（潘家华，2010；沙之杰，2011；卢现祥等，2013；武幸凤，2013），并开始探索性研究一些伴随低碳经济所产生的新生事物，如，低碳技术、碳金融、碳交易、合同能源管理、市场失灵等，其中不乏有对低碳服务业领域的研究。但由于低碳服务业概念之新，对其是否以及如何影响经济增长与社会发展的研究还很少。首先低碳技术服务创新涉及低碳新产品设备的生产、制造技术研发，如新能源、新材料技术，减排设备专利技术等，还包括生产、生活过程中节能改造技术、设备更新技术、能效提高技术、能源转换与替代技术，以及末端处理的碳捕捉、碳封存技术的研发、应用与监测。由此，低碳技术服务创新是发展低碳经济的一种十分重要的手段。2007 年，麦肯锡公司通过研究各行业温室气体减排的成本收益情况预测，为实现 2030 年减排目标，全球每年大约有 70 亿吨的减排量其减排成本为负。其中低碳技术的应用不但能减少每年多达 70 亿吨的温室气体排放，而且通过节省能源消耗以及提高生产效率还能取得正的经济收益，因此经济利润的存

---

① 陶良虎主编：《中国低碳经济——面向未来的绿色产业革命》，研究出版社 2010 年版。
② 曹莉萍、诸大建、易华：《低碳服务业概念、分类及社会经济影响研究》，《上海经济研究》2011 年第 8 期。

在将使生产者有动力对这部分低碳技术服务进行投资从而实现自愿减排。而低碳金融服务对社会经济发展的影响，主要体现在金融对低碳经济发展的支持并服务于限制温室气体排放。其中的碳金融是现代金融根据环境金融与绿色金融延伸出来的最新提法与发展方向，也是环境金融在低碳经济领域的应用。发展低碳金融可以利用金融市场支持节能减排。

二、低碳服务业发展重点与主要行业

2010 年 3 月 5 日，第十一届全国人民代表大会第三次会议在北京人民大会堂开幕。国务院总理温家宝作《政府工作报告》。温家宝强调，要努力建设以低碳排放为特征的产业体系和消费模式，积极参与应对气候变化国际合作，推动全球应对气候变化取得新进展。要加快发展服务业。大力发展金融、物流、信息、研发、工业设计、商务、节能环保服务等面向生产的服务业，促进服务业与现代制造业有机融合。

（一）低碳金融业

碳金融泛指所有服务于限制温室气体排放的金融活动，包括直接投融资、碳指标交易和银行贷款等[1]。中国人民大学国际学院副院长杨志（2011）认为碳金融指服务于旨在应对气候变化、发展低碳经济的各种金融制度安排和金融交易活动，主要包括：碳排放权及其衍生品的交易和投资、低碳项目开发的投融资以及其他相关的金融中介活动与金融市场化解决方案。陈柳钦认为，碳金融是指服务于旨在减少温室气体排放的各种金融制度安排和金融交易活动，主要包括碳排放权及其衍生品的交易和投资、低碳项目开发的投融资以及其他相关的金融中介活动。[2] 发展低碳金融业有助于经济结构调整和经济转型[3]。低碳金融是应对气候变化风险的新工具，其核心功能是通过市场设计，以最低成本降低整个经济体系的碳排放，有效分配和使用国家环境资源，落实节能减排和环境保护，为低碳经济发展提供各种驱动力。低碳金融的参与主体非常广泛，包括项目开发商、减

---

① 周健：《我国低碳经济与碳金融研究综述》，《财经科学》2010 年第 5 期。
② 陈柳钦：《低碳经济：国外发展的动向及中国的选择》，《甘肃行政学院学报》2009 年第 5 期。
③ 周健：《我国低碳经济与碳金融研究综述》，《财经科学》2010 年第 5 期。

排成本较低的排放实体、国际金融组织、咨询机构、技术开发转让商、经纪商、交易所和交易平台、银行、保险公司、创投基金、对冲基金及机构投资者等，还包括市场其他服务提供者，如质量管理机构、法律咨询服务机构、信息和分析机构、学术机构、数据库、开发代理机构。

目前中国的低碳金融实践主要包括两个方面：一个是改造了原有的金融交易活动，另一方面创造出了一个全新的金融制度安排——碳市场。改造原有的金融交易活动，主要包括低碳银行、低碳保险、低碳投资这三种新的金融业务模式。低碳银行是指提供低碳金融服务，实践低碳理念，限制对高耗能、高污染企业的金融支持的商业银行业务。具体的低碳银行业务有低碳技术和项目投融资、银行贷款、碳银行理财产品开发、碳贸易产品服务、碳权金融服务和交易以及清洁发展机制业务咨询与账户管理、碳减排额交易等。低碳保险是指从事转移气候变化给经济带来风险的保险公司的业务。具体的低碳保险业务有碳交易对象的信用担保、碳中和保险、清洁发展机制碳交付保证、排放交易保险、碳变成可保资产及开发巨灾保险、天气保险产品等。低碳投资是指投资于气候变化领域资产或开发气候变化相关的金融衍生品的投资银行与资产管理业务。具体的低碳投资业务有投资与气候变化相关的产品、开发天气衍生品与巨灾债券、建立碳基金、为碳排放交易体系提供交易服务、投资低碳技术与低碳企业。低碳投资在低碳经济转型过程中发挥的作用表现为：帮助企业消除低碳生产模式转变过程中所面临的技术、经济和管理障碍，帮助企业提高能源使用效率，减少 CO_2 排放；对具有市场前景的低碳技术进行商业投资，拓宽低碳技术市场；开发新的低碳领域金融衍生产品以规避气候变化带来的风险。

中国碳市场的发展主要是作为清洁发展机制的供应方与逐步探索自己的碳市场两个方面。截至 2011 年 4 月 1 日，联合国清洁发展机制执行理事会成功注册的清洁发展机制项目为 2947 个，中国为 1296 个，占其中的 43.98%；至 2011 年 4 月 2 日，执行理事会签发的核证减排量为 576398435 吨二氧化碳，中国为 318649077 吨二氧化碳，占其中的 55.28%。这两项衡量一国清洁发展机制规模的数据都反映出中国是目前卖方市场的主导。表面上看来，中国主导了清洁发展机制的供应方，实际上，清洁发展机制市场的隐患已经浮现出来，在中国的实体经济企业为碳市场创造了众多减排额的同时，中国处在整个碳交易产业链的最底端。所创造的核证减排量被发达国家以低廉的价格购买后，通过它们的金融机构包装、开发，作为价格更高的金融产品、衍生产品及担保产品进行交易。例如世界银行分析，根据欧盟排放交易体系第二阶段碳信用额的供求空间，预计未来欧盟配额的价格在 35—48 欧元，而核证减排量只有在 12—20 欧元。两者实质都代

表 1 吨二氧化碳减排量，但是存在着巨大价差。碳市场核心的话语权掌握在发达国家手里；中国提供了产品，但产品的标准和评估都是发达国家制定的，中国没有自己的交易体系，没有定价权，也没有完善的碳交易机构和人才，这里面包含着重大的系统风险和隐患。这就像中国为发达国家提供众多原材料与初级产品，发达国家再出售给中国高端产品一样，它们轻而易举地赚取了"剪刀差"利润。

（二）低碳物流业

低碳物流的兴起，归功于低碳革命和哥本哈根环境大会对绿色环保官方倡导，随着气候问题日益严重，全球化的"低碳革命"正在兴起，人类也将因此进入低碳新纪元，即以"低能耗、低污染、低排放"为基础的全新时代。而物流作为高端服务业的发展，也必须走低碳化道路，着力发展绿色物流服务、低碳物流和智能信息化。低碳物流将成为未来的行业热点，然而如何结合企业现实问题做到低碳物流的行业标准，而且怎样让企业能够正确意识到低碳物流的作用以及低碳物流未来发展前景，将是物流业界必须思考的问题，也是低碳化物流得到贯彻落实过程中的重要议题。

目前，我国物流业发展较为粗放，社会化、专业化水平低，经济增长所付出的物流成本较高。我国全社会物流费用支出占国内生产总值的比重接近 20%，而美国、日本少于 10%，中等发达国家平均约为 16%。粗放和低效率的物流运作模式，造成了能耗的增加和能源的浪费。我国物流业存在的问题，主要表现为缺乏规划、空驶率高、重复运输、交错运输等无效运输和不合理运输现象，各种运输方式衔接不畅，库存积压过大，仓储利用率低，物流设施重复建设现象严重，物流信息化程度较低等。为应对气候变化，我国政府承诺到 2020 年单位国内生产总值二氧化碳排放比 2005 年下降 40%—45%。在这种形势下，物流业作为我国十大重点产业之一，发展低碳物流势在必行。

当前学者们对于低碳物流还没有形成完全统一的认识，但各个观点具有相通之处。一般来说，低碳物流是通过采用科学的管理方式和利用先进的科学技术，使物流资源得到最合理充分的利用，并能在此过程中有效抑制物流对环境造成的危害，从而实现低污染、低能耗和高效益、高效率的物流发展目标。

基于网络的电子商务的迅速发展，促使了电子物流（E-Logistic）的兴起。据统计，截止到 2012 年底，中国电子商务市场交易规模达 7.85 万亿，同比增长 30.83%。其中，B2B 电子商务交易额达 6.25 万亿，同比增长 27%。网络零售市场交易规模达 13205 亿元，同比增长 64.7%。这种网上的"直通方式"使企业能迅速、准确、全面地了解需求信息，实现基于顾客订货的生产模式（Build To Order-BTO）和物流服务。国家邮政局发布 2012 年全国邮政运行情况。其中，全国规模以上快递业务收入首次突破 1000 亿元，同比增长 39.2%，步入千亿时代。全国规模以上快递服务企业业务量完成 56.9 亿件，同比增长 54.8%。快递行业已经连续 5 年实现超过 27% 的增长，其中 50% 以上的营收来自电子商务。[1]

21 世纪是一个全球化物流的时代，物流企业实现了集约化与协同化，物流服务实现了优质化与全球化，第三方物流得到了迅速发展，欧洲目前使用第三方物流服务的比例约为 76%；美国约为 58%，且其需求仍在增长。国外物流企业的技术装备目前已达到相当高的水平。已经形成以系统技术为核心，以信息技术、运输技术、配送技术、装卸搬运技术、自动化仓储技术、库存控制技术、包装技术等专业技术为支撑的现代化物流装备技术格局。今后进一步的发展方向是信息化、自动化、智能化、集成化。这些新兴技术是降低物流污染、处理物流废物、减少交通阻塞、提高运作安全性和运作效率达到低碳物流发展目标的必要保障。

（三）低碳旅游业

据统计资料，2007 年我国旅游总收入突破 1 万亿元，旅游业增加值占 GDP 比重超过 4%，成为我国第三产业中最具活力与潜力的产业，到 2011 年达到 2.2 万亿元。然而旅游业快速发展的同时，对环境、资源造成了重大的影响。旅游业是温室气体来源之一。世界旅游组织对 2005 年旅游业碳排放做了评估，认为其产生的温室气体排放约占全球总量的 4.9%，考虑到未来平均每年约有 4% 的国际旅游者和巨大的国内旅游者增长，如果不采取有效措施，到 2035 年旅游行业温室气体排放量将达到 2005 年的 150%。旅游业的碳排放集中在交通、住宿和旅游活动上。其中，旅游交通是最主要来源。旅游交通所造成的温室气体排放占到整个行业排放量的 75%。住宿方面，一座中等规模的三星级饭店，一年大约要消耗 1400 吨煤的能量，排放 4200 吨二氧化碳、70 吨烟尘和 28 吨二氧化硫，而一座建筑面积在 8 万—10 万平方米的大型饭店，全年消耗大约 13 万—18 万吨标准煤。而如穿越南极这样的活动，碳排放将达到 10 吨以上。旅游业的迅速发展在带来收益的同时，也带来了环境污染和气候变化，这种后果反过来又影响了旅游业的可持续发展。例如 2008 年年初，南方地区雨雪冰冻灾害给旅游业造成

① 张周平：《2012 年度中国电子商务市场数据监测报告》，中国电子商务研究中心，2013 年 3 月，http://www.100ec.cn/zt/2012ndbg/。

了巨额损失，仅张家界的旅游接待人数比 2007 年同期减少 50.4%，旅游收入减少 42%，旅游设施损失 5 千万元，旅游综合收入减少了 4 亿多元。

随着低碳经济的兴起，低碳消费正影响着大家的消费观念。旅游具有响应地坛经模式、运用低碳技术倡导低碳消费的天然优势[①]。自 2003 年英国提出低碳经济概念以来，国外学者对低碳旅游相关研究主要集中在公众对低碳旅游的态度、旅游业碳排放的测定及旅游业减碳相关措施三个方面。[②]James、Scot、Hares、Dickinson、Wilke、Paul、Ghislain 和 Richard 等多位学者研究的结果表明旅游业要走上可持续排放之路，仍面临很多的挑战。旅游业能源消耗量与旅游者行为具有很强的相关性，现有的应对方案还没有有效降低旅游给气候变化带来的影响，应该寻求更为科学的减碳方案。欧洲开始对航空运输业征收碳税后，研究者研究了碳税征收与游客数量和旅游路线的关系，在旅游交通中应提倡使用公共交通、鼓励短程旅游，以减少旅游交通中的碳排放。到 2012 年 1 月有 55 家欧洲主要机场宣布加入削减机场碳排放的计划，这 55 家机场占欧洲客运总量的一半以上。国内研究者侯文亮、梁留科、司冬歌等认为，低碳旅游是在保证旅游者旅游经历满意的前提下，以更少的温室气体排放为主要目的，通过多样化的方式和人性化的制度，实现低碳经济发展的新型旅游方式和管理理念。主张旅游者、旅游目的地、旅游企业、旅游管理部门共同参与，重视低碳旅游评价体系研究与构建。在低碳旅游实践方面，中国低碳旅游建设峰会已经授予五十多个旅游地区为"中国低碳旅游品牌"；作为旅游行业中的耗能之王的酒店也开始在建筑和运作方面渗入低碳理念；众多的消费者也开始接受并喜爱低碳旅游方式。

（四）低碳医疗

以低能耗、低污染、低排放为基础的低碳经济概念被广泛关注之后，"低碳"概念也被引入了医疗系统。医院作为人类疾病集聚地，放射线、能源消耗、废气排放、水污染等是环境污染重地。在医疗过程中实施低碳医疗，建设真正意义上的生态医院是造福于人类的大事。[③]治疗疾病的同时也是排污过程。有许多废气要排放，如呼吸道疾病的污染气体，处理标本的甲醛气体，中心负压吸引系统等有害气体都不可避免地要流入空气中；还有一些核医学检查排放放射性元素。诊

---

① 蔡萌、汪宇明：《低碳旅游：一种新的旅游发展方式》，《旅游学刊》2010 年第 1 期。

② 杨军辉：《国内外低碳旅游研究述评》，《经济问题探索》2011 年第 6 期。

③ 曹颖俐：《建设生态医院 倡导低碳医疗》，《医院管理论坛》2011 年第 8 期。

治过程又是一个能源消耗过程，如医用的敷料、药品、水电等。要做到建设低碳医院，实现低碳医疗，需要加强医务工作者职业道德教育水平，提升其认识水平；推行临床路径制度，规范各种医疗行为，最大限度地利用医疗资源，提高资源利用率。实践证明，成功地实施临床路径既可保证医疗质量，又可降低医疗成本，还能增加患者及家属满意度；杜绝医疗行为中大处方造成的药物浪费；缩短非有效手术时间，减少手术过程中的能源消耗；缩短平均住院日，充分合理利用医疗资源；改进医院建筑，能源自给。

在节能减排践行低碳医疗上，2009 年英国"米塔尔儿童医疗中心"的新大楼落成。该大楼所有能源都能自给自足，因为使用了很多节能技术，如将冷却、加热和电厂结合等，预计每年将抵消 2 万多吨二氧化碳。英国一些医院最近开始倡导搬院到家的做法，即让一些患者待在家里，当有需要时，医生提供上门服务，患者不必到医院来，而是居家接受医疗服务，居家服务相对规矩较少，降低了二氧化碳的排放。我国杭州红房子妇产医院近日制定十余项低碳措施，比如，提倡员工步行上下班、院内三层以下门诊不设电梯、通风采光良好的诊室限时段开空调和日光灯。杭州各大医院自 2010 年兴起一种节血的"低碳医疗"——自体血采集回输。通俗地说，就是手术当中把患者流出来的血液通过专业处理后，重新输回患者体内，既节约用血又安全。诸多低碳医疗措施对节能减排、缓解医疗资源紧张现状有重要现实意义。

三、低碳服务业发展措施

（一）扩大低碳知识普及，更新观念，营造低碳消费的人文氛围。由于服务消费的不可分割性，服务型企业的环境经营受消费者的影响最大，面向消费者环境需求的服务提供将成为服务型企业环境经营竞争的有效途径。[①] 消费者用于满足日常生活所需的一切服务业项目如居住、旅游、饮食、交通等无不是碳排放的来源。因此从整个社会出发，如果能通过普及低碳知识，促进消费者观念改变，则可以实现从消费环节倒闭低碳服务业的发展。此外除了政府主管部门和企业关之外，还需要各利益相关方乃至全社会的广泛参与，包括生产商、消费者、管理机构等，从而形成一种人文氛围，促进低碳服务业的自觉发展。

---

① 毛文娟:《低碳经济条件下我国服务型企业环境经营的对策研究》,《中央财经大学学报》2010 年第 7 期。

（二）建立应对气候变化的政策与法律法规，形成低碳服务业发展的长效机制。走低碳发展之路，制度创新和技术创新是关键。探索建立有利于应对气候变化的长效机制与政策措施，从政府、企业和公众参与等方面推动低碳转型。借鉴国外发展低碳服务业的经验和教训，制定气候变化国家规划，在条件相对成熟时创建碳市场，研究制定价格形成机制；制定财税激励政策，综合考虑能源、环境和碳排放的税种和税率，引导企业和社会行为，形成低碳发展的长效机制。

制定灵活弹性的产业扶持政策，鼓励低碳技术的研发和创新，改善现代服务业企业投融资条件，如适当扩大服务企业信用或商业信用融资规模、开展知识产权担保融资业务；充分发挥市场在资源配置过程中的基础性作用，制定促进现代服务业发展的优惠政策，对金融、文化、信息、会展等重点发展的现代服务业进行地方政策上的扶持；加强诚信体系建设，完善服务企业诚信备案制度，建立行业诚信数据库，规范从业人员的职业行为，规范市场秩序；为现代服务企业提供信息服务，建立和完善科技项目评估机制，为科技服务业产业化奠定基础。

（三）加强国际合作，重视低碳服务业技术创新，推进传统服务业升级。走低碳发展道路，技术创新是核心。应采取综合措施，为企业发展低碳经济创造政策和市场环境。应研究提出我国低碳技术发展的路线图，促进生产和消费领域高能效、低排放技术的研发和推广，逐步建立起节能和能效、洁净煤和清洁能源、可再生能源和新能源以及森林碳汇等多元化的低碳技术体系，为低碳转型和增长方式转变提供强有力的技术支撑。应进一步加强国际合作，通过气候变化的新国际合作机制，引进、消化、吸收先进技术，通过参与制定行业能效与碳强度标准、标杆，开展自愿或强制性标杆管理，使我国服务行业及其他重点领域的低碳技术、设备和产品达到国际先进乃至领先水平，从而实现对传统服务业的改造升级，与现代服务业共同发展。

（四）伴随城市化进程，完善低碳基础设施，为低碳服务业发展创造条件。我国在处于城市化全面推进阶段，虽然取得了显著的成绩，但也暴露了一些问题。例如能源和自然资源的超常规利用对城市化的压力，致使城市生态环境——包括大气环境、水环境、固体废弃物环境、社区环境和居室环境——仍然处于局部改善、整体恶化的状态。还给自然地理环境带来重大的影响：如对地形的改造更容易造成水土流失滑坡、泥石流等地质灾害；通过影响气温、降水从而使城市产生热岛效应；破坏原有的河网系统，使城区水系出现紊乱，也使降水、蒸发、径流出现再分配。易使城市在暴雨时排水不畅，造成地面积水和地面下沉等。2013年10月双台风"菲特""丹娜丝"造成闽浙共456万人受灾，多个城市积水，其中浙江余姚70%的城区遭到水淹。浙江省在此次台风袭击中经济损失超过173

亿元。因此在城市化进城中，新城建设有必要将低碳理念引入设计规范，合理规划城市功能区布局，减轻人口对城市资源带来的压力。在建筑物的建设中，推广利用太阳能，尽可能利用自然通风采光，选用节能型取暖和制冷系统；选用保温材料，倡导适宜装饰；在家庭推广使用节能灯和节能电器，在不影响生活质量的同时有效降低日常生活中的碳排放量。我国一些地方特别是有些城市发展低碳经济的热情很高，应该出台相关的指导意见，规范低碳经济的内涵、模式、发展方向和评价体系等。

重视低碳交通的发展方向。加强多种运输方式的衔接，建设形成机动车、自行车与行人和谐的道路体系；建设现代物流信息系统，减少运输工具空驶率；加强智能管理系统建设，实行现代化、智能化、科学化管理；研发混合燃料汽车、电动汽车等新能源汽车，使用柴油、氢燃料等清洁能源，减轻交通运输对环境的压力。

（五）建立碳交易体系，促进碳市场发展。在欧洲，企业可以通过买卖二氧化碳排放量信用配额来实现排放达标的目标。碳排放已经成为一种市场化的交易。在伦敦金融城，除了股票、证券和期货交易所外，还有不少专门从事碳排放交易的公司。早在 2002 年，英国就自发建立了碳交易体系。另外，在伦敦证券交易所创业板上市的公司中，有 60 多家企业致力于研发有助减少碳排放的新技术。除英国外，欧洲各国目前都有活跃的碳排放交易市场。2002 年，荷兰和世界银行首先开始碳交易时，碳排放的价格为每吨 5 欧元左右，此后开始上扬。2004 年达到 6 欧元，到 2006 年 4 月上旬，每吨价格超过了 31 欧元。2006 年，世界二氧化碳排放权交易总额达 280 亿美元，为 2005 年的 2.5 倍，交易的二氧化碳量达到了 13 亿吨。全球碳交易市场 2007 年交易额已达 300 亿美元。英国、美国已经是全球碳排放交易的两大中心——分别是伦敦金融城和芝加哥气候交易所。现在，参与碳排放交易的政治家和商人都将目光投向了亚洲，投向了中国。

目前我国政府高度重视气候变化问题，提出到 2020 年，要在 2005 年的基础上，单位 GDP 二氧化碳排放降低 40% 至 45%。为实现这一目标，"十二五"时期，我国首次把单位 GDP 二氧化碳减排纳入规划目标，提出 5 年内单位 GDP 能源强度减少 16%，单位 GDP 二氧化碳排放量减少 17% 的目标，同时提出要逐步建立国内碳排放交易市场。北京、天津、上海、重庆、湖北、广东、深圳日前获批开展碳排放权交易试点。但仍然存在碳交易中功能单一、金融机构参与程度低、碳金融产品缺乏和专业人才不足等问题。[1] 有关专家表示，作为一种激励手

---

[1]　刘杨：《低碳经济背景下我国碳金融市场研究》，江苏大学硕士学位论文，2012 年。

段，碳排放交易可利用市场机制以较低成本减少温室气体排放。目前国际上碳排放交易的主要模式包括"澳大利亚模式""欧盟模式""日本模式"等，几种模式各有优劣。7个试点省市将充分借鉴这几种模式的优点，探索适合中国国情的碳排放交易模式。

四、案例分析：四化融合背景下低碳旅游业发展路径

十八大报告提出，坚持走中国特色新型工业化、信息化、城镇化、农业现代化道路，推动信息化和工业化深度融合、工业化和城镇化良性互动、城镇化和农业现代化相互协调，促进工业化、信息化、城镇化、农业现代化同步发展。

工业化、信息化、城镇化、农业现代化相互关联、不可分割，统一于社会主义现代化建设过程。我国正处于"四化"深入发展中。"四化"既是我国社会主义现代化建设的战略任务，也是加快形成新的经济发展方式，促进我国经济持续健康发展的重要动力。我国已进入工业化中后期，只有工业化和城镇化这两个"轮子"相互促进，协调发展，才能不断推动社会主义现代化进程。城镇化和农业现代化需要相互协调。城镇化与农业现代化都是农村、农业发展的路径和手段，相互依托，相互促进。仅仅依靠城镇化，忽视农业现代化，很难从根本上改变农村的落后面貌，而且容易导致农业萎缩和引发"城市病"。

用科学发展观来看四化融合，在我国的工业化中后期，工业化和城镇化过程中，无疑是离不开低碳经济这一时代背景。现代经济的发展，面临着各种制约。一是能源制约，二是环境制约，三是增长点制约，此外还有技术制约、消费制约。这些制约，都最终成为企业发展的成本制约和区域发展的瓶颈。低碳经济通过新能源、新材料的创新，为区域发展开辟了新的能源通道，其大减排、碳捕捉、碳封存等则为改善全球气候条件，有效降低和治理环境污染探索出了新的有效方法。特别是低碳产业（低碳产业链）、碳交易、碳融资，则为后金融危机时代寻找到了新的经济增长点，成为当今世界经济发展的新引擎。

低碳经济的目标，就是要实现技术进步、经济发展、产业优化、节能环保、国际合作，与"四化融合"的目标是相一致的，从其技术角度来讲，低碳技术融合了包括信息技术、现代制造技术、机械装备技术、节能环保技术、建筑技术等各种高新科技，这些技术，都是我们"四化融合"所需要的技术，而不仅仅是节能减排的专有技术。从其经济角度来讲，低碳经济通过新能源、新材料、新技术、新流程的使用，将会催生出战略性新兴产业，提升工业生产技术和装备水

平，改善城市化水平，并扩大国际合作领域，从根本上转变我们的发展方式，提升我们的未来竞争力。可以说，低碳经济在战略性新兴产业的培育方面开辟了新的领域，在技术进步方面涵盖了更大范围，在经济发展方面提供了新的发展模式，在节能减排方面寻求到更合理的途径。

在低碳经济的这一大背景下，发展低碳旅游成为必然趋势。国内外学者都开始研究低碳旅游相关问题。目前已有不少学者对低碳旅游这一概念进行了概述，如蔡萌、汪宇明认为：低碳旅游是在旅游发展过程中，通过运用低碳技术、推行碳汇机制和倡导低碳旅游消费方式，以获得更高的旅游体验质量和更大的旅游经济、社会、环境效益的一种可持续旅游发展新方式。低碳旅游的核心理念是以更少的旅游发展碳排放量来获得更大的旅游经济、社会、环境效益。因此，低碳旅游是基于生态文明理念，对发展低碳经济的一种响应模式，即在旅游吸引物的建设、旅游设施的建设、旅游体验环境的培育、旅游消费方式的引导中，运用低碳技术、推行碳汇机制和倡导低碳旅游消费方式，来实现旅游的低碳化发展目标，促进旅游产业生态化发展。[①] 这种观点将低碳旅游视为可持续旅游的范畴，并指出了其实现路径。

旅游业形成一条产业链条为旅游服务，包括交通、酒店、旅行社、娱乐业、零售业等。在此产业链条中，会产生直接的旅游碳排放和间接的旅游碳排放。旅游活动引致的碳排放增加、旅游管理不善引致的碳排放增加、旅游消费行为不当引致的碳排放增加、低能耗、低污染的"低碳旅游"概念已被不少景区和游客所接受，它虽然略显艰苦却点滴中透着环保，2011年3月份中国青年报社会调查中心通过民意中国网和网易新闻中心，对1430人进行的一项调查结果显示，55.6%的人有过低碳旅游的经历。89.8%的人表示自己在旅游时会注意低碳环保。调查显示，受访者眼中低碳旅游的三大主要特点分别是：亲近自然（83.0%），不产生垃圾（72.4%），保护旅游地景观（71.0%）。其他选择还包括：自助游（49.4%），便宜（34.8%），近距离旅游（28.9%）等。

2011年1月16日，"全国低碳旅游实验区工作会议暨授牌仪式"在北京举行。北京圆明园、安徽黄山风景名胜区、无锡影视基地、河南洛阳龙门石窟景区、江苏南京夫子庙景区等50家单位和景区，分别获首批全国低碳旅游实验区。中华环保联合会副主席兼秘书长曾晓东说，全国低碳旅游实验区是为了配合国家有关生态旅游政策、法规而实施的，要科学编制规划，走科学化、规范化、生态化的道路，并要不断总结经验，探索新的创建模式，加强宣传教育，鼓励全民参与，

---

① 胡湘兰等：《论旅游者行为对低碳旅游发展的影响》，《中国市场》2013年第20期。

从而引领更多景区重视和发展环保低碳旅游。

（一）"中国低碳旅游示范区"——海南澄迈

在澄迈盈滨半岛及周边腹地正在创建的国家 4A 级旅游景区中，一条 6 公里长的电瓶车道和生态停车场的地面上大有文章，因为这里都采用可吸收太阳辐射的透水透气材料；而穿梭而过的旅游车上，环保垃圾箱赫然醒目，步入景区后你会发现许多照明设备都使用了新能源产品，多条自行车露营的低碳线路深得城市游人的热衷，显然"低碳"渗入了澄迈这座长寿之乡的每个旅行细节。2010 年 7 月澄迈县获评了"中国低碳旅游示范区"，这一创建历程为这座国际旅游岛上各地未来旅游发展提供了一个旅游低碳运作的范本。近年来，澄迈县牢固树立绿色、生态、低碳理念，借助新能源、生物技术产业，从五方面着力打造低碳生态景区，即旅游配套设施"低碳化"、旅游管理工作践行"低碳化"、旅游信息传播"低碳化"、旅游路线"低碳化"、倡导旅游行为"低碳化"。当年上半年，全县共接待游客 34.51 万人次，同比增长 46.9%；累计旅游收入 1.4 亿元，同比增长 50.1%。

1. 低碳王牌：富硒之地成低碳游一张生态王牌

得天独厚的自然资源让澄迈的"低碳之旅"有了更多捷足先登的优势，首先"富硒"概念就打出了一张不错的生态牌。

作为海南西部旅游走廊中的第一站，澄迈县全县森林覆盖率达 49%，城镇人均公共绿地面积达 10.6 平方米，是名副其实的"天然氧吧"。据测定，全县地表水环境质量总体保持良好，城镇环境空气质量优良，符合国家环境空气质量一级标准，土壤富含人体所需的硒等多种矿物元素，居住环境生态良好，也是名副其实的"富硒福地"。澄迈不仅是千年古县，中国长寿之乡，还有着深厚的历史人文底蕴以及秀美的旅游资源，这些丰富的"底蕴"为澄迈打造低碳旅游提供了丰盛的材料。

主要旅游景点有盈滨半岛旅游度假区、福山咖啡文化风情镇、加笼坪热带雨林自然保护区、九乐宫温泉、金山寺、大成殿、美榔姐妹塔、万嘉果农庄、济公山、侯臣咖啡文化村、红坎岭陶艺休闲广场等。其中宋代建筑美榔姐妹塔为国家重点保护文物，万嘉果农庄为全国农业旅游观光示范点，永庆寺获大世界吉尼斯最佳项目奖。老城镇、石矍村分别是海南十大名镇、名村。

2. 低碳管理：游客步行进入各种旅游核心区

澄迈县有关负责人介绍，"低碳化"的理念始终渗透在澄迈的旅游管理手段中，在打造低碳旅游区中，澄迈县旅游部门明确各种环境保护措施，规范建设施工行为，明确规定旅游区内的污水、垃圾等处理设施必须与旅游开发同步进行，做到同时设计、同时施工、同时投入运行，实现达标排放和科学处置，既保护澄迈县优越的生态环境，又促进了旅游业的发展，实现旅游业可持续、健康发展。澄迈还投资 10 万元开通了澄迈旅游网站宣传澄迈旅游，让游客通过该网站知晓澄迈的历史文化、传统民俗、自然风光、山水风情、节庆活动中蕴含的独特魅力，实现了旅游信息传播的"低碳化"。

同时，澄迈县旅游部门向游客大力推行低碳旅游方式。游客以步行方式进入澄迈各景区核心区域，以减少景区内汽车尾气的排放，降低人为碳排放。在餐饮、住宿、沐浴等接待服务中推广太阳能等新型能源，将低碳理念渗透到游客吃、住、行、游、购、娱乐等各个环节，推出了"走进长寿之乡，体验低碳之旅"活动，吸引游客体验低碳旅游。

3. 低碳体验：打造自行车露营等"低碳游"项目

低碳旅游离不开低碳的旅游产品，据介绍，当前澄迈开辟了许多特色的"生态游"和"低碳游"路线，让游客真正体验低能耗、无污染、低排放的低碳旅游方式。

澄迈县结合旅游资源特点，挖掘澄迈县生态资源潜力，充分发挥"中国长寿之乡、中国最佳休闲旅游县、中国低碳旅游示范区"等品牌效应和即将承办第11 届海南岛欢乐节的大好时机，积极宣传低碳生活理念，倡导绿色出行，隆重推出自行车骑行、露营等低碳旅行方式，为游客精心设计农庄游、农家乐、山水生态游、乡村民俗游、徒步健身游等多条低碳旅游线路。其中，盈滨半岛推出的度假休闲游更加注重环境的保护，注重于人与自然的互动，颇受游客青睐。桥头陶艺、万嘉果农庄等推出回归自然式的原生态游以其别具一格的特色吸引着八方游客。

4. 低碳规划：旅游开发不超过旅游区的环境容量

澄迈县从旅游项目规划开始就注入低碳、生态理念，在制定旅游规划时就明确旅游开发建设规模不得超过旅游区的环境容量，保护旅游景区生态环境、文化遗存和自然风貌，并严格执行景区旅游发展规划，在景区景点建设中推行节能环保建筑材料，建垃圾箱、垃圾处理场所，安装节能灯以及在主要旅游沿线修建旅游厕所、垃圾回收设施，在旅游车辆上设置环保垃圾箱等，努力实现景区灯光、亮化、建筑尽量使用新能源产品。

2010 年在盈滨半岛及周边腹地创建国家 4A 级旅游景区工作中，就在景区内规划了 6 公里长的电瓶车道，建造景区生态停车场，地面采用可吸收太阳辐射的透水透气材料，车位两旁种植草坪和树木，最终达到"树下停车、车旁有树"的环保效果，从而有效降低车内温度。除了景区景点建设，澄迈县还大力倡导建设低碳宾馆饭店，引导住宿和餐饮业实行低碳绿色经营方式，坚持清洁生产、倡导绿色消费，保护生态环境，合理使用资源。

近年来，澄迈县大力发展产业，坚持产业兴县、强县，县域经济不断发展壮大，成为海南省第三大投资体和经济体，仅次于海口和三亚，生产总值增速连续三年排名全省第一。

2013 年，澄迈县深入实施"三县一地"（即生态现代化建设县、新型工业县、休闲低碳旅游县、热带高效农业示范基地）经济社会发展战略，经济社会发展实现良好开局，综合实力继续保持全省第三。特别今年前三季度，该县生产总值完成 136.44 亿元，同比增长 16.0%；全社会固定资产投资完成 144.63 亿元，同比增长 7.8%。生产总值增速继续排名全省第一。目前，澄迈成为海南西部地区唯一进入全省旅游八强的市县、广东人最爱旅游目的地和海口市民节假日短途旅游的首选地。

（二）大兴安岭地区低碳旅游发展的新途径

近几年，低能耗、低排放、低污染的旅游业逐步成为国民经济结构调整转型的重要支柱产业，作为全国三大低碳旅游区之一，大兴安岭发展低碳旅游业具有得天独厚的先天优势。它位于祖国的最北部，总面积 8.46 万平方公里，人口仅 53 万，边境线长 791 公里，黑龙江是当今世界唯一未被污染的大界河。这里林木蓄积量 5.01 亿立方米，占全国总蓄积量的 7.8%；森林面积 767 万公顷，森林覆盖率 79.83%。大兴安岭是黑龙江、嫩江的源头，是东北、华北地区的天然屏障，也是我国面积最大的林区，空气中的负氧离子每立方厘米达 3.8 万个，号称中国最大的天然氧吧，旅游环境固碳纳碳化。大兴安岭地区首先改变了以木材为主要生活燃料的结构，在全区推广"以煤代木"工程，实现了燃料结构的多元化。作为大兴安岭之基的森林资源得到了保护和发展，"十二五"期间将实现全面禁伐的目标。同时，该地区加强了森林抚育力度，无论是有林地面还是森林覆盖率都得到了大幅度的提高，全区森林覆盖率由 2008 年的 78.72% 上升到

79.83%，提高了 1.1 个百分点，活立木总蓄积 807.2 万立方米，城镇人均公共绿地面积达到了 13.62 平方米。

旅游生产方式低碳化。大兴安岭地区在旅游业发展中始终坚持低碳理念，将区域文化和生态资源有机结合，形成了大兴安岭旅游业发展的独特优势和市场竞争力。2010 年，大兴安岭地区编制了低碳经济发展规划，旅游项目从规划开始就注入低碳元素，在景区、宾馆、家庭旅店中尽量使用新能源产品，广泛运用节能节水减排技术。北极村景区、观音山景区、寒温带植物园景区在道路照明、廊道建设均就地取材，采取低碳化建设，普遍使用环保电瓶车、太阳能照明灯和可以吸收太阳辐射的透水透气材料等。在映山红滑雪场建设中，最大限度保留了道路两边的植被，并对道路规划中的树木大苗进行了异地移植，同时还修建了污水处理池和垃圾回收中心，使滑雪场生产经营和生活产生的垃圾能够得到无害化处理。

旅游消费行为低碳化。首先在旅游管理工作中践行"低碳化"，从"节约每一度电、每一滴水、每一张纸"做起，杜绝"长明灯、长流水"等不良现象。其次是鼓励游客乘坐电瓶车、自行车等低碳或无碳交通工具，限制提供和使用一次性用品，减少旅游消费"碳排放量"。在北极村景区，鼓励游客徒步进入参观游览区，以减少景区内汽车尾气的排放量；在餐饮、住宿等接待服务中，采用电能、太阳能等新型能源，让来到大兴安岭的每一位游客真切体验低碳旅游。

1. 加快旅游布局架构步伐

把北极村作为低碳旅游产业发展的龙头品牌和突破口，重点将漠河县打造成大兴安岭地区重要的低碳旅游目的地，将加格达奇打造成低碳旅游集散地和中心城市，形成展示大兴安岭低碳旅游形象的重要窗口。建设两个低碳旅游发展环：以呼中—阿木尔—塔河—新林为北部低碳旅游发展环，带动大兴安岭地区北部旅游发展；以松岭—新林—塔河—呼玛—卧都河为南部低碳旅游发展环，带动大兴安岭南部旅游发展。打造三条低碳旅游景观带：以"加格达奇—北极村"为主轴，辐射连接"塔河—呼玛—加格达奇"和"新林—呼中—阿木尔"两条线路，对三条绿色观光通道进行绿化、美化，形成以景区、城镇为基本支撑点的环型绿色景观长廊。构建北部、南部、中西部、中东部四个低碳旅游功能区。开发找北朝圣寻源游、激情冰雪体验游、森林避暑度假游、神奇湿地观光游、鄂伦春民俗风情游 5 条长线、短线、环线互为补充的精品低碳旅游线路。

2.打造低碳旅游产品

在景区建设中积极引入低碳、绿色、环保的生态理念，着力开发生态旅游产品、避暑度假旅游产品、风情体验旅游产品，重点推进神州北极旅游休闲区、中国北极冰川地质文化公园、南瓮河湿地公园、加格达奇甘河湿地公园和图强九曲十八弯湿地公园等重点旅游景区景点建设，形成适应不同游客需求的旅游产品体系。推进低碳旅游产品提档升级，重点开发休闲度假、商务会展等复合型低碳旅游产品，特别是推进北极村景区晋升 5A 级、加格达奇国家森林公园和北灵寺晋升国家 4A 级风景区等建设工作。[①]

3.推进低碳旅游城镇建设

以神州北极旅游度假区为龙头，突出抓好北极旅游名镇、兴安石油小镇、阿木尔蓝莓小镇、塔河鄂伦春风情小镇等一批旅游名镇建设，增强旅游市场竞争力和可持续发展力。

4.低碳旅游带动地区经济发展

作为中国北方生态旅游新兴区，2012 年，大兴安岭旅游接待人数 352.8 万人次，实现旅游收入 33 亿元，同比分别增长 18% 和 20%。这带动了地区经济的整体发展。通过深度开发特色购物体系，鼓励在旅游景区建设一批旅游特色商品生产园区、旅游商品城、商品街和商品店，推出一批游客喜爱的旅游商品。加快建设特色餐饮体系，以林区山野绿色菜肴为主，形成中外著名菜系和快餐兼顾的多样化旅游餐饮体系，鼓励农民通过开办农家乐、种植绿色蔬菜等途径致富。

（三）低碳旅游的代表——保定电谷锦江国际酒店

哥本哈根气候大会将"低碳理念"传达至世界各地，大家不得不开始自视在低碳经济上的功与过。在近期国务院常务会上通过的《关于加快旅游发展的意见》中显示，旅游业每创造 1 元钱收入，可间接创造 7 元钱社会财富，可带动相关行业增收 4.3 元；旅游业直接增加 1 个就业岗位，可间接带动 7 个人就业。而旅游业可以影响、带动和促进建筑、通信、住宿、娱乐、餐饮等 110 多个相关联行业的发展。因此，作为与旅游业关联最紧密的行业，酒店业也将获益匪浅。

---

① 郭红芹：《大兴安岭低碳旅游发展研究》，《黑龙江省社会主义学院学报》2011 年第 3 期。

1. 酒店是旅游行业中的耗能之王

作为高消费场所，酒店往往需要消耗大量的资源和能源，同时排放大量的大气污染物，成为碳排放的城市污染源。例如使用燃煤、燃油锅炉，排放大量的烟尘、二氧化硫、氮氢化合物和二氧化碳。因此，酒店业是一个"高能耗、高排放、高污染"的行业。业内人士透露，一座中等规模的三星级饭店，一年大约要消耗 1400 吨煤的能量，可向空中至少排放 4200 吨二氧化碳、70 吨烟尘和 28 吨二氧化硫，而一座建筑面积在 8 万—10 万平方米的大型饭店，全年消耗大约 13 万—18 万吨标准煤。

2. 低碳运营能降低酒店成本

而由于全球能源的需求越来越大，加之资源的短缺，能源的价格不断上升，酒店能源费用的支出占营业费用的比例已达 8%—15%，且呈上升趋势。因此，对于酒店来说，节能减排不仅能凸显酒店企业的社会责任，为酒店塑造良好的社会形象，更能降低酒店运营成本，大幅提升酒店企业的盈利能力。从这一点上来说，随着国家政策方面的大力支持，加上酒店企业本身的利益驱动和市场行为，在未来几年，将会有很多酒店从追星转向追绿，创建绿色饭店必将成为当今饭店业的流行趋势。

3. 中国首座光伏大厦——电谷锦江国际酒店

"电谷锦江"的设计理念是把它定义为"金属与玻璃的时装"，整个设计充分吸纳了国际时尚、高品质的现代设计元素，将建筑节能——太阳能光伏玻璃幕墙融入到整体设计之中。太阳能玻璃幕墙的优点是：遮阳、环保、节能、隔音、美化建筑、具有良好的透光率、产生电能、降低工作及管理成本、结构牢固等。整个大厦采暖、制冷、供生活热水，采用了污水源热泵系统，提高了可再生能源的利用效率。

（1）只要有光，它就可以发电。从远处看，锦江酒店和其他星级酒店没有什么不同，特别是铺满酒店外墙的深蓝色玻璃幕墙在阳光照射下熠熠闪光。只有走近了才能看到，镶嵌在玻璃幕墙里面的太阳能电池板。酒店施工单位——英利集团负责人介绍："这座酒店在全国首次应用呼吸式太阳能玻璃幕墙，有光就能发电，其实就是一座可以输出电力的小型电站。"玻璃幕墙的安装非常讲究。因为太阳能发电系统电池组件的电池片温度高于 25℃时，电池组件的功率就会下降，因此，技术人员特别在幕墙底部和顶部设置了大量的百叶窗，通过空气的对流为幕墙降温，这就是"呼吸式太阳能玻璃幕墙"。

（2）污水中提炼出冷热能。作为"环保大厦"，锦江酒店不得不提的另一个亮点就是：废水再利用。整个大厦的供热和制冷全部依靠污水处理厂排放出的中水，而这些中水就存放在大厅东北角下面的超大型消防池里，大厦西边不远处，就是保定市鲁岗污水处理厂，在污水处理厂里经过一级处理的废水（也就是我们通常所说的中水）会通过一个直径 800 毫米的水管，注入大厦内一个容积为1200 立方米的消防水池。通过压缩机，在夏天将中水温度从 25℃ 提高到 30℃，以提取水中的冷量；在冬季将中水温度从 16℃ 降低到 10℃，以提取水中的热量。这样从水中可以"榨出"大量的冷源和热源供给大厦制冷和取暖，而提取了"能量"后的中水经处理后完全可以用于酒店的洗浴、冲厕、洗车等，换句话说，除了饮用，酒店所有需要水的环节都能安全地使用中水。由于新技术的使用，中水的能效比非常高。中水的费用远远低于地表水，同时采用水源热泵，不会燃烧矿物能源，减少了有害气体污染。由于采用水源换热，换热效率高，冷凝温度大大下降，比一般空调设备节能 40%—60%。

（3）让电谷成为保定的新名片。目前，"中国电谷"已成为今日保定市最拿得出手的一张名片：形成了太阳能光伏发电、风力发电设备、输变电设备、储能材料、电力电子与电力自动化设备、输变电设备和高效节能设备六大产业体系。在 10 月 12 日举办的 2008 "中国电谷·低碳保定"（深圳）推介会上，保定市市长于群说，加快新型城市化和工业化进程的同时，要始终保持能源的低消耗和二氧化碳的低排放，努力在工业文明与生态文明之间开辟一条"绿色通道"，走出一条节能环保、绿色低碳的生态文明发展之路，支持"中国电谷·低碳保定"建设，就是落实科学发展观，就是节约能源、保护环境。

（4）未来建筑的一种发展方向。太阳能的应用在我国并不普及，目前北京、上海等一些大城市在太阳能的应用方面只是处于起步阶段，要想借此机会在全社会推广太阳能，还有一些亟须解决的问题。张忠民认为，首先新能源技术与建筑相结合，涉及发电组件的设计、安装，以及这些建筑所产的电力如何运行，如何进入电网，其中的技术难题尚待进一步解决和完善；另外，以往太阳能建筑不能大范围推广，主要是晶硅太阳能电池板造价太高，而传统的太阳能电池板生产工艺复杂，一些关键技术掌握在国外几个大公司手里，造成我国太阳能组件几乎全部依赖进口的局面。不过，张忠民表示，锦江酒店拔地而起，势必揭开我国新能源应用的崭新一页。

作为中国首座太阳能并网发电的环保酒店——电谷国际锦江酒店，与"中国电谷"遥相呼应，成为光伏与建筑一体化领域的一道靓丽风景，对我国节能减排，发展低碳经济具有重大的示范作用。

（四）星级酒店低碳模式亟待推广：全程记录客人碳足迹

有关调查显示，我国酒店餐饮服务行业整体能耗及二氧化碳排放量较高，且档次越高能耗和排放量就越大，星级酒店已成城市易被忽略的碳排放大户。中国城市低碳经济网记者近日采访了解到，国内一些星级酒店已开始着手打造"低碳式酒店"，通过建筑本体节能、可再生能源利用、废水回收利用、记录"碳足迹"等节能减排技术和手段，探索经营管理新模式。业内人士认为，星级酒店成城市碳排放大户的状况值得重视，低碳酒店模式亟待推广。

1. 耗能大户一年减排二氧化碳 2000 吨

目前我国星级饭店已超过 1 万家，其中五星级酒店已达到 702 家。一项针对酒店餐饮系统的调查显示，我国酒店餐饮服务行业整体能耗及二氧化碳排放量较高，每一座大型星级酒店都成为一个城市"热岛"。据统计，酒店餐饮服务全过程平均能耗能量约占全楼总能耗能量的 53%，而建筑能耗已占我国社会总能耗的三成左右。

据业内人士介绍，按建筑规模计算，我国五星级酒店大约每平方米耗能为 120 元 / 年，能源费用占企业运营成本的 12% 至 15%，但这种现状是可以改变的。圣光集团天津滨海圣光皇冠假日酒店通过可再生能源利用，已连续两年将能源比重控制在 8% 以内，每平方米耗能为 80 元 / 年，仅此，每年节省运营费用几百万元，同时减排二氧化碳 2052.2 吨。

根据 IPCC 国际碳排放标准计算，该酒店一年减少的 2000 多吨二氧化碳排放，相当于植树 2 万棵（30 年树龄的冷杉）。2012 年皇冠假日酒店通过评审获得住建部颁发的二星级绿色建筑标识证书，为酒店行业绿色运营"二星"全国第一家。

酒店通过使用新型建材、加厚楼体外墙保温层、优化门窗材质等措施，降低建筑热传导系数，达到长时间保持室内温度的效果，当室内空调加温至人体感应温度 26 摄氏度时，空调会自动停止运转，在不开门不开窗的情况下，这一温度可保持 6 至 8 小时。

照明用电是"耗电主力"，酒店设置照明控制系统，对不同活动和不同区域的照明进行分区分时管理，据统计，皇冠假日酒店建筑综合节能率达到 60.7%，与同等规模传统五星级酒店相比每年可节约 205.8 万度电。

客房洗浴间、酒店地下洗衣房等处日常产生的大量优质杂排水，酒店通过设置中水处理站，经生物接触氧化、反应、沉淀、消毒处理后，用于酒店卫生间冲厕、室外绿地浇洒和道路冲洗。2010年9月至2011年8月，酒店总用水量为8.7万吨，其中非传统水源利用率为25.6%，一年节约自来水2.26万吨。

2. 入住客人全程记录"碳足迹"

圣光集团投资兴建的另一家五星级酒店天津京蓟圣光万豪酒店，将于今年8月投入使用。该酒店除了大量采用节能环保技术和设备，还首开全国五星级酒店先河，探索全程记录"客人碳足迹"和"酒店运行碳足迹"，进行管理节能和行为节能，进一步降低酒店能耗和温室气体排放。目前已获住建部颁发的三星级绿色建筑设计标识证书，为酒店行业绿色设计认证"三星"全国第一家。

圣光集团工程总监翟兆华告诉记者，酒店入口门前的车道，安装有车压发电系统，汽车只要减速就会带来发电；酒店的旋转门、健身器材在转动和使用过程中都有发电功能；客人上电梯、使用房间里的电灯、电器，甚至在餐厅点菜吃饭，都会被换算成产生了多少碳排放，记入人手一张的碳排放"卡"，而其起居、活动、运动过程中减少的碳排量也被记录，当客人结账时，酒店会打印出一张"碳足迹"账单，对客人减碳行为进行一定的奖励。

记者了解到，圣光万豪酒店还设立"低碳体验中心"，将运营中消耗的能源、水资源及其他资源等折算成温室气体的综合指标，使客人身临其境地感受到节能减排与个人行为的相关性。翟兆华说，我们相信这样的体验，更直观地告诉人们，减少温室气体排放需要每个人从一点一滴做起。

圣光投资集团总裁孙志君说，据测算，圣光万豪酒店的建设成本与传统酒店相比增加1000多万元，节能投入约占总投入的5%，预计运营后耗能成本可减少一半，每年至少可获得节能效益300万元以上，预计3年多即可收回节能成本。

3. 绿色低碳模式值得推广

近年来，我国星级酒店规模不断扩大，能耗不断增加，以舒适性为前提的星级酒店，理应向"节能、节水、节材、节地、保护环境"的绿色酒店方向发展。业内人士表示，圣光集团运用现代成熟技术探索低碳式酒店经营模式，具有行业示范意义，我国酒店大致每7至12年重新装修一次，如能按照低碳模式装修，全国上万家酒店减碳规模将以千万吨级计，其环境和社会意义不可估量。

业内人士建议，可借鉴"低碳式酒店"的成功经验，从三方面入手，推动酒店业节能减排：

第一，从政策上引导和鼓励酒店节能减排，推动更多酒店加入减排行列。各地酒店业应因地制宜，积极进行探索实践，采用多种方式降低传统能耗。

第二，树立履行环保责任和降低运营成本相结合的理念。据了解，我国在建筑领域的各类节能环保技术已经比较成熟和普及，圣光集团的实践说明，尽管需要先期节能投入，但经过一定时间的运营，可大幅降低企业能源成本，获得较大经济效益，同时也树立了企业良好的形象。

第三，政府针对绿色节能企业的认定，宜由目前的重上项目向重实际降耗转变。清华大学建筑节能研究中心主任江亿认为，现在一些企业热衷于通过上项目进行绿色评比，但并没有达到实际的降耗效果，建议在绿色认证和评比中，更加注重建筑的单位降耗水平。

第六章　低碳产业规划与布局

在日益严峻的环境承载压力下，制定低碳产业发展规划成为加快低碳产业发展的必然选择。要从全局和长远的角度，明确低碳产业在国民经济中的战略地位，厘清低碳产业的发展思路，确立低碳产业发展目标，优化低碳产业空间布局，为低碳产业的快速发展提供有效保障。低碳产业发展规划要根据各地区自身特点，运用国外成功经验，从全局的角度出发，在充分论证分析的基础上提出既具有地方特色又能实现区域优势互补的系统性低碳产业发展规划。

一、低碳产业发展规划制定原则与主要内容

（一）制定原则

作为我国经济社会发展规划的重要组成部分，低碳产业发展规划指导着我国推动低碳产业发展、实现经济社会向低碳经济转型，因而在规划制定中必须遵循以下原则。

1.科学引导的原则

以规划为龙头，把整体规划、综合规划、系统规划有机结合；以人为本，以低碳技术为先，遵循现实要求，定时、定量、定位地把实现低碳产业跨越式发展的目标、任务、指标有机安排。

2.区域优势原则

低碳产业规划要尽量避免地区间产业雷同、恶性竞争，要充分发挥区域优

势，大力发展特色优势产业，要集中力量发展地区具有比较优势的低碳产业，构筑具有竞争力的产业结构体系，形成既分工协作又具备差异化竞争的格局。

3. 市场导向原则

市场是衡量一个产业是否具有发展前景和竞争力的重要指标，代表着国家和地区产业结构发展的方向。低碳产业规划应遵循市场规律，依托市场需求，完善市场竞争机制。

4. 产业成长性原则

要培育和发展的低碳产业应具有良好的发展潜力、较好的增长能力和相对广阔的市场发展空间，并有可能引领行业未来发展方向的产业。所选择的产业应当内部关联程度大、联系紧密，对地区其他产业带动作用较大，易于形成产业链条。

5. 自主创新原则

要发挥科技进步的支撑作用，推动产业结构升级，提升产业竞争力，减少资源消耗，改善环境。着重提高产业自主创新能力，加快建设创新载体，确立企业在创新中的主体地位，促进创新人才的集聚。

6. 生态和环境保护原则

以资源节约、环境友好为基本出发点，积极推行清洁生产和绿色制造，把节能降耗减排工作作为产业发展的重要指标，保护土地、水资源。以产业链延伸为手段推动低碳产业发展，建设低碳产业工业园区。

（二）低碳产业发展规划的主要内容

1. 战略选择

目前，低碳产业规划在全球范围内尚处于起步阶段，世界各国都在积极制定适合本国国情的低碳产业发展规划，以抢占经济增长新的制高点。从产业规划的经验来看，产业规划在全球范围内形成共识，并成为世界各国广泛行动的行为准则需要经历三个阶段：第一阶段是基本理论形成阶段；第二阶段是由理论到行动阶段；第三阶段是全面实施产业规划战略阶段。低碳产业从概念的提出到完善虽仅经历了十年左右的时间，但在面对全球气候、环境、能源等日趋严峻的生存压力下，低碳产业从一开始就受到了世界各国的青睐，各国对低碳产业战略的制定也在如火如荼地展开。以英国为例，英国政府在2009年第一季度陆续出台了《低碳和环境产业报告》《低碳产业战略构想》《投资低碳英国》和《低碳复苏计划》，实现了从低碳经济向低碳产业规划的战略转变。

在中国，低碳产业规划总体上还处于第一阶段。根据新时期中国经济转型迫切需求和低碳产业规划面临的严重形势，必须尽快制定出适合我国国情的低碳产业发展规划，实现低碳产业规划从第一阶段向第二阶段的跨越式发展。在宏观战略选择上，低碳产业发展需要走在前列，加快低碳产业规划步伐，突破低碳产业规划阶段性发展限制，率先实现低碳产业规划第一阶段、第二阶段和第三阶段的并行式发展模式。要将低碳产业规划作为低碳经济发展的首要战略选择，贯彻到我国新型工业化建设和新型城镇化建设的所有方面、所有环节、所有层次和所有领域。

之所以这样要求，是基于以下几个方面的因素决定的。一是低碳产业的基本特点。低碳产业是以低碳或无碳为特点的清洁生产，是实现产业转型升级，培育新的经济增长点的突破口，在国民经济中具有战略性地位；二是低碳产业规划的基本内涵。低碳产业规划要成为新型工业化建设过程中的基本生产方式、基本运行机制，就必须要贯彻中国经济转型阶段的各个方面；三是中国低碳产业规划的现状。中国低碳产业存在的问题和制约因素，如低碳技术水平较低、低碳产业标准不足、碳交易市场不成熟等，都是低碳产业规划未能有效发挥指导的重要体现；四是中国新时期低碳经济发展的任务和目标。低碳经济以低碳发展观、技术创新和制度创新的转变为核心，将促进人类可持续发展作为最终目标，其实质是实现经济社会高速发展和能源、资源的高效利用并重。因此，实施低碳产业发展规划战略是实现中国低碳经济发展模式的必然选择。

2. 指导思想

以实现低碳经济发展为契机，抓住国家发展低碳经济的战略机遇，以增强可持续发展能力和经济竞争力为总目标，紧紧围绕发展经济方式的转变，稳步推进低碳产业发展，逐步形成以低碳消耗为特征的经济增长模式。具体地说，中国低碳产业发展规划应坚持以下指导思想：以实现低碳经济增长模式和环境友好型社会为目标，针对经济增长中的高能耗、高污染、高排放、低能效、低效益等突出问题，加快技术、制度创新步伐，夯实低碳产业理论基础，优化低碳产业选择，调整优化低碳产业空间布局，大力培育低碳产业集群和产业园区，鼓励低碳技术创新，加快碳交易市场建设，完善碳金融市场，把经济、社会和生态三大效应统一起来，逐步实现经济增长的低能耗、低污染、低排放和高能效、高效益。

3. 近中远期目标

低碳产业是在低碳经济理念指导下，采用行政、市场等多种调控手段，以发展清洁能源和低碳技术为重点，减少温室气体排放，实现经济增长的低碳化，达到经济发展与环境保护共赢的经济发展形态。从时间尺度上看，我国低碳产业发展目标可分为：

近期目标：基本形成较完善的低碳产业体系，建成若干个具有较强国际竞争力的低碳产业工业园区，积极促进低碳产业标准化，完善碳金融服务和碳交易市场体系，初步构建低碳产业空间布局。

中远期目标：建成完善的低碳产业体系，形成具有创新能力低碳产业创新链，实现产业结构低碳化发展的根本性转变，抢占国际低碳产业发展前沿领域。

4. 建设重点

综合低碳产业规划和低碳经济转型的紧迫性和国家资金投入能力，按照突出重点，分步实施的原则，借鉴国内外经验的基础上，根据各地区、各城市已有特点，有选择的提出低碳产业规划重点方向。

（1）产业标准。低碳产业标准的制定是低碳产业规划的重点。产业标准在全球市场上扮演着市场边界和围墙的角色，是形成国际竞争力的重要手段，要防止中国低碳产业市场被占，就必须迅速建立低碳产业的标准平台，抢占低碳产业发展制高点。目前，国际上低碳技术相关标准的制定都还刚刚起步，发展并不成熟。我国应尽早开展相关方面的研究和分析，参与国际标准的制定，从标准的研究、提出、讨论、确定、实施、完善等程序和环节出发，参与低碳技术标准的制定。

欧盟在发展低碳产业过程中，非常重视相关标准的制定。欧盟委员会在2006年10月公布的《能源效率行动计划》中建议出台新的强制性标准来提高能源生产的效率，同时控制交通运输、建筑物和机器造成的能耗呈下降趋势。2007年1月，为促使以更严格的环保标准控制用于生产和运输的燃料，提出新的立法动议以修订现行《燃料质量指令》。自2009年1月1日起，欧盟市场上的全部柴油必须达到硫含量为每百万单位10以下、碳氢化合物含量减少1/3以上的标准方可出售，并大幅降低适用于可移动工程机械和内陆水运船舶的轻柴油含硫量。从2011年起，燃料供应商必须每年将燃料在炼制、运输和使用过程中排放的温室气体在2010年的水平上减少1%，到2020年整体减少排废10%，即减少二氧化碳排放 5 亿吨[①]。

在中国低碳产业标准制定中，要改变以往重采标参标、轻自主制定，重标准制定、轻产业推广，重政府主导、轻市场需求等突出问题，要借鉴欧美等国家的经验，以市场为导向，以提高研发能力为支点，以政府为后盾，积极参与到低碳产业标准的制定中来。可以从以下几个方面出发来加快我国低碳技术标准制定：①加大技术投入力度，建立我国低碳技术标准平台；②与国际知名企业合作共同制定低碳技术标准；③引进、消化吸收国外先进技术，在模仿创新的基础上制定低碳技术标准。

（2）主导产业选择。选择低碳主导产业是低碳产业规划的重点领域。低碳主导产业主要是指采用先进低碳技术，增长率高，产业关联度强，对其他产业和整个区域经济发展具有较强带动作用的低碳产业。从经济增长量方面来看，低碳主导产业已经或即将在国内生产总值中占有较大的比重；从经济增长质方面来看，低碳主导产业是在整个经济系统中占有举足轻重的地位，能够对经济增长的速度与质量产生决定性影响。

在低碳主导产业选择过程中，要严格遵循主导产业选择准则，根据低碳产业特点、各地区的产业基础，技术条件以及未来的战略目标，审慎选择那些竞争优势明显、内生增长能力强、需求弹性大、技术先进以及关联度高的低碳产业作为低碳主导产业。以天津市滨海新区低碳产业发展为例，滨海新区通过制定新能源产业扶植政策，全力打造世界级新能源产业基地。滨海新区已成为中国领先的新能源产业基地，风能、光伏、储能电池等产业发展均已跻身前列。到 2015 年，滨海新区的新能源产业将实现产值 300 亿元以上，打造中国最领先的风电设备基地。

（3）创新体系和人才队伍建设。低碳产业创新系统是研发机构、企业、政府部门以及相关中介服务机构通过创新价值链，以低碳技术创新、低碳组织创新和低碳制度创新为核心，着力提升低碳产业创新能力和国际竞争力而形成的动态网络系统。低碳产业创新系统运转的效率与功能，既由低碳产业的创新主体、构成要素之间相互协同作用机制、组合创新机制以及运行保障机制决定，又离不开外部环境对低碳产业创新的支撑能力，兼具系统的动态性、结构性、整体性和自身的独特性特征，是应对新一轮产业结构调整的客观要求和抢占低碳产业制高点的必然选择。中国工业化进程的客观阶段和长期存在的"碳锁定"效应决定了较长时期内高碳产业无法快速退出市场。因此，低碳技术创新和制度创新均存在较

---

① 赵刚：《欧盟大力推进低碳产业发展的做法与启示》，《中国科技财富》2009 年第 11 期。

大的障碍与压力，由此也决定了低碳产业创新系统要比其他具体产业层面上的产业创新系统更为复杂化和多元化。[1]

人才是低碳产业发展的关键，打造高素质低碳人才队伍是低碳产业可持续发展的重要保障，掌握先进低碳技术的高科技人才是开发低碳技术和产品的关键。我国目前低碳技术人才短缺的现状，决定了我们必须加快培养低碳技术人才。同时，将低碳能源技术及可再生能源方面的人才重点培养，并纳入低碳技术规划制定中，从而提升区域在低碳技术方面的研究、设计和创新能力，加快低碳产品研发速度，缩短低碳产品的研发周期。例如，江阴市政府为加快发展低碳产业和创新型经济，专门为低碳产业园区制定配套服务的"人才特区"建设计划，加快引进科技、管理、实用人才和创新创业团队。同时，规划和建设远见人才特区、中节能人才特区和低碳社区，为园区内各类人才提供学习、交流、研发和生活休闲的公共平台，以此吸引人才、培养人才、留住人才，进一步提高低碳产业园的科技竞争力。

（4）政策法规体系。低碳产业的发展离不开健全的政策法律制度体系的保障。关注能源、环保、资源、财政、金融等方面的政策法律体系的建设以及具体的行动措施，有助于推动低碳产业的发展。我国以科学发展观为指导，已经制定了一系列法律法规来保障低碳产业的发展，如《中华人民共和国清洁生产促进法》《中华人民共和国可再生能源法》《CDM项目运行管理办法》《循环经济促进法》等，保障低碳产业发展的政策法规体系逐渐完善。

值得关注的是，完善的金融政策体系能够保证低碳产业与金融市场的良性互动。当下低碳产业的发展尚处起步阶段，发展空间非常广阔，同时低碳产业具有技术密集型特征，因此决定了其具有高投入与高风险，且市场回报收益滞后等属性[2]，因而与其他产业相比，低碳产业的成长初期更需要与之相匹配的金融体系进行支持，但从国际历史经验来看，传统的金融体系已不能满足当下低碳产业发展的动态需求，我们认为低碳产业发展的金融政策应包含以下几个层面：第一，进一步完善银行主导融资体系。中国目前的金融体系中仍以银行作为主导[3]，因此低碳产业的发展过程中需要通过设计配套政策体系，保证银行在低碳市场中的间接融资渠道的顺畅度，具体包括政府层面的可持续激励政策，政策性银行层面的主导先驱作用的强化，商业银行层面的勇于实践等。第二，积极推

---

[1]　梁中：《低碳产业创新系统的构建及运行机制分析》，《经济问题探索》2010年第7期。

[2]　杨曼：《对国际碳金融交易机制的思考》，《中国经贸导刊》2012年第35期。

[3]　王仁祥、杨曼：《银行、股票市场与经济增长——兼论中国选择》，《武汉金融》2013年第7期。

进低碳产业资本市场建设。从国际金融发展历史来看，资本市场的快速发展能够较快的推进产业的发展，因此从可持续发展的角度来看，低碳产业的健康发展需要有较为完备的资本市场与之相匹配，具体包括设计相应的制度框架，对低碳资本市场的准入、披露、监管、退出等环节进行标准化，在相应配套硬件软件环境成熟的前提下，应鼓励低碳产业进行资本化运作，改善低碳产业发展的融资环境。第三，努力打造低碳产业与金融市场完美对接的平台。应从政府、市场等多个角度搭建有利于金融市场服务低碳产业发展的平台，保证两者之间的完美融合，在风险可控的前提下促进低碳产业的快速成长。

（5）市场教育机制。低碳产业的发展离不开遵循市场规律的前提条件，低碳产业规划的重点方向，必须从低碳技术的创新、低碳产业集群的发展、企业主体作用的激发、碳排放交易机制的建立，以及加强与国际间的合作等方面构建一个完善的市场教育机制，合理规划低碳产业，从而引导低碳市场健康、持续、快速发展。

一是突破低碳技术，解决当前制约低碳产业发展的瓶颈。规划时注重鼓励发展市场化运作、低碳技术集成应用、引导各界力量积极联合攻关相关核心关键技术，优先开发高效的新型技术，形成长远低碳产业发展规划；二是充分发挥企业在市场中的主体作用。低碳产业规划应鼓励企业进行低碳技术战略投资，促进企业将社会低碳责任与产品质量、企业信誉结合，实现低碳技术规模化应用，依据国际企业近年来应对气候变化的举措制定低碳技术与产业标准，部署企业低碳发展战略；三是通过企业之间的协同发展，提升低碳企业创新能力，增强低碳产业整体竞争力，优化区域能源结构和经济结构，确保经济可持续发展。在具体规划时，坚持因地制宜原则适应市场，系统、长期地构建低碳产业集群；四是建立碳排放交易机制。将温室气体排放权作为一种商品，对排放权进行交易，以促进全球二氧化碳减排，降低全球温室气体。应重视利用各种信息与资源的整合，以市场化的方法规制各参与主体在排放权市场的交易行为；五是抓住低碳经济全球化发展的战略机遇，积极参与国际低碳经济领域的技术交流合作。在低碳产业规划中，与全球低碳产业统一战线，充分利用广阔的市场条件，制定具体措施，如特殊的优惠政策等，加强国际低碳技术转让，为我国低碳技术发展创造条件。

二、低碳产业发展规划制定步骤与方法

（一）低碳产业发展规划步骤

低碳产业发展规划主要分两个阶段进行：

第一阶段是汇集基础资料，拟定低碳产业发展的技术经济假定。要从现状资料、经济资料、国民经济计划资料和自然资料等方面出发，搜集低碳产业发展相关资料，掌握低碳产业的自然条件、经济特点、经济性质及其发展方向，明确所需解决的关键性问题。根据中央和地方经济社会发展宏观战略目标，结合已有自然资源、经济资源、社会资源和技术条件，拟定低碳产业发展技术经济假定；

第二阶段是实地调查，编制低碳产业规划草案。在拟定技术经济假定的基础上，通过现场踏勘和技术经济调查，搜集并补充详细的技术经济和自然条件方面的资料，作为低碳产业规划设计的依据，制定低碳产业发展规划方案。组织各界专家学者，论证既有的技术经济假定，遴选出最优方案，编制低碳产业发展规划草案。

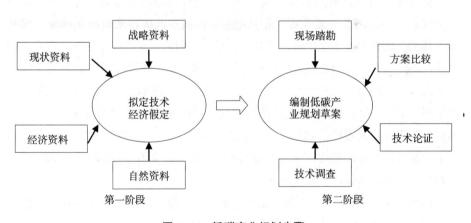

图6—1 低碳产业规划步骤

（二）低碳产业发展规划方法

选用合适的规划方法是产业规划工作者制定出合理的低碳产业发展规划的

保证。常见的低碳产业规划方法有以下几种。

1. 系统分析法

系统论认为彼此相关的多种要素构成了宇宙间的一切事物，而事物的各要素也具有一定属性，执行特定功能的子系统。根据系统论的观点，低碳产业是由相互关联的要素组成的完整综合体，是一个复杂的系统。在低碳产业系统中，其构成要素包括土地、劳动力、技术、资本、生态工程、产业政策等。

系统分析法通常由三个基本环节构成，即问题形成、系统分析和系统评价。

（1）系统问题的形成，即综合确定被研究系统的性质和边界来设计价值系统。进行产业规划时，即要确定规划的产业、目的要求和发展的总体及具体目标。

（2）系统分析，即以系统要素的性质、功能和相互关系为对象进行分析。抉择方案时，通过综合对系统内各种不确定因素所形成的状态、组织、结构和可能的变化进行处理，建立模型并反复验证，并以此为判断依据。

（3）系统评价，即根据效应、成本、影响等基本指标，分析数目报告、文件等设计方案或在其实施过程中，对规划设计方案的先进性、经济性、安全性、可操作性、生态环境可相容性等方面全方位地进行总体评价。

运用系统分析法规划低碳产业，首先，是以低碳产业作为一个整体。此整体不仅是与内部诸多要素和部门相互联系，同时也与外部密切相关的完整综合体。其次，低碳产业系统中的各个要素、部门之间都存在着一定的相互联系。深入分析不同要素、部门之间关联性的性质、结构、频率和稳定性可以有助于我们掌握低碳产业规划中的复杂性、稳定性、动态性等系统属性，为合理规划提供基础依据。最后，低碳产业系统不仅取决于系统内部要素、部门的关联性，还受到来自于外界输入因素的影响。通过分析系统内部要素与外界输入因素的相互作用关系，就可以了解产业的特征，规划的面貌、状态，全面认识低碳产业布局的变化趋势，并确定低碳产业未来发展的抉择方案。

因此，运用系统分析法编制低碳产业规划，能够对研究对象的基本概念有一个较为精确的认识，从而确定发展目标和方案，制定具体措施。

2. 主导产业选择法

主导产业选择是产业规划中重点内容，主导产业选择主要有以下几个方面的内容。

（1）主导产业选择的原则。主导产业选择应考虑选择的必要性和培育待选产业的可能性，在主导产业选择中应遵循以下原则：竞争优势明显。对于其他产业而言，主导产业应具有更强的资源获取、配置及优势转发能力，充分促进产业潜在优势转化为竞争力；关联程度高。主导产业的主导性作用可通过产业关联带动作用强这一主导产业选择中的基础性条件体现；需求关联性大。拥有长期广阔的国内外市场是主导产业不会快速衰落的关键，因此，需求弹性最大化成为主导产业选择的基本要求；内生增长能力强。产业的内生增长能力是主导产业区别于其他类型产业的重要特征，它决定了产业能否拥有可持续竞争优势；技术先进性。主导产业需要具备一定的技术基础和能力，能够集中反映未来技术发展方向，预示技术演化趋势。

（2）主导产业选择指标体系。在坚持客观性原则、可行性原则、可比性原则和区域性原则下，从区域比较优势、增长潜力、技术进步、关联效应、就业功能以及可持续发展等方面选择相应指标，运用定性分析和定量分析遴选出得分最高的产业作为主导产业。

区域比较优势基准。区域比较优势源于古典经济学家李嘉图，主要指在区域发展的各个时期，不同的区域都具有某种资源的相对比较优势，区域应选择那些具有相对比较优势的资源和产业作为其重点发展部门；增长潜力基准。产业增长潜力取决于产业的需求收入弹性，需求收入弹性越大，表明随着收入的提高，该产品在产业结构中的比重将逐步提高；技术进步基准。技术进步主要指技术进步率。技术进步率越高，产业技术层次越高；关联效应基准。关联效应是指某一产业的经济活动能够通过产业之间相互关联的活动效应影响其他产业的经济活动，判断关联效应的主要依据有产业感应度系数和影响力系数；可持续性基准。主导产业投入要素在较长时间内应具有可持续性，这样才能保证主导产业投入供给的持久性，确保经济的持续性增长。可持续发展主要表现在资源消耗低和环境污染下两个方面；就业功能基准。主导产业选择的一个重要特点就是要考虑产业的就业功能。就业密度和就业规模决定了产业就业功能。

在主导产业选择过程中，基于上述指标选择基准，选择合适的可量化指标，选择合适的方法就可以遴选出区域主导产业。目前，主导产业选择中运用最多的方法主要有主成分分析法、因子分析法、层次分析法、数据包络分析法和波特的钻石模型等。

3. 综合分析法

综合分析法又名系统综合方法，以系统分析法为基础，在系统思想的主导下实现综合过程，不断综合系统分析的结果并达成整体认识。系统整体化就是将各要素合成相应的小系统，再将小系统综合为一个大系统的过程。这种综合并不是简单机械地按照原来的要求拼接已经分解的要素，而是在系统分析结果的基础上，按照要素与要素、要素与系统、要素与外界环境之间的新联系，将各个要素形成更符合总体目标要求的新系统和整体优化的新结构。

综合分析法中的综合平衡法是国际上产业规划方法中使用范围最广泛的基本方法之一。综合平衡法是指从国民经济总体上反映和处理社会人力、物力、财力资源与社会生产的各部门之间、各环节（生产、分配、交换、消费）之间的相互关系。所谓综合平衡，是指国民经济全局的平衡，而不是指单项的、局部的平衡，但它必须以单项平衡和局部平衡作为补充，才能保证其正确性。搞好综合平衡，首先要从全局出发，对过去的情况进行分门别类的调查研究，进行综合平衡统计，找出国民经济的薄弱环节，进一步挖掘扩大再生产的潜力。

在产业规划中运用综合平衡法时应处理好以下三方面的关系。

一是供给与需求的关系。规划时应在品种、质量和数量上使需求和供给相互协调适应。

二是地区与地区之间的关系。合理布局产业建设空间，坚持效益、公平、安全等原则，确保地区之间相互协作，共同发展。

三是国民经济各部门和具体建设项目的关系。应充分利用各种物质要素，使其密切联系。

综合平衡法一般包括三个步骤：

第一，确定综合平衡的指标体系和内容；

第二，预测产业部门和区域发展需求，确定各项目标的需求量；

第三，综合平衡。通过供需双方的比较，反复调整，最后确定规划方案。

4. 方案比较法

方案比较法是规划学进行方案论证和选择的一项基本方法。方案比较法在低碳产业规划中通过三个层面体现：首先，根据低碳产业基本特征确定其发展优势。低碳产业因地区和类别的差异具有不同产业特征，对照国内外各地区低碳产业规划的差异特征，在厘清本土规划基本特点的条件下横向比较影响低碳产业发展的内外因素差异，归纳其优势与不足；其次，根据明确的发展目标制定具体发展指标。制定低碳产业的发展指标，应涵盖特定地区与低碳产业发展的阶段特征，同时包括同一类别产业在不同地区所拥有的共性特征和趋势，依据社会经济发展规律，确定规划产业发展指标。而低碳产业发展目标和具体发展指标的确定，则应通过综合不同地区和不同发展阶段的特征综合比较而定；最后，布局规划低碳产业建设时应选定重点开发项目。在低碳产业宏观研究的指导下，以产业所在地的微观研究为基础，依据资源、环境、基础设施、产业基础等选择多个方案并遴选出最优方案。

方案比较法的工作步骤如下：

第一步：选择比较对象。由于不同地区和不同阶段的共性和差异性的存在，应在比较对象的选择上避免盲目性挑选，比较的对象应具备可比性。

第二步：确定比较标准。在第一步的基础上统一比较标准，确定比较内容，确保结论有据有理。选择比较标准时应遵循客观社会经济规律，综合考虑社会效益、经济效益与环境效益的有机结合。

第三步：进行分析评价。历史的演进背景，不同地域空间上环境与资源的差异，产业未来的演化方向，都使得产业发展呈现差异性和多样性的特点。因此，对低碳产业的规划必须综合在一定的空间尺度上的横向比较和一定的时间范围内的纵向对比，从而通过深入其本质特点，遴选出最优的目标和方案，使结果更加先进、可靠、可行和科学。

5. 数学模拟法

产业规划不仅需要定性描述和规范性分析，同时也需要一些必要的定量分析加以佐证。数学模拟法作为一种定量分析方法在产业规划中应用非常广泛，它可以弥补定性分析对产业规划的抽象性描述的不足，通过引入必要的数学分析，将产业规划过程进行量化，使产业规划者更加直观明了的了解规划方案的科学性和有效性。作为仍处于起步阶段的低碳产业来说，为保证低碳产业规划科学性，提高规划成果的质量和实用价值，引入一定的数学模拟法进行定量分析很有必要。而且随着数学模拟方法的发展和计算机应用领域的拓展，以多目标、多要素、多方案和动态变化为特征的产业规划课题已得到了有效解决，为复杂系统下低碳产业规划提供了有益的参考依据和应用基础。

简单来说，基于数学模拟的产业规划模型主要有以下几类。

（1）决策分析模型。预测不同于决策。详尽的预测分析结果不一定符合产业的发展目标，只能为规划提供决策方案，因此必须进行决策分析，即在预测后对方案拟订或实施后可能产生的效果进行全面评价。目前，决策分析模型主要分为两大类，一是由线性规划、求极值模型和非线性模型组成的单目标决策分析模型；另一是包括线性加权模型、模糊分析模型和成本效益分析模型在内的多目标决策分析模型。

（2）产业结构功能分析模型。此类模型根据重点对产业组成要素的作用和功能进行结构分析，确定产业演化发展的内在决定因素，以此找出未来的合理产业结构。主要包括投入产出模型、层次分析模型和网络分析模型等。

（3）经济社会发展预测模型。以时间序列模型为主要类型，该类主要根据对经济社会发展产出影响的要素的变化特点，预测总体经济的变化趋势，同时，以经济社会历史的演进轨迹来判断未来的发展变化。

三、低碳产业发展布局形态及其效应

低碳产业布局既包含市场均衡的问题，也包括空间均衡的问题，是指低碳产业在某一区域空间范围内的分布与组合。从静态上看，低碳产业布局表现为产业内各部门和要素在不同空间地域上的组合形态；从动态上看，则表现为各种资源、各产业部门和相关企业为选择最佳区位而形成的在地理空间上的流动、转移或重新组合的配置与再配置过程①。

（一）低碳产业布局影响因素

产业布局影响因素指外部环境为产业运作和空间布局提供的条件。在符合低碳产业总体布局的原则上，低碳产业布局的合理化水平和可持续发展动力在一定范围内取决于其是否具有合适的外部环境。一般而言，影响低碳产业布局的外部因素主要有：自然因素、社会因素、经济因素、技术因素、制度因素，以及全球化和外商投资。

1. 自然因素

自然因素由自然条件和自然资源两方面组成。自然条件即人类赖以生存的自然部分，不仅包括未被改造的、原始的自然环境，也包括被人类利用和改造后的自然环境。土壤、水文、气候等都属于自然条件，单个自然条件或多要素构成的复杂生态系统都能影响和制约人类的生产活动；自然资源则主要指经人类改造和利用过的自然条件。联合国环境规划署将自然资源定义为"一定时空和条件下的可以产生经济效益并提高人类福利的自然因素"。自然条件与自然资源并不存在绝对的界线，随着人类对自然条件认识和开发利用能力的不断提高，某一历史

---

① 李悦：《产业经济学》（第3版），中国人民大学出版社2011年版。

阶段的自然条件可能会成为造福于人类的自然资源。

　　自然因素是低碳产业布局的物质基础和先决条件。低碳产业核心包括清洁能源和节能减排技术，其主旨是实现生产过程中的低碳化或无碳化，低碳产业中的清洁能源如太阳能、风能、生物、水、电、潮汐、地热等都属于自然资源中的可再生自然资源，低碳产业中的高碳产业低碳化技术也大多涉及自然资源利用方面的相关产业，另外，与低碳产业密切相关的碳汇、固碳也都与自然条件有关。由此可见，低碳产业与自然因素密不可分，在低碳产业布局前期阶段必须充分考虑到自然条件和自然资源对低碳产业的影响，对于太阳能、风能、生物、水、电、潮汐、地热等比较充足的地区适合布局与之相关的低碳产业。

　　2. 社会因素

　　社会因素主要包括人口和劳动力资源以及社会历史因素等方面。人口、劳动力资源对产业布局的影响主要表现在人口、劳动力流动、数量、质量等方面。从生产者的角度看，充足的劳动力资源可以充分开发利用自然资源，发展生产；具有高质量的劳动力资源会提升产业自身的科学技术水平，提高生产效率，优化产业结构；劳动力在利益驱使下的空间流动不仅会给迁入地区带来大量劳动力资源，同时也会增加知识积累，影响区域产业布局格局。从消费者的角度看，各个地区人口数量、民族构成和消费水平的差异要求产业布局与人口的消费特点、消费数量相适应。在低碳产业布局中，人口、劳动力因素显然发挥着重要作用。低碳产业的核心内容之一就是节能减排技术及其衍生出来的低碳金融等服务产业。毫无疑问，低碳产业的发展离不开具有高质量的劳动者的不断研发与创新以及相关劳动者的碳金融服务的支撑，这必然决定了低碳产业在空间布局过程中需要考虑到劳动力数量与质量问题。

　　社会历史因素是影响产业布局另一重要社会因素。产业布局具有历史继承性，已经形成的社会经济基础极大地影响了产业布局。例如，经济社会发展中遗留下来的产业基础、传承下来的文化基础等都在很大程度上决定了当前产业空间布局的选择以及未来产业发展的方向。低碳产业涵盖范围之广、技术依赖度之高都预示着低碳产业的空间布局不能脱离区域已有的社会经济基础，尤其是产业基础。另一方面，以已有的产业基础为出发点的产业布局会形成一定的路径依赖性。路径依赖类似于物理学中的"惯性"。在产业布局中，这种"惯性"的概念最初来源于工业区位论中对集聚因子的论述。产业基础的路径依赖性，使得一个地区一旦选择了某个产业，无论以后它所具有的区位因素是否具有比较优势，发展该产业是否更有效率，都很难从最初的选择中摆脱出来。低碳产业布局作为一个新型产业，必须要打破区域内原有的高污染、高排放、高能耗的路径依赖，进行制度创新，积极营造新的集聚因子，创造适合低碳产业发展新的路径依赖，从而在地理空间上形成新的产业发展格局。

3. 经济因素

影响产业布局的经济因素主要包括经济区位、市场因素、金融因素等。经济区位是指一国或地区在某一地域范围内扮演的经济角色，衡量了经济系统内各经济主体在地域空间上的相互关联性。地理区位与信息条件等决定着经济区位的优劣。许多工业区的兴起都与其便利的交通优势条件密切相关，得天独厚的区位优势使这些工业带获得极大发展，如美国的波士顿工业带、法国岛工业区等。近年来，新经济地理学的发展为经济区位理论解释产业布局提供了较好的理论基础，经济区位已成为影响产业布局不可缺少的重要因素之一。与其他产业布局相似，作为新型产业的低碳产业布局也必然会受到经济区位的影响，在低碳产业布局中对其应予以足够重视。

在商品经济时代，市场已成为低碳产业布局考虑的重要因素之一。市场是以交换为特征的社会经济联系的总和，最终商品消费地、中间品和原材料消费地都是它的组成部分。虽然随着运输成本的大幅降低，市场对产业布局的影响效应也在下降，但市场对产业布局的影响并未完全消失。对于尚处在发展初期阶段的低碳产业来说，一方面市场需求可能通过"门槛"需求量影响着低碳产业落地生根，即空间布局、厂址选择等问题；另一方面通过市场规模影响着低碳产业布局规模，即低碳产业后续发展问题。另外，市场竞争是影响低碳产业布局的另一重要市场因素。与市场需求的直接效应不同，市场竞争对低碳产业布局的影响相对隐蔽，主要通过影响低碳产业中的企业生产行为来实现整个产业布局最优化。

金融因素对产业布局的影响也不容忽视。任何产业的发展，都需要不同程度的金融支持，尤其是对低碳产业这一新型产业来说，没有完善的金融部门的支持，低碳产业的发展就只能是一纸空谈，因此在低碳产业布局中要充分考虑到地区碳金融市场的发展程度。碳金融市场既指依法买卖温室气体排放权指标的标准化市场，也包括与低碳产业相关的投融资市场以及节能减排项目的投融资市场。在低碳产业布局中，需要综合考虑到低碳产业投融资风险，借助金融市场，充分发挥资本在资源配置中的主导作用，带动资金和技术向低碳产业发展。

4. 科学技术因素

随着知识时代的到来，技术条件作为一种社会资源在经济社会中发挥的作用已越来越突出。从产业布局的角度来看，一方面，科技进步模糊了自然条件和自然资源之间的界线，拓展了自然资源运用范畴，改变了产业内部布局结构；另一方面，技术进步使运输成本大为降低，打破传统产业布局的地域局限和时空障碍，重新划分产业布局的空间形态。低碳技术涉及电力、交通等部门以及可再生能源、新能源、油气资源等清洁高效利用和二氧化碳捕获埋存等领域技术开发。无论是低碳技术中的风力发电技术、太阳能发电技术、水力发电技术、地热供暖与发电技术、生物质燃料技术等无碳技术还是超燃烧系统技术、超时空能源利用技术、高效发光技术、高效电网传输技术、热电联供技术等减碳技术，抑或是二氧化碳零排放化石燃烧发电技术、碳回收与储藏技术等去碳技术都需要以已有的区域技术能力为基础，通过不断的知识积累和科技创新来实现生产的低碳化。因此，在低碳产业布局中必须充分考虑到地区的科学技术实力，区别不同地区低碳技术类型及其优势，合理布局低碳产业。

5.制度因素

制度因素是产业布局不可忽视的影响因素之一，尤其是对低碳产业这一新型产业发展而言，制度因素在低碳产业布局中显得尤为突出。一般来说，制度因素对低碳产业空间布局的作用主要表现为在国家大力倡导低碳经济转型的宏观背景下，通过低碳产业发展政策、财税政策和低碳产业发展法律法规来引导低碳产业布局。

低碳产业发展政策是针对低碳产业的发展现状、问题及其发展前景而制定的产业政策。在不同的区域低碳产业发展政策的指导下，各地在低碳产业选择、培育侧重点方面将会有所不同，这必将会影响到低碳产业的空间布局格局。

财税政策是当前确保低碳产业发展的有效政策工具，也是低碳产业合理布局的有效引导工具。从财税政策的效果来看，低碳财税政策通过财政补贴、预算拨款、税收减免、贷款贴息等手段来影响低碳产业发展及其布局。各地区在选择低碳财税政策时，应当根据本地区低碳产业发展阶段与特点，选取适合自身的财税政策。

法律法规对低碳产业布局的影响可以从已有的产业发展历程中看出。对于低碳产业布局来说，完善的法律法规是其布局规范化、合理化以及可持续发展的保障。很难想象，在没有相应法律法规的支撑下的产业布局会具有持久发展的愿景。

6. 经济全球化与外商投资

世界经济的市场化、全球化水平已达到了前所未有的历史水平，不管意愿如何，任何国家或地区的产业发展都必须面对全球竞争。这就要求在产业布局中要以全球市场的眼光审视市场竞争态势，构筑产业发展战略，优化产业空间布局结构。在面对低碳经济全球化发展中，我国低碳产业布局要以低碳经济全球化的发展为目标，融入全球低碳产业价值链，抢占低碳产业发展制高点。

在全球化背景下，外商投资也成为影响低碳产业布局的重要因素。经济全球化的基本内涵是资本在全球范围内的流动，在开放经济中，外资净流入对产业布局具有重要影响。一方面，外资流入与国内投资一样是产业发展的重要资金来源；另一方面，外资流入有利于国外先进技术的引进、消化与吸收，是优化区域产业空间布局，提升产业结构的重要途径。

显然，上述因素都从自身的角度方面影响了低碳产业布局，需要指出的是，低碳产业布局不仅是低碳产业在空间上的静态表现形态，也是低碳产业各要素、部门在空间动态流动的外在表现，低碳产业布局具有明显的阶段性。作为一种新型产业，我们不但要深入理解低碳产业布局在不同阶段的布局特征，同时还需要有效区分各种影响因素在低碳产业布局不同阶段的作用和功能差异，最终实现我国低碳产业空间科学性和合理性。

（二）低碳产业空间布局效应

合理的低碳产业布局不仅有利于低碳产业自身的健康发展，同时还会有利于区域产业结构的优化升级、区域经济的良性发展以及不同区域之间的协调发展。另外，有效的低碳产业空间布局还有利于发挥产业集聚效应和扩散效应。

1. 低碳产业布局与区域产业结构

产业布局与区域产业结构的关系是相辅相成的，产业结构总体上会受到产业布局的影响。具体地说，低碳产业布局对区域产业结构的影响主要有以下几个方面。

第一，低碳产业布局直接影响区域产业结构格局。低碳产业作为新型战略性产业，在解决全球气候问题的同时，也会从根本上改变原有高能耗、高污染、高碳排放的产业结构格局，促使区域产业结构不断向低能耗、低污染、低排放转变。例如，具有丰富太阳能、风能、地热能的地区会大力发展与之相关的低碳产业，具有较好的技术创新能力的区域则会加大技术创新力度，大力发展低碳技术产业，由此会导致区域内原有产业结构向低碳产业转变，改变原有产业结构格局。

第二，低碳产业布局会影响区域产业结构水平。不同的生产力水平，产业部门会形成不同的结构水平。低碳产业是清洁能源、节能减排技术的集合体，具有较高的技术要求和技术创新能力。合理的低碳产业布局会充分发挥低碳产业技术创新、溢出能力，带动区域总体产业结构的优化升级，提升产业结构水平。

2. 低碳产业布局与国民经济和社会发展长期计划

低碳产业是国家"十二五"规划的重点产业，落实好低碳产业空间布局有利于实现国家低碳经济战略规划。我国"十二五"规划《纲要》明确指出，2010年我国单位生产总值二氧化碳排放比下降17%、非化石能源占一次能源消费的比重达到11.4%、森林蓄积量增加6亿立方米、森林覆盖率达到21.66%，并作为约束性指标确保如期完成。根据《纲要》要求，绿色低碳发展理念是实现经济社会发展和应对气候变化双赢的全新理念，是促进中国经济结构调整和发展方式转变的重要途径，将成为中国长期坚持的政策导向。

3. 低碳产业布局与区域均衡发展

合理的低碳产业布局为我国东部、中部和西部地区协调发展提供了战略机遇和可能。2010年8月，国务院提出在广东、湖北、辽宁、云南、陕西5省和天津、深圳、杭州、南昌、重庆、厦门、贵阳、保定8市实行低碳经济试点工作，积极倡导低碳、绿色、环保的生活和消费方式，加快建立以低碳排放为特征的产业体系。"五省八市"低碳试点的选择充分反映了国家政府部门对新一轮低碳产业布局与区域协调均衡发展的战略思考。

4. 低碳产业布局与低碳产业集群

合理的低碳产业布局会在区域空间内产生集聚效应和扩散效应，有利于低碳产业集群的加快建立。低碳产业在一定地域的空间分布，可以实现区域内基础设施共享、劳动力池效应、知识溢出效应和创新学习效应，有利于吸引相关低碳产业及其中介服务机构在区域内集中，形成具有较强竞争力的低碳产业集群，发挥低碳产业集群效应。而且，随着低碳产业集群的形成和完善，集群效应将日渐凸显，将进一步吸引相关低碳产业在该区域内落户，强化低碳产业布局效应。因此，低碳产业布局与低碳产业集群是紧密相连，彼此促进，共同发展。

四、案例分析：东湖高新区低碳产业园区发展规划

目前，我国的低碳产业园主要存在有以下两个方面的主要问题：一是低碳产业园模式亟待升级。我国的低碳经济模式仍处于摸索期，与低碳高端产业园区的开发、建设和运营密切相关的低碳产业评估标准研究尚未建立，由此导致了各地低碳产业园发展水平参差不齐。在缺乏低碳国际合作网络支撑、低碳技术普遍应用、低碳交易体系无缝对接的前提下，打造低碳产业园无疑会出现雷声大、雨点小的尴尬局面，甚至会提升产业园的运营成本，模糊产业园的发展定位；二是低碳产业园功能定位单一。从国际低碳产业园发展来看，低碳产业园应集技术开发、成果转化、碳金融、碳咨询等多方面于一体的综合发展模式。我国的低碳产业园经营内容差异较大，功能定位相对比较单一，容易导致产业内重复建设，难以形成有效的上下游产业链。同时，由于缺乏对低碳经济内涵和外延的深入理解，我国低碳产业园普遍存在发展方向不明确的困境。

针对我国低碳产业园发展中存在的问题，不仅要借助于国外先进经验，加强对低碳经济的理解，还应当根据各地区已有特点，在充分论证分析的基础上，提出既具地方特色、又能优势互补的系统性低碳产业园规划，为承接低碳技术，确立低碳产业园强势品牌提供指导。

【案例】武汉东湖高新区低碳产业发展规划方案

（一）总论

武汉东湖国家新技术开发区（以下简称"东湖高新区"）筹建于1984年，是国务院批复建设的第二家国家自主创新高新区，是我国重要的科技资源密集区和高新技术产业基地。"武汉·中国光谷"的区域品牌已经在全球范围内形成了较强的影响力和知名度。

1. 东湖高新区低碳产业概况和现状分析

（1）东湖高新区低碳产业园区发展概况。"十一五"时期，东湖国家新技术开发区深入贯彻落实科学发展观，突出转型发展方式，初步形成低碳化经济社会发展模式，转型发展取得显著成就，为建设全国低碳高新区奠定了坚实基础。作

为"武汉城市圈两型社会建设的龙头",东湖高新区在 2011 年被列为"湖北省国家低碳试点省建设示范"。东湖高新区依托优势资源,进一步创新机制,根据湖北省《低碳试点工作实施方案》的精神和要求,东湖高新区以 2010 年为基期,编制《低碳发展规划纲要(2012—2020 年)》,其规划范围达到 518 平方公里。

(2)社会现状。在全球气候变暖、能源短缺及环境危机大背景下,世界各国正加快推进以绿色和低碳技术为标志的能源革命,倡导以能源革命为核心的低碳经济发展模式,人们的低碳环保意识不断增强。我国正处在全面建设小康社会的关键时期和工业化、城镇化加快发展的重要阶段,能源需求还将继续增长,产业低碳化趋势明显。积极应对气候变化,推进低碳发展,是我国经济社会发展的一项重大战略,也是加快经济发展方式转变和经济结构调整的重大机遇。《中共中央关于制定国民经济和社会发展第十二个五年规划》提出,到 2020 年我国单位国内生产总值二氧化碳排放比 2005 年下降 40%—45%。

(3)经济现状。"十一五"时期,东湖高新区各项主要经济指标保持 28% 以上的年均增长速度。2013 年,东湖高新区完成企业总收入 6517 亿元,增长 30.18%。在全国高新区排名中,东湖高新区综合排名上升至第 3 位,知识创造和技术创新能力上升至第 2 位。

(4)资源环境现状。在 2006 年至 2011 年间,东湖高新区 CO_2 总排放量趋于稳定,交通及居民生活 CO_2 排放量显著增加,万元产值 CO_2 排放量显著减少。东湖高新区 CO_2 排放量结构中,工业 CO_2 排放量占绝对的比例,次之为交通 CO_2 排放量,最后为居民 CO_2 排放量。在国家高新区中,东湖高新区万元产值能耗和万元产值 CO_2 排放量水平,高于北京中关村和上海张江等国家高新区水平,同发达国家同类园区还有较大差距。

2. 东湖高新区低碳产业园区建设的必要性分析

(1)低碳产业园区建设的必要性和意义。全球新一轮科技革命深入进行,促进高技术产业发展格局进一步重构,全球高科技园区呈现新的发展态势,战略性新兴产业成为我国转变经济增长方式的战略选择,两型社会建设、武汉市转型发展对东湖高新区提出了新的要求;气候变化与低碳发展催生以绿色和低碳技术为标志的能源革命蓬勃兴起,世界经济格局和国际力量对比出现新变化、新态势,为东湖高新区参与国际竞争提供了机遇;低碳发展是我国科学发展的现实需要,东湖高新区科技引领地位更加凸显。作为全国三个国家自主创新示范区之一,东湖高新区必须依托科教资源和产业优势,全面提升以原始创新为核心的创新能力,取得低碳技术竞争制高点,为国家低碳发展提供技术以及产品示范;作为武汉城市圈两型社会建设的核心区域，东湖高新区必须加快创建"环境友好、资源节约、经济高效、生活舒适"的"低碳科技新城"典范，以推动武汉尽早"两中心两基地"建设的发展目标；全球高科技园区纷纷利用低碳革命契机，加快能源利用技术与新能源技术突破和示范，降低主导产业的能耗成本和碳排放水平，确定未来经济社会发展高地。

（2）低碳产业园区建设的有利条件分析。一是以低碳为特征的战略新兴产业快速崛起。东湖高新区已经形成以光电子信息为核心产业，以生物、环保节能、高端装备为战略产业，以高技术服务业为先导产业的"131"产业架构；二是能源利用效率及结构不断改善。东湖高新区加强企业节能改造，平均节能率在 27% 以上，单位工业增加值能耗从 2005 年的 1.1 吨标煤下降为 2010 年的 0.12 吨标煤，年均降幅达 14.1%；三是涌现了一批新能源骨干企业和创新组织。在骨干企业带领下，政、企、研相结合，相继成立了多个产业技术创新联盟组织；四是低碳研发能力与技术储备优势突出。东湖高新区是我国国家高新区中第二大智力资源密集区，集聚 42 家高等院校，56 家科研院所，400 多家企业研发机构，智慧技术、高端装备技术处于国内领先水平；五是拥有突出的园区碳汇能力和优美的生态环境。东湖高新区内 518 平方公里的区域有 282 平方公里为生态保护区；六是低碳发展保障机制不断创新。东湖高新区通过清洁生产专项资金、节能环保合作联席会议机制、碳交易试点、低碳产业发展金融平台、设立光能源、环保等五大产业发展基金等形式不断保障低碳产业发展；七是低碳社会理念逐渐形成。东湖高新区成立"公共机构节能工作领导小组"，统筹全区公共机构节能工作推进。

（3）生态工业园区建设的制约因素分析。与低碳发展示范区的建设要求相比，东湖高新区还存在以下五方面的制约因素：一是产业间融合协同发展能力不足，主导产业要融合能源技术突破"碳锁定"；二是核心技术自主创新实力同国际先进水平还有一定差距，产业结构应进一步高端化；三是亟须构建与国际接轨的碳减排保障机制；四是城市空间布局和公共基础设施需进一步绿色化、智慧化和人性化；五是低碳社会理念还未普及，需要加强社会公益建设。

3. 低碳产业园区建设总体设计

（1）指导思想。坚持以科学发展观为指导，围绕创新型国家建设、中部崛起战略实施和武汉城市圈"两型社会"建设总体要求，抓住全球低碳技术革命机遇，依托科教、人才与资本集聚优势，坚持技术自主创新和政策先行先试，以"优化结构、节约能源、提高能效、增加碳汇、减少排放"为重点、培育和发展战略性新兴产业为主线、能源利用技术重大突破为切点、光电子产业转型升级为核心，到 2020 年，将高新区打造成为"科技含量高、经济效益好、资源消耗低、环境污染少"的"低碳增长极"，"健康、和谐、文明"的"低碳生活区"，最终将东湖高新区建设成为低碳发展的国际典范。

（2）规划原则。积极探索，大胆创新。充分借鉴国际先进经验，坚持全面创新理念，突出高新区特色，完善促进低碳发展体制机制。

科技先导，政策激励。发挥科技进步的先导性作用，加快低碳技术创新，形成科技支撑体系。通过政府引导、政策支持、资金投入，完善政策激励制度。

突出重点，示范先行。突出构建低碳产业体系、优化能源结构、提高能源利用率、提升碳汇能力等低碳发展的重点环节，有计划地建设一批重大专项工程，先行试点示范，取得实效再逐步全面推广。

协同创新，高端引领。加快低碳科技协同创新，实现战略升级高端发展。促进制造业与低碳服务业融合发展，形成密切结合、互相促进的产业集群。

主动衔接，深化合作。主动与国家和湖北省、武汉市的各项规划相衔接，积极争取各项政策和资金支持。深化国内外地区的互动合作。

公众参与，普及理念。大力宣传和普及低碳知识，倡导公众实行低能量、低消耗、低开支、低代价的低碳生活方式，享受绿色生活。

（3）东湖高新区低碳产业园区布局。东湖高新区划分光谷生物城、光谷未来科技城、光谷东湖综合保税区、光谷中华科技产业园、光谷左岭产业园、光谷中心城、光谷现代服务业园、光谷佛祖岭产业园八大园区。加快推进"光谷2049"远景发展战略，逐层落实《大光谷板块》综合规划，重点推进光谷中心区、环官桥湖地区、鲁巷广场周边地区、环严西湖地区规划，提升城市功能，以产兴城、以城促产。

（4）规划期限和范围。根据湖北省《低碳试点工作实施方案》的精神和要求，东湖高新区以 2010 年为基期，编制《低碳发展规划纲要（2012—2020 年)》，其规划期限为 2013 年到 2020 年。同时，其规划范围达到 518 平方公里。

（5）规划依据。主要以《中华人民共和国城乡规划法》（2007 年）、《城市规划编制办法》（2005 年）、《武汉市城市总体规划（2010—2020 年）》《武汉土地利用总体规划（2006—2020 年）》《中共武汉市委、武汉市人民政府关于东湖国家自主创新示范区托管区域规划调整工作的通知》（武文［2010］20 号）、《武汉东湖国家自主创新示范区发展规划》《武汉东湖国家自主创新示范区产业发展规划》《武汉东湖高新区经济和社会发展"十二五"规划纲要》，武汉东湖高新区管理委员会、湖北省人民政府关于印发湖北省应对气候变化行动方案的通知（鄂政发

［2009］57 号）、湖北省低碳试点工作实施方案（2011）以及其他相关法律、法规、规范为规划依据。

（6）规划目标与指标。到 2015 年，有利于低碳发展的法规、政策、标准、技术规范等框架基本建立，低碳产业体系基本形成，低碳发展能力明显增强，清洁能源比例持续提升，工业、交通、建筑等重点领域节能降耗显著，低碳发展意识不断提升。非化石能源占一次能源消费比重达到 15% 左右，万元规模以上工业增加值能耗下降到 0.08 吨标煤，万元 GDP 碳排放当量（碳强度）下降到 0.10 吨标准煤，比 2010 年下降 15% 以上，碳强度达到国家高新区先进水平。

到 2020 年，低碳发展政策法规体系、技术支撑体系、低碳产业体系和低碳清洁能源体系不断完善，低碳发展理念深入人心，低碳城市基本建成。非化石能源占一次能源消费的比重达到 20% 左右，万元规模以上工业增加值能耗下降到 0.05 吨标准煤，万元 GDP 碳排放当量（碳强度）下降到 0.08 吨标准煤，比 2010 年下降 30% 以上，碳强度达到国际高新区先进水平。

（二）东湖高新区低碳产业园规划

1. 低碳技术发展规划

（1）规划思路。按照"131"产业布局，分层次推进原始创新、集成创新和引进消化吸收再创新，突破低碳发展关键和共性技术，实现科技创新，提升低碳技术竞争能力。

（2）规划设计。通过光通信、激光、光电显示与半导体照明、集成电路及消费电子、通信与网络和物联网专项推进光电产业绿色高端发展；通过生物质能、太阳能光伏与储能、清洁能源装备和智能电网专项推进新能源产业跨越式发展；通过污染治理和资源循环利用、环境监测与节能和环保节能服务专项推进环保节能产业快速发展；以生物医药、生物农业和医疗器械与医学材料专项推进生物医药产业凸显发展；以研发设计与科技中介服务、软件及服务外包和地球空间信息专项推进低碳服务产业创新发展。

2. 低碳产业发展规划

（1）规划思路。以资源节约、环境友好为基本原则，通过研发设计、技术中试、创业孵化等产业和功能的导入，提升传统产业结构，培育新型产业，积极自主创新，构建低碳产业体系，从而推动东湖开发区生产方式的改变。

（2）规划设计。一是打造世界领军的绿色光电产业集群。通过提升自主创新能力、加快核心技术应用、突破大功率 LED 技术和壮大龙头企业，推动绿色通信、绿色显示、绿色照明和绿色消费电子的发展；二是创建中国一流的新兴能源产业高地。通过突破应用技术、引进领军企业、突破关键技术等方式推动光伏发电产业、生物质能产业、风电制造产业、智能电网产业发展，同时依托重点机构，加快布局潜力产业；三是培育国内领先的环保节能产业基地。发挥样本工程、骨干企业、环保监测、绿色建筑示范作用，推动水污染防治与循环利用、大气污染防治与综合利用、环境监测技术与装备及新型环境友好材料与产品等产业发展；四是构建国内先进的低碳生物产业集群。促进区域优势资源转化，抓住全球产业升级转移机遇，把握生物技术前沿，推动低碳生物集群发展；五是建设国内高端的低碳服务产业中心。加快创新商业模式，积极培育碳权市场，把握"三网"融合机遇，加强技术应用转化，示范"智慧城市"应用，积极促进行业应用。

3. 低碳产业园能源结构规划

（1）规划思路。以节能降耗，提高能源利用效率为低碳发展的重要载体，加快推进结构节能、技术节能、管理节能，加大工业、交通、建筑、公共机构等领域的节能降耗力度，减少资源能源消耗，提高能源利用效率。

（2）规划设计。通过太阳能应用、开发生物质能、利用可再生资源提高清洁能源利用比例；加快研发和应用高效能发电技术，发展能源综合集成供应模式，降低能源生产的碳排放；提高电子设备制造业、用能单位节能降耗、公共机构节能改造、公共设施节能照明等重点领域能效水平；提高现有电网可靠性，激活试点智能电网，十堰储能电站，建设智能电网产业化应用；树立绿色电站规划理念、加强建筑能耗监管，严格执行建筑节能标准，改造既有建筑节能设计，创新建筑技术，扩大建筑绿色达标比率；加强节能基础建设。

4. 低碳产业园空间布局规划

（1）规划思路。通过优化产业空间布局，合理规划城市功能区，打造集约型的城市空间格局，有效降低城市碳排放。加强生态保护与建设，改善现有生态条件，扩大绿地面积，形成良好的碳汇基础。

（2）规划设计。一是构建"多中心—集束式"空间结构，完善城市中心体系，形成"区域中心—副中心—组团中心"的三级城市中心体系，构建"一轴六心、三区两城"的空间结构，形成空间结构向多中心组团发展态势；二是构建"绿楔—绿廊—绿芯—绿谷—绿道"绿地系统，改变单一草坪绿化为乔、灌、草相结合的复合绿化体系，增强绿化的生态效益；三是构建"森林—湖泊—滩涂—河流—农田"景观格局，引入更具有生态效益的自然生态群落，将自然生态系统融入城市地区，引入本地的原生动植物，提升城市公共空间，使用植被控制城市小气候；四是构建"生产片区—专业园区"生产空间，按照"关联功能集中、制造服务分离、产业专业聚集和土地集约利用"原则，合理布局示范区产业培育、高端制造、研发创新、创业孵化、科技商务、总部经济、高端服务、辐射带动等功能；五是构建"生态细胞—生态社区—生态片区"居住空间，优化住房资源配置，采用无障碍设计，混合安排多种不同类别住宅形式，形成多层次、多元化的住房供应体系。

5. 低碳产业园区低碳出行规划

（1）规划思路。优先公共交通，突出分区发展格局，发展公共交通体系，建设慢行交通系统，强化交通节能减排，营造低碳出行格局。

（2）规划设计。对东湖开发区城市交通进行 ABC 三级分区，制定差别化的交通发展政策，使汽车分担率趋向合理。同时，合理管理交通需求，改善静态交通设置；优先发展公共交通，改善居民出行环境，建立综合立体枢纽；构建慢行绿道系统，区分绿道功能，优化自行车服务，推进配套设施建设；强化节能减排管制，提高车辆准入门槛，示范推广新能源汽车，应用低碳交通技术，加强交通组织管理，打造智能交通系统。

6. 低碳产业园区绿色消费规划

（1）规划思路。加大低碳宣传力度，全面普及低碳理念，积极引导和鼓励居民绿色消费，形成可持续的低碳生活方式，引导全社会形成低碳发展理念和低碳生活风尚，促进市民积极践行低碳环保的生活消费方式。

（2）规划设计。发挥宣传导向作用，倡导低碳理念，开展低碳教育，提高全民低碳意识；率先垂范低碳公务，积极倡导低碳商务，引导市民低碳生活，创建低碳示范社区，从多领域践行低碳生活；普及低碳生活方式，降低生活能耗，鼓励低碳消费，完善低碳居住环境。

（三）保障工程

以率先实现国内具有重要示范作用的低碳新城为目标，以促进转型发展为主线，创新低碳制度，完善政策法规，加强公众参与和国内外合作。构建完善的政策法规体系，努力形成民主科学、制度完善、法制健全、监管有序的体制机制，为低碳示范区建设提供有利的制度保障和依据。

1. 低碳机制创新工程

全面融入低碳理念，健全低碳法规体系，完善碳权交易市场，加强低碳行政管理，完善重大决策听证，制定配套考核制度。

2 低碳产业跃升工程

推进产业集群融合发展，加快技术改造和设备更新，强制推行清洁生产审核，建设专业产业园区。

3. 低碳技术突破工程

制定产业低碳技术路线图，建设低碳技术协同研发平台，争取国家新能源重大专项支持，突出低碳前沿技术研发，率先制定低碳技术标准。

4. 低碳金融促进工程

加强低碳信贷创新工作，建立低碳风险投资基金，加大低碳发展财政投入。

5. 低碳企业壮大工程

培育低碳龙头企业，引进大型低碳企业，推动龙头企业并购重组。

6. 低碳能源利用工程

加强能耗全程管理，促进资源循环利用，引进节能管理机制，完善能源监测统计。加快发展清洁能源，制定能源战略长远目标。

7. 低碳城建改造工程

积极推广绿色建筑，鼓励低碳交通出行，大力推进"无线光谷"建设，实施城市绿色照明工程。

8. 碳汇能力提升工程

加强土地储备与集约利用，保障自然生态安全，提升森林碳汇能力，拓展城市绿色空间。

9. 低碳公益培育工程

加强宣传教育，引导公众参与，推行低碳办公，推进低碳消费。

10. 低碳合作促进工程

建设国家新能源技术与产业国际合作基地，建立国际合作的低碳产业园区，加快武汉城市圈区域联动，加快实施"内连外援"战略。

第七章 低碳产业与发展方式转变

近几年来，世界各国都在通过发展低碳经济促进经济发展方式转变。低碳经济以其独特优势被公认为未来的经济发展方向，低碳经济是以低能耗、低污染、低排放为基础的经济模式，旨在减少经济发展对资源的依赖和对环境的破坏。

发展低碳经济，必须改变旧的经济发展方式，在发展理念上正确处理好快与好的关系，不仅要继续保持国民经济快速发展，而且要更加注重推进经济结构战略性调整，努力提高经济发展的质量和效益。经济发展方式的转变要求发展低碳经济。低碳经济就是在可持续发展理念指导下，通过各种新的技术以及制度手段最大限度地减少煤炭石油等高碳能源消耗，减少温室气体的排放，最终达到经济社会发展与生态环境保护双赢的一种经济发展形态。因此，发展低碳经济是转变经济增长方式的必然要求，转变经济发展方式是发展低碳经济的保障，二者相互统一、相互促进。

党的十八大报告指出，推进经济结构战略性调整是加快转变经济发展方式的主攻方向，必须以改善需求结构、优化产业结构、促进区域协调发展、推进城镇化为重点，着力解决制约经济持续健康发展的重大结构性问题。因此，加强低碳产业发展，对于优化产业结构、改善需求结构、调整要素结构升级等具有重大的推进意义。

党的十八届五中全会提出了"创新发展、协调发展、绿色发展、开放发展、共享发展"的新发展理念，并指出，牢固树立并切实贯彻"五大发展"理念，是关系我国发展全局的一场深刻变革，实现发展目标、破解发展难题、厚植发展优势，必须牢固树立和深入推进"五大发展"。这"五大发展"理念将引领"十三五"发展模式的全面转变。一是从高度依赖人口红利、土地红利的要素驱动及投资驱动的发展模式转向创新驱动发展；二是从不协调、不平衡、不可持续的发展转向协调发展；三是从高污染、单纯追求 GDP 的粗放型发展方式转向遵循自然规律的绿色发展；四是从低水平的开放转向更高水平的开放发展；五是从不公平、收入差距过大非均衡发展转向走向共同富裕，实现共享发展，实现全体人民共同迈向全面小康。全会把创新摆在国家发展全局的核心，并从培育发展新动力、拓展发展新空间、构建产业新体系等方面提出了具体的要求；在绿色发展中，全会提出了建立绿色低碳、循环发展产能体系和清洁低、安全高效的现代能源体系。

一、低碳产业发展与产业结构优化

（一）产业结构优化与低碳产业发展的理论分析

1. 产业结构的概念

按照研究的内涵和外延的不同，对产业结构的研究有："广义"和"狭义"之分；广义的产业结构是指产业间的技术经济联系与联系方式；狭义的产业结构是指国民经济各个产业之间以及产业内部的比例关系和结合状况，主要研究构成产业总体的类型、组合方式、各产业间的本质联系、各产业的技术基础、发展程度及其在国民经济中的地位和作用。

产业结构优化是一个动态的过程，不同的发展阶段、不同条件下内涵各不相同。

但主要包括两个重要方面内容，一是产业结构合理化，指产业之间协调能力的加强和关联水平的提高。二是产业结构高级化，主要是产业高加工度化，产业知识技术密集化，产业结构软性化。

2. 低碳产业发展对产业结构优化的机理分析

（1）发展低碳产业，有助于产业结构优化。以往我国在产业结构优化中，忽略了资源环境因素。低碳经济为产业结构调整中对资源和环境的考量开辟了新的思路。低碳经济以低能耗、低污染、低排放为特征的经济。目前我国产业结构要想实现质的调整，就必须以实施低碳企业战略为重要目标，促进低碳企业在结构层次、空间布局上的合理性，不断扩大生产规模、提高生产效率和成本效益，从而减轻对生态环境造成的压力。否则，就只是一种在原产业结构层次和布局中进行简单的数量加减，集中成一种对生态环境带来负面影响的能量，从而为生态环境带来更大的压力①。

2. 低碳经济通过技术效应，引领产业结构的调整和优化。发展低碳产业，需要提高产业的科技水平，加强技术创新，提高生产效率，进而会降低各产业对生态的破坏效应，有助于产业结构的优化。此外，随着低碳产业和低碳企业的出现和发展，一些高碳的产业开始因为产品过时或者被更加低碳环保的产业所替代而退出市场，进而有助于产业结构的优化。

（二）我国产业结构发展的现状分析

1. 产业结构不合理

自 2000 年以来，我国的国民经济三次产业结构发生了很大变化，三次产业增加值都在稳步上升（见表 7—1），其中第一产业由 2000 年的 14944.7 亿元，增加到 2013 年的 56957.0 亿元，第二产业由 2000 年的 45555.9 亿元，增加到 2013 年的 249684.4 亿元，第三产业由 38714.0 亿元，增加到 2013 年的 2622038 亿元。从表 7—1 中可以看出，我国三次产业增加值占 GDP 比重发生了较大变化，其中第一产业由 2000 年的 15.06%，下降到 2013 年的 10.0%，这是符合经济规律的，第二产业由 2000 年的 45.92%，下降到 43.9%，但有些年份还略有上升，比如在 2005 年至 2008 年第二产业比重都在 47% 以上，第三产业增加值占 GDP 的比重总体上是上升的，但是也有些年份是增加，有些是下降的。这正是我国国民经济发展中产业结构不合理问题之所在，可明显看出我国第三产业发展滞后，增长缓慢。

表 7—1　2000—2013 年中国国民经济三次产业增加值及其占 GDP 比重的变化

年份	GDP（亿元）	经济增长率（%）	三次产业增加值（亿元）			三次产业增加值占 GDP 的比重（%）		
			第一产业	第二产业	第三产业	第一产业	第二产业	第三产业
2000	99214.6	8.4	14944.7	45555.9	38714.0	15.06	45.92	39.02
2001	109655.2	8.3	15781.3	49512.3	44361.6	14.39	45.15	40.46
2002	120332.7	9.1	16537.0	53896.8	49898.9	13.74	44.79	41.47
2003	135823	10	17381.7	62436.3	56004.7	12.8	46	41.2
2004	159878	10.1	21412.7	73904.3	64561.3	13.4	46.2	40.4
2005	184937	11.3	22420	87598.1	74919.3	12.1	47.4	40.5

---

① 汤华然、邱冬阳、张云龙：《发展低碳经济促进重庆产业结构调整》，《科学发展》2010 年第 5 期。

（续表）

年份	GDP（亿元）	经济增长率（%）	三次产业增加值（亿元）			三次产业增加值占 GDP 的比重（%）		
			第一产业	第二产业	第三产业	第一产业	第二产业	第三产业
2006	216314	12.7	24040	103719.5	88554.9	11.1	47.9	40.9
2007	265810	14.2	28627	125831.4	111351.9	10.8	47.3	41.9
2008	314045	9.6	33702	149003.4	131340	10.7	47.4	41.8
2009	340507	9.2	35226	157638.8	147642.1	10.3	46.3	43.4
2010	401512.8	10.3	40533.6	187383.2	173596.0	10.10	46.67	43.24
2011	473104.0	9.3	47486.2	220412.8	205205.0	10.04	46.59	43.37
2012	518942.1	7.7	52373.6	235162.0	231406.5	10.09	45.32	44.59
2013	566130.2	7.7	56957.0	249684.4	26220.38	10.0	43.9	46.1

资料来源：《2014 年统计年鉴》，中国统计出版社。

三次产业的贡献率也是不合理。从表 7—2 可以看出，2000 年以来，我国三次产业对社会的贡献率变化是不稳定，有些年份在上升，有些年份在下降，比如，第一产业 2000 年的贡献率为 4.4，而 2004 年达到了 7.8，2013 年为 4.9，第二产业 2000 年贡献率为 60.8，2013 年为 48.3，第三产业 2000 年贡献率为 34.8，2007 年为 46.3，但 2010 年却下降为 39.3。这也反映了出三次产业结构的不合理。

表 7—2　2000—2013 年产业发展贡献率

（单位：%）

年份	第一产业贡献率	第二产业贡献率	工业产业贡献率	第三产业贡献率
2000	4.4	60.8	57.6	34.8
2001	5.1	46.7	42.1	48.2
2002	4.6	49.8	44.4	45.7
2003	3.4	58.5	51.9	38.1
2004	7.8	52.2	47.7	39.9
2005	5.6	51.1	43.4	43.3
2006	4.8	50.0	42.4	45.2
2007	3.0	50.7	44.0	46.3
2008	5.7	49.3	43.4	45.0
2009	4.5	51.9	40.0	43.6
2010	3.8	56.8	48.5	39.3
2011	4.6	51.6	44.7	43.8
2012	5.7	48.7	40.6	45.6

资料来源：《2014 年统计年鉴》，中国统计出版社。

2. 第二产业能耗大、排放多

根据统计数据计算，2010 年中国第一产业的平均能耗强度为 0.14 吨 / 万元增加值，第二产业 1.08 吨 / 万元增加值，第三产业 0.22 吨 / 万元增加值（见表 7—3）。从三次产业之间的比较来看，第二产业的能耗强度远高于第一产业和第三产业，其能耗强度为第三产业的近 5 倍，为第一产业的 7.7 倍。三大产业在碳排放方面，第二产业最高，第一产业次之，第三产业则最低。

表 7—3　三次产业能耗强度及碳排放比较

三次产业	第一产业	第二产业	第三产业
平均能耗强度（吨 / 万元增加值）	0.14	1.08	0.22
碳排放	中	高	低

资料来源：《2012 年统计年鉴》，中国统计出版社。

3. 在工业内部，重工业发展消耗大量能源

2010 年工业部门总产值为 698590.54 亿元，其中石油加工炼焦及核燃料加工业、化学原料及化学制品制造业、非金属矿物制品业、黑色金属冶炼及压延加工业、有色金属冶炼及压延加工业、电力热力的生产和供应业六大高耗能行业的产值仅为 229719.5 亿元（见表 7—4），占工业总产值的 33%，工业部门的能源消费总量为 231101.82 万吨标准煤，而六大高耗能行业能源消费高达 166914.11 万吨标准煤，占全部消费量的 72%。也就是说，重工业的能源强度远高于一般制造业；而且在同一行业中，技术水平越低则能源强度越高。由此可以得知中国能源消费总量及单位 GDP 能耗量偏高很大程度上源于中国以重工业为基础的产业结构。

表 7—4　2006—2010 年中国六大高耗能行业能源消费量

（单位：万吨标准煤）

行业	2006 年	2007 年	2008 年	2009 年	2010 年
工业	175136.64	190167.29	209302.15	219197.16	231101.82
石油加工、炼焦及核燃料加工业	12360.11	13176.51	13747.01	15328.29	16582.66
化学原料及化学制品制造业	24779.04	27245.27	28961.13	28946.07	29688.93
非金属矿物制品业	19948.40	20354.84	25460.52	26882.28	27683.25
黑色金属冶炼及压延加工业	42812.32	47774.37	51862.92	56404.37	57533.71
有色金属冶炼及压延加工业	8633.32	10686.37	11287.99	11401.37	12841.45
电力、热力的生产和供应业	17416.88	18474.59	18676.48	19574.86	22584.11
六大高耗能行	125950.07	137711.95	149996.05	158537.24	166914.11

注：按行业分规模以上工业企业主要指标。根据《中国能源统计年鉴》（2007—2012）整理。

（三）我国产业结构低碳化的对策建议

1. 大力推进产业低碳化

（1）发展低碳工业。走低碳工业化道路是我国发展低碳经济的核心。新型工业化的核心就是低碳化，发展低碳技术、低碳产业、调整能源结构，这些都与工业化密切相关。因此，在工业内部，培育发展新兴产业和高技术产业，节能环保产业、电子信息产业、技术密集型的制造业等高加工度产业替代能源原材料工业，成为拉动经济增长的重要动力。从中长期来看，新技术的开发和应用是进一步节能减排的主要领域。实现重点工业核心技术、关键工艺、关键产品、产业共性技术的国产化和自主创新。

（2）发展低碳农业。现代农业是建立在对化石能源的基础之上的，化肥和农药是现代农业发展的支柱，它不仅影响土壤的有机构成、农作物的农药残留和食品安全，而且化肥和农药的生产过程，本身消耗大量的化石能源、产生大量的二氧化碳排放。因此，现代农业甚至可以被称为"高碳农业"。低碳农业就是生物多样性农业，不仅要像生态农业那样提倡少用化肥农药、进行高效的农业生产，而且在农业能源消耗越来越多，种植、运输、加工等过程中，电力、石油和煤气等能源的使用都在增加的情况下，还要更注重整体农业能耗和排放的降低。低碳农业是重在科技的持续扶持及加大各种资源要素投入，以点带面，最终形成农民增收、农业增效的可持续发展模式。发展低碳农业的路径有：第一，大幅度地减少化肥和农药的用量。降低农业生产过程对化石能源的依赖，走有机生态农业之路。第二，充分利用农业的剩余能量。第三，推广太阳能和沼气技术。在农村普及太阳能集热器是发展低碳农村的有效途径。在规模化畜牧业养殖中，可利用畜牧粪便开发沼气，获得生物质能。

（3）发展低碳服务业。总体而言，服务业是一个排放少、能耗低的产业，但对于不同行业也应该区别对待。一方面要积极发展能耗低、附加值高的服务业，可根据各地经济社会条件发展金融业及其他知识型服务业，结合资源禀赋，发展生态旅游；另一方面对有高排放的服务业要走低碳化道路，提高能源利用效率，减少碳排放，如发展低碳物流、现代物流业、信息产业、文化创意产业等战略性服务业，提高服务业增加值占 GDP 的比重。

2. 培育低碳产业发展

在低碳经济导向下，产业结构优化应需要大力培育低碳产业发展特别是优先发展现代服务业；坚定不移地推进传统高碳产业向低碳转型；在推进高碳产业转型的同时也要培育以低碳为特征的新兴产业，代表性的就是核能、风能、太阳能等新兴产业。

优先发展现代服务业。金融、保险、物流、咨询、广告、旅游、新闻、出版、医疗、家政、教育、文化、科研、技术服务。这些现代服务业是能耗低、污染小、就业容量大的典型的低碳产业，是未来产业结构调整的重点发展方向。

积极推进高碳产业从高能源消耗向低能源消耗转型。以钢铁、船舶、机械、建材、石化为代表的具有重化工业特征的行业还处于快速增长阶段，而这些产业在能源使用过程中都有着相对较高的碳排放量。今后我国要淘汰落后且缺乏规模效应的炼铁、炼钢产能和水泥产能等；淘汰低效电机，通过应用调频技术和调峰技术等来实行工业节电；发展资源回收利用的"静脉"产业，减少资源和能源的消耗；大力开发涉及石油、化工、电力、交通等多个领域的低能耗技术等等[1]。

低碳产业包括火电减排、新能源汽车、建筑节能、工业节能与减排、循环经济、资源回收、环保设备、节能材料等，都是具有朝气和发展前景的新型行业。通过发展新型低碳产业，积极发展清洁及可再生能源，替代传统的高碳的化

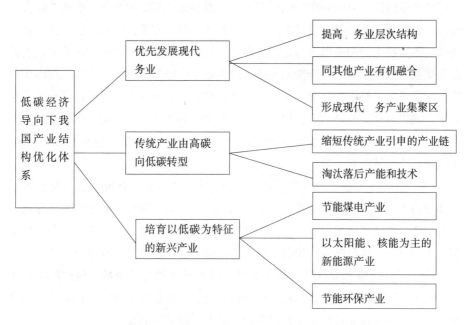

图 7—1　低碳经济下我国产业结构优化体系

---

① 孙桂娟、殷晓彦等：《低碳经济概论》，山东人民出版社 2010 年版。.

石能源，逐步建立起低碳的能源系统、低碳的技术体系和低碳的产业结构，使经济发展由传统模式逐步向低碳经济转型，这是中国产业转型的长期方向，也是抢占未来产业制高点的必然选择①。

3. 建立淘汰落后产能机制

加快落后产能退出是优化经济结构、促进节能减排的另一重要手段。采取积极的应对措施，完善保障机制，在保证社会稳定的前提下，加速淘汰落后产能，为优质产能创造更大的发展空间，促进经济又好又快发展。

（1）建立淘汰落后生产能力机制。建立长效机制，完善地方性、区域性法规和政策体系。要明确工作责任，层层分解目标责任，充分发挥相关部门和行业协会的作用。落实电力、钢铁、水泥、煤炭、造纸等行业淘汰落后生产能力计划，对列入淘汰落后产能名单而不按期淘汰的企业，由地方政府主管部门依法予以关停。

（2）建立淘汰落后产能退出机制。落实电力、钢铁、水泥、煤炭、造纸等行业淘汰落后生产能力计划，建立淘汰落后产能退出机制，完善和落实关闭企业的配套政策措施。对列入淘汰落后产能名单而不按期淘汰的企业，由地方政府主管部门依法予以关停，坚决杜绝落后产能死灰复燃。有条件的地方要安排资金支持淘汰落后产能，中央财政通过增加转移支付，对经济欠发达的地区给予适当补助和奖励。完善淘汰落后产能的激励、约束政策。增加财政转移支付，对淘汰落后产能给予适当补助和奖励。实行递减性补贴政策，对先期淘汰的产能给予高额补贴，关停越晚，补贴越少，超过一定关停期限的还要进行处罚，引导落后产能尽早、尽快淘汰。对未完成淘汰落后产能任务的区县，严格控制安排投资项目，实行项目"区域限批"等。

（3）建立淘汰落后产能善后补偿机制。建立淘汰落后产能基金，将税收的一部分划入该基金，并接受单位与个人的捐助，在等量替换产能中对依法建设生产的淘汰企业的经济损失进行必要的补偿。鼓励被淘汰企业转产转型，在项目立项、土地审批、信贷政策、税收减免等方面对落后产能转产企业给予优惠。

（4）尽快建立和完善节能指标交易市场和排污权交易市场，使被淘汰企业可以通过出让节能指标和排污权，来获得收益、弥补损失。政府提供必要的财政扶持，建立被淘汰企业职工培训再就业、最低生活保障制度等。

---

① 顾锋：《基于低碳经济视角的我国产业结构优化研究》，《南京财经大学硕士学位论文》2012年，第43—45页。

4. 建立产业结构优化机制

国民经济的协调发展，离不开产业结构的合理化。为有效遏制这些高耗能行业的过快增长，按照"产业规模化、高端化、高新化"的总体思路，推进产业转型升级。

（1）制定并实施产业结构优化的长远规划，限制高碳产业增长。出台更为详尽的产业整体规划和低碳产业发展政策，限制高碳产业增长。通过发展低碳产业，一方面降低高碳产业的比例比重，一方面通过低碳产业有效地提供清洁能源和可替代能源，逐步建立起具有低碳特征的能源结构、技术体系以及产业结构。通过政策，引导各地区大力发展技术先进、资源利用率高、环境损害小、有利于社会经济持续发展的高新技术产业。新能源领域应重点发展风能、太阳能等清洁能源和新能源汽车。环保领域应着力发展环保技术与装备、环境服务产业等。按照循环经济要求对开发区和重化工业集中地区进行规划、建设和改造，优化高耗能项目的产业布局，形成资源高效循环利用的产业链，努力提高资源的产出效率。

（2）调整财政政策，加大财税支持。财税政策是有效推动产业结构优化的政策手段。第一，调整财政支出结构，支持低碳经济发展。要在预算收支科目中设立环境保护类级科目，安排相应的环保支出预算，保证足够的环境保护资金来源，解决环境保护经费不足的问题，同时要便于环保资金投入的监管。要加大对科技创新的资金投入力度，建立起财政科技投入的稳定增长机制。第二，加大转移支付力度，支持地方发展低碳经济，实现产业结构转变。要进一步完善转移支付制度，加大对地方政府发展低碳产业、推进节能减排、进行可再生能源开发等资金支持力度。要通过专项转移支付方式对经济落后地区淘汰落后产能给予财政支持和奖励，同时要求地方政府安排配套财政资金，确保淘汰力度，引导经济结构调整和产业升级。第三，对发展低碳经济的企业给予财税支持。制定支持企业参与低碳经济发展的产业政策，健全奖罚财税政策，强化财税政策的激励和约束作用；制定有利于低碳技术发展的税收激励政策。第四，建立健全环保税种，推进环境有偿使用制度改革。[①]要推进资源有偿使用制度和生态环境补偿机制改革，建立资源集约、高效利用的长效机制，促进能源资源节约和生态环境保护，使资源价格反映资源的稀缺性、供求关系。国家有关部门应密切协作，进一步完善现行税制，调整税收政策，加快研究开征环境税、碳税等新的环保税种，推进资源

---

① 郭代模等：《我国发展低碳经济的基本思路和财税政策研究》，《经济研究参考》2009年第58期。

有偿使用制度改革，建立适应中国国情的支持低碳经济发展的税费体系。

（3）加强产业结构优化的相关立法工作，推进节能减排法制建设。要加强节能降耗的法律约束，利用绿色信贷、环境保险等环境经济政策，建立并完善重污染企业的退出机制，为淘汰落后的技术和产能提供政策支持和法律保障。完善地方性产业结构优化的法规和政策体系，建立有效的淘汰落后、激励和约束机制、工作联动机制和管理长效机制，对淘汰落后产能给予激励和奖惩，对经济欠发达地区淘汰落后产能加大财政支持力度，以此来促进新型工业化的快速发展。

（4）强化结构调整责任考核，完善政策机制。建立单位 GDP 能耗考核体系，强化政府和企业责任。建立产业结构优化的目标责任制度和考核制度，把调整产业结构和优化能源结构作为促进科学发展的重要抓手，把节能减排作为又好又快发展的突破口，把结构调整、产业升级、科技进步作为节能减排的着力点，强化责任考核，加快结构调整，完善政策机制，突出重点领域，加大资金投入。

二、低碳产业发展与需求结构调整

（一）需求结构与低碳产业发展的理论分析

1. 需求结构的内涵

需求结构就是各类需求在需求总量中的比例，即指食、衣、住、行、用、文化娱乐品及各种非商品支出等在需求总支出中的比例关系。需求结构包括两大类：第一，以家庭为单位的个人需求结构；第二，以一个国家或一个地区为单位的社会需求结构。前一类需求结构通常又被称为微观需求结构，后一类需求结构通常又被称为宏观需求结构。

在我国国民经济核算的支出法中，需求包括三个部分，分别是消费、投资和净出口。需求的结构与经济增长直接相关，体现了一个国家经济增长的动力和来源结构。需求结构的合理与优化对于维持经济的长期可持续增长非常重要。需求结构的合理与否也体现经济增长的健康状况。因此，党的十八大提出，推进经济结构战略性调整是加快转变经济发展方式的主攻方向，必须以改善需求结构、优化产业结构、促进区域协调发展、推进城镇化为重点，着力解决制约经济持续健康发展的重大结构性问题。

2. 低碳产业发展对需求结构调整的机理分析

发展低碳产品，增加消费者对低碳产品的需求，可以减少对资源能源的大量消费，缓解中国资源能源短缺问题。碳排放的减少，可以减少环境污染。另外一方面，提倡低碳消费，有助于改进人们传统的不健康的消费习惯，实行绿色消费，循环消费。需求结构低碳化倡导节约、绿色、环保的消费理念，有利于在全社会树立起尊重自然、保护自然的生态文明理念形成节约资源、保护环境以及合理消费的社会风尚。

发展低碳产品，有助于减少企业生产高污染、高消耗的产品，增加企业对低碳产品的需求，使企业实现经济消费，即对资源和能源的消耗量最小、最经济，低碳消费需求的增长会大大刺激低碳产品的生产和销售，从而促进低碳经济的发展，进而进一步加强对需求结构的调整。低碳消费需求的增长会有效刺激低碳产品的生产和销售，促进低碳经济的快速发展，为实现中国的经济转型、形成节约资源和保护环境的产业结构、生产方式创造良好的条件。

（二）我国需求结构发展的现状分析

1. 三大需求结构不合理

在我国需求主要是从消费、投资和净出口三个方面来考虑，有表 7—5 可以看出，消费需求和投资需求所占贡献几乎占一半，而净出口较少，三大需求结构不合理。投资需求由 2000 年的 34842.8 亿元，增加到 2013 年的 280356.1 亿元，投资形成率由 2000 年的 35.3%，增加到 2013 年的 47.8%，最终消费需求由 2000 年的 61516.0 亿元，增加到 2013 年的 292165.6 亿元。最终消费率由 62.3% 下降到 2013 年的 49.8%（见表 7—6）。这说明了我国仍然是投资拉动型，仍然是传统的经济增长方式。考虑到数据收集，以及与低碳经济密切相关的产业情况，本文将重点分析消费需求中个人需求和能源需求结构发展现状。

表 7—5　我国三大需求的支出

年份	支出法国内生产总值（亿元）	最终消费支出	资本形成总额	货物和服务净出口	最终消费率（消费率）（%）	资本形成率（投资率）（%）
2000	98749.0	61516.0	34842.8	2390.2	62.3	35.3
2001	109028.0	66933.9	39769.4	2324.7	61.4	36.5
2002	120475.6	71816.5	45565.0	3094.1	59.6	37.8
2003	136613.4	77685.5	55963.0	2964.9	56.9	41.0
2004	160956.6	87552.6	69168.4	4235.6	54.4	43.0
2005	187423.4	99357.5	77856.8	10209.1	53.0	41.5

（续表）

年份	支出法国内生产总值（亿元）	最终消费支出	资本形成总额	货物和服务净出口	最终消费率（消费率）（%）	资本形成率（投资率）（%）
2006	222712.5	113103.8	92954.1	16654.6	50.8	41.7
2007	266599.2	132232.9	110943.2	23423.1	49.6	41.6
2008	315974.6	153422.5	138325.3	24226.8	48.6	43.8
2009	348775.1	169274.8	164463.2	15037.0	48.5	47.2
2010	402816.5	194115.0	193603.9	15097.6	48.2	48.1
2011	472619.2	232111.5	228344.3	12163.3	49.1	48.3
2012	529399.2	261993.6	252773.2	14632.4	49.5	47.7
2013	586673.0	292165.6	280356.1	14151.3	49.8	47.8

资料来源：《2014年国家统计年鉴》，中国统计出版社。

表7—6　三大需求对国内生产总值增长的贡献率和拉动

年份	最终消费支出		资本形成总额		货物和服务净出口	
	贡献率（%）	拉动（百分点）	贡献率（%）	拉动（百分点）	贡献率（%）	拉动（百分点）
2000	65.1	5.5	22.4	1.9	12.5	1.0
2001	50.2	4.2	49.9	4.1	-0.1	0.0
2002	43.9	4.0	48.5	4.4	7.6	0.7
2003	35.8	3.6	63.3	6.3	0.9	0.1
2004	39.0	3.9	54.0	5.5	7.0	0.7
2005	39.0	4.4	38.8	4.4	22.2	2.5
2006	40.3	5.1	43.6	5.5	16.1	2.1
2007	39.6	5.6	42.4	6.0	18.0	2.6
2008	44.2	4.2	47.0	4.5	8.8	0.9
2009	49.8	4.6	87.6	8.1	-37.4	-3.5
2010	43.1	4.5	52.9	5.5	4.0	0.4
2011	56.5	5.3	47.7	4.4	-4.2	-0.4
2012	55.1	4.2	47.0	3.6	-2.1	-0.1
2013	55.0	3.9	54.4	4.2	-4.4	-0.3

资料来源：《2014年国家统计年鉴》，中国统计出版社。

2.投资需求不合理

在我国投资需求不合理主要体现在以下几个方面：

第一，投资总量偏高。消费、投资、出口三大需求中，投资需求成为近几年拉动经济增长的第一大需求。投资在一定方面对稳定经济增长发挥了关键作用。但是，随着我国城市建设中固定投资的饱和，投资利润将趋于下降，投资成本将不断攀升，过高的投资将会加剧投资回收的成本预期，高投资带来的商品的高供给，将进一步加剧市场上商品供需结构的失衡。

　　第二，投资结构不合理。近些年来，我国的投资一直投资于"两高"行业，比如，大量投资于石油加工及炼焦增长，高耗能产品的电解铝，钢材，铜材等，"两高"行业投资过高，不利于节能减排目标的实现，更不利于经济发展方式的转变。

表 7—7　2013 年我国出口货物金额排名前十位的产业

出口货物	金额（万美元）
自动数据处理设备及其部件	18216919
电话机	9715262
服装	14789495
钢材	5321251
家具及零件	5182283
船舶	2592708
塑料制品	3529316
汽车零部件	2905562
二极管及类似半导体器件	2505878
成品油	2450496

资料来源：《2014 年中国统计年鉴》，中国统计出版社。

3. 出口商品中资源性和高耗能产品比重过大

　　在我国出口商品结构中，资源性、高耗能、高污染、高排放的商品仍占有相当比重，不符合我国发展低碳经济的要求。表 7—7 中，我们可以看出 2013 年我国出口商品中排名前十名分别是自动数据处理设备及其部件、服装、电话机、钢材、家具及零件、船舶、塑料制品、汽车零部件、二极管及类似半导体器件、成品油等。这些产品中大多数，如钢材、成品油、塑料制品产品都是为劳动密集型和资源密集型产品，技术含量和附加值相对都很低，类产品的大量出口对我国发展低碳贸易形成了障碍。

　　多数出口初级产品属于资源性、高耗能、高污染产品。由表 7—8 可以看出，在出口的初级产品中，占出口份额较大的是食品及主要供食用的活动物，矿物燃料、润滑油及有关原料等，属于资源性、高污染、高排放、高耗能产品，此类产品占初级产业出口总额的 30% 左右，不符合发展低碳经济的要求。部分出口工业制成品属于资源性、高耗能、高污染产品。轻纺产品、橡胶制品、矿冶产品及其制品，都属于高污染性的产品（见表 7—8）。

表7—8　2001—2013年我国出口货物分类

年份	总额	初级产品	食品及主要供食用的活动物	饮料及烟类	非食用原料	矿物燃料、润滑油及有关原料	动、植物油脂及蜡	工业制成品	化学品及有关产品	轻纺产品、橡胶制品矿冶产品及其制品	机械及运输设备
2001	2660.98	263.38	127.77	8.73	41.72	84.05	1.11	2397.60	133.52	438.13	949.01
2002	3255.96	285.40	146.21	9.84	44.02	84.35	0.98	2970.56	153.25	529.55	1269.76
2003	4382.28	348.12	175.31	10.19	50.32	111.14	1.15	4034.16	195.81	690.18	1877.73
2004	5933.26	405.49	188.64	12.14	58.43	144.80	1.48	5527.77	263.60	1006.46	2682.60
2005	7619.53	490.37	224.80	11.83	74.84	176.22	2.68	7129.16	357.72	1291.21	3522.34
2006	9689.78	529.19	257.23	11.93	78.60	177.70	3.73	9160.17	445.30	1748.16	4563.43
2007	12204.56	615.09	307.43	13.97	91.16	199.51	3.03	11562.67	603.24	2198.77	5770.45
2008	14306.93	779.57	327.62	15.29	113.19	317.73	5.74	13527.34	793.46	2623.91	6733.29
2009	12016.12	631.12	326.28	16.41	81.53	203.74	3.16	11384.83	620.17	1848.16	5902.74
2010	15777.54	816.86	411.48	19.06	116.03	266.73	3.55	14960.69	875.72	2491.08	7802.69
2011	18983.81	1005.45	504.93	22.76	149.77	322.74	5.26	17978.36	1147.88	3195.60	9017.74
2012	20487.14	1005.58	520.75	25.90	143.41	310.07	5.44	19481.56	1135.65	3331.41	9643.61
2013	22090.04	1072.68	557.26	26.09	145.63	337.86	5.84	21017.36	1196.18	3606.06	10385.34

资料来源:《2014年中国统计年鉴》,中国统计出版社。

4. 个人"高碳"消费现象严重

有人说:"中国是世界上最大的贫穷国家,也是世界上最大的浪费国家。"[①]这种说法虽然不正确,但"高碳"消费现象的存在确是事实,主要表现在以下几个方面:

第一,一次性便利消费还存在。据有关统计显示,在中国餐饮业每年要用掉450亿双一次性筷子,而要做出这些筷子,需耗用166万立方米木材,砍掉2500万棵树[②]。一次性用品多为塑料制品,制造了大量的生活垃圾,造成"白色污染"在各地泛滥。

第二,攀比的"面子"消费还存在。大量的中国人在乎吃、穿、住、行,很爱面子,喜欢吃豪宴、喝名酒、穿名牌、住豪宅、开高档车。当前,中国汽车排放的有害气体造成空气污染占整个城市空气污染的70%,甚至到90%,汽车

<hr />

① 胡星斗:《浪费,中国富裕的杀手》,《上海证券报》2007年4月23日。

② 袁元、高倩:《"一次性筷子"挑战中国国情》,《瞭望(新闻周刊)》2007年第33期。

尾气成为城市空气污染的罪魁祸首。

第三，餐桌浪费让人触目惊心。随着人们收入的增加，外出吃饭、到饭店请客早已成为平常事。可是，饭店餐桌浪费让人触目惊心，据有关统计，全国一年在餐桌上浪费高达几百亿元。

5.能源需求结构不合理

能源需求属于经济学范畴，能源消费属于统计范畴，两者从概念上来说并不相同。能源需求与能源消费两者在现实生活中未必完全等同，当我们面临能源短缺时，能源需求大于能源消费，当能源供应量大于需求量时，能源需求等于能源消费。然而，现实生活中我们很难准确地用数字记录实际能源的需求量，一般情况下，研究能源需求时，采用往年的能源消费量数据进行研究分析。

各种能源在能源总量中的构成即为能源结构，在此主要介绍的是能源的需求结构，也就是能源的消费结构（如表7—9和图7—2）。在表7—9和图7—2中可以看出我国的能源消费结构的分布情况，其中煤炭的消费量占了较大的比重，在能源消费结构中所占的比重30年来一直徘徊在70%左右，从石油与煤炭的消费趋势图可以看出两者呈现此消彼长的态势，石油的使用量又受油价的控制。煤炭和石油的使用量两者相加达到90%，这在国际上都属于较高水平。天然气、水能、核能、风电能的消费量均低于10%，从国家可持续发展长远规划和环保政策出发，这类的能源消费增长趋势较为明显。总体上来看，我国能源消费量由1980年的6.03亿吨标准煤增长到2013年的37.5亿吨标准煤，增加幅度较大，也可看出能源需求在我国经济发展中将会越来越不可忽视。

表7—9 我国能源消费结构比重

年份	能源消费总量（万吨标准煤）	占能源消费总量的比重（%）			
		煤炭	石油	天然气	水电、核电、风电
1978	57144	70.7	22.7	3.2	3.4
1980	60275	72.2	20.7	3.1	4.0
1985	76682	75.8	17.1	2.2	4.9
1990	98703	76.2	16.6	2.1	5.1
1991	103783	76.1	17.1	2.0	4.8
1992	109170	75.7	17.5	1.9	4.9
1993	115993	74.7	18.2	1.9	5.2
1994	122737	75.0	17.4	1.9	5.7
1995	131176	74.6	17.5	1.8	6.1

（续表）

年份	能源消费总量（万吨标准煤）	占能源消费总量的比重（%）			
		煤炭	石油	天然气	水电、核电、风电
1996	135192	73.5	18.7	1.8	6.0
1997	135909	71.4	20.4	1.8	6.4
1998	136184	70.9	20.8	1.8	6.5
1999	140569	70.6	21.5	2.0	5.9
2000	145531	69.2	22.2	2.2	6.4
2001	150406	68.3	21.8	2.4	7.5
2002	159431	68.0	22.3	2.4	7.3
2003	183792	69.8	21.2	2.5	6.5
2004	213456	69.5	21.3	2.5	6.7
2005	235997	70.8	19.8	2.6	6.8
2006	258676	71.1	19.3	2.9	6.7
2007	280508	71.1	18.8	3.3	6.8
2008	291448	70.3	18.3	3.7	7.7
2009	306647	70.4	17.9	3.9	7.8
2010	324939	68.0	19.0	4.4	8.6
2011	348002	68.4	18.6	5.0	8.0
2012	361732	66.6	18.8	5.2	9.4
2013	375000	66.0	18.4	5.8	9.8

资料来源：《2014年国家统计年鉴》。

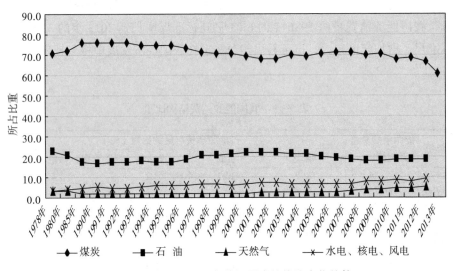

图7—2 1978—2013年能源需求结构比变化趋势

能源消费弹性系数是用来描述能源消费的增长速度与经济增长速度两者之

间的比例关系。如果所得出的能源消费弹性系数低，说明此经济体系的经济增长对能源的需求量不高、对能源的依赖度低，主要通过不断提高节能技术来满足经济增长对能源的需求，这种情况能源利用效率较高。能源消费弹性系数由能源消费的增速除以对应期间 GDP 的实际增速，如果该系数大于 1，则表明这种增长很难具有可持续性，我们在以高能耗追求经济增长[1]。图 7—3 中描述的是我国 2000 年以来的能源消费弹性系数，从图 7—3 中可以看出，2003—2005 年这段时期的能源消费系数均高于 1.00，经济的发展过程中能源利用率较低，这是不利于经济可持续发展的。之后，我国采取一系列合理的措施使能源消费系数降低，经济发展进入正常轨道。但是从 2008 年开始，能源消费系数又开始上升，这表明我们采取的措施实效性不大。

表 7—10　2000—2013 年能源消费弹性系数

年份	能源消费弹性系数
2000	0.42
2001	0.40
2002	0.66
2003	1.53
2004	1.60
2005	0.93
2006	0.76
2007	0.59
2008	0.41
2009	0.57
2010	0.58
2011	0.76
2012	0.51
2013	0.48

资料来源：《2014 年中国统计年鉴》。

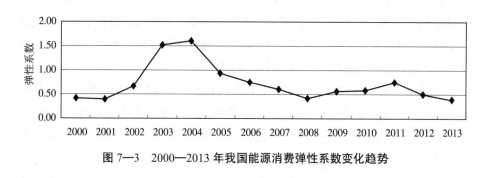

图 7—3　2000—2013 年我国能源消费弹性系数变化趋势

---

[1]　樊艳云：《北京市产业结构变动对能源消费影响研究》，北京工业大学出版社 2010 年版。

（三）我国需求结构低碳化的对策建议

1. 优化投资，提高投资效率和质量

切实转变政府职能，科学界定政府投资领域；避免投资的盲目扩张，防止高投入、高消耗、高污染、低水平、低效益领域的无序投资；优化政府投资结构，更好提供基本公共服务。

制定低碳产业投资方向，政府应通过宏观调控，实时更新产业政策及投资目录，引导企业对低碳产业进行投资。对于那些高消费、高污染的产业一律限制进行投资。

政府应利用税收杠杆调节企业投资产业导向。对开发低碳产品、投资低碳生产的企业，给予贷款、税收和政府采购等方面的优惠政策，而对那些排放污染物、对高耗能高耗材的企业行为，以及对城市环境和居住环境造成污染的行为征收较高税率，政府应提高高排放行业的进入的投资壁垒。

2. 发展低碳产业，优化出口贸易产业结构

发展低碳产业，优化出口贸易产业结构。发展低碳型贸易产业结构，适度限制碳排放系数较高的行业，下调高碳行业出口退税率等来抑制这些高能耗行业的出口，同时对于低碳行业则实行出口的鼓励政策，上调出口退税率，加大出口补贴等以此来优化出口贸易产品结构。通过贸易政策的引导，适当减缓高碳含量产品出口的步伐，避免高碳产品出口比重增加的趋势，增加低碳产业在出口贸易中的比重，调整出口产品中高碳产业与低碳产业的比重，从而减少我国本土碳的排放量，加快我国出口贸易结构转型升级。

大力发展服务贸易，提高服务贸易出口比重。服务业所消耗的能源远远小于制造业所耗能源，重点扶持优质的服务贸易企业，发挥优质服务企业的示范带动作用，提高服务质量，增加服务贸易出口，减少国民经济发展对工业增长的过度依赖，可以有效降低单位GDP碳排放的强度。

提高农产品国际竞争力，大力发展现代农业，加大农产品的出口。农产品的出口对我国碳排放总量影响较小，属于低碳行业。我国应加大农产品的扶持力度，利用好现代技术，大力发展现代化农业，提高农产品加工增值能力，提高农产品国际竞争力，加大农产品的出口。

3.提倡消费观念，引导消费者积极参与低碳消费

居民是低碳产品的最终消费者，实行低碳消费离不开居民的参与和支持。一是政府要建设一个多主体共同参与、内容全面、环境良好的教育宣传体系，提升消费者的低碳消费意识。在教育内容上，第一是进行生态环境危机教育，增强消费者的生态危机意识和责任感；第二是进行低碳消费价值观、低碳消费知识教育，提高消费者对低碳消费的价值认同和理性认知；第三是可以通过网络、报纸等大众媒体开展低碳消费宣传，大力普及低碳消费知识，积极倡导低碳生活方式，科学指导公众进行低碳消费，针对不同的消费群体，有区别的采用通俗易懂的方式进行低碳消费专题宣讲，提高全民低碳消费意识，营造低碳消费的文化氛围，把低碳消费变成每个消费者的自觉行动。

二是公众应树立科学的消费观。消费者必须自觉抵制消费主义的思潮，培养节能、环保的消费意识，建立科学、合理的消费观。消费者不仅要树立崇尚自然、崇尚环保、崇尚节约的社会风尚，而且要高度重视节能、节水、节材、节粮、垃圾分类回收等节约行为，既要约束炫耀消费、攀比消费等非理性消费行为，还要加强精神消费和文化消费，切实改变高碳低效的消费陋习，建立适度消费的价值观。

三是实现经济杠杆，引导消费者低碳消费。政府应当运用价格、税收、信贷、补贴以及收费等经济杠杆，以调节市场主体的消费行为。通过价格杠杆来引导低碳消费，如实施阶梯水价、电价、气价、热价政策，私车牌照拍卖，按排量分级定价，等等，促使民众减少不必要的能源浪费，逐渐养成低碳消费的习惯。通过税收、财政补贴等政策以及法律制度抑制高碳消费方式和鼓励低碳消费。比如鼓励引导消费者购买小排量汽车，推广太阳能等新能源项目，通过财政补贴方式推广节能产品和新能源汽车推广应用试点，鼓励汽车、家电"以旧换新"等政策。还应出台转变人们消费方式的专门指导性的对策和法规，对"一次性消费""便利消费""奢侈消费""三公消费""高排放消费"采取惩罚性的措施，以戒除以高耗能源、温室气体高排放为代价的高碳消费嗜好。完善生态补偿机制，消除不合理的消费，鼓励人们购买低碳产品，增加低碳消费需求，从而实现经济建设与环境保护协调发展。

4.优化能源结构，建立可持续发展能源体系

长期以来，中国一次能源消费结构以煤为主，这与已经逐渐完成煤炭向石油的转换，正朝着天然气以及核电、水电、风电等绿色能源方向发展的世界一次能源消费结构相比，属于明显的"低质型"能源消费结构，煤炭的大量低效使

用，就意味着较高的碳排放量，这与低碳经济的内涵是相违背的，为此我国应对现有能源结构进行调整与优化。首先，制定切实可行的中长期可持续能源发展战略，推进品种多样化的能源供需体系。在能源供应端方面，应在优化发展化石能源的基础上，加快推进水能、风能、太阳能、生物质能、核能等绿色能源的发展；在能源使用端方面，应大力推进节能降耗，努力控制能源消费总量。其次，优化能源开发布局，加强能源输送通道建设。按照"加快西部、稳定中部、优化东部"的原则，构建区域能源优势互补、资源高效配置、能源开发与环境相和谐的中东西部能源协调发展布局；加强油气管网建设，形成天然气、煤气层、煤制气协调发展的供气格局，加快现代电网体系建设，进一步扩大西电东送规模，完善区域主干电网，发展特高压等大容量、高效率、远距离先进输电技术，依托信息、控制和储能等先进技术、推进智能电网建设，切实加强城乡电网建设与改造，增强电网优化配置电力能力和供电可靠性。

三、低碳产业发展与要素结构升级

（一）要素结构升级与低碳产业发展的理论分析

1. 要素结构的内涵

生产要素结构就是指参与形成生产力实体诸要素质和量的构成和组合状况。生产要素结构是一个复杂的结构体系，主要有：第一，劳动对象结构，包括正在开发利用的自然资源结构、原材料结构等；第二，劳动资料结构，包括工具结构、设备结构等；第三，劳动者结构，包括就业结构、文化技术水平结构、性别年龄结构等。此外，还有生产过程中诸要素比重结构，如劳动密集型结构、资金（或资本）密集型结构、技术（知识）密集型结构等。随着社会经济发展，现代科学、技术、管理、信息、资源等也成了新的生产要素，在生产过程不断的发生作用。

生产要素结构合理化，是生产力结构合理化的基础。因为只有生产要素结构符合质与量的要求，才能形成合理的生产力结构。李克强总理曾指出，要素投入结构不合理，是我国粗放型增长方式难以根本转变的重要原因[1]。

---

[1]　李克强：《关于调整经济结构促进持续发展的几个问题》，《求是》2010年第11期。

2. 低碳产业发展对要素结构升级的机理分析

低碳产业是低能耗、低污染、低排放的"三低产业",这需要要素结构的变化,大量的低碳技术,需要较高的人力资本和劳动素质,需要有大量的资本来进行低碳产业的培育和发展。

在低碳经济时代,所有技术都应是朝着低碳方向发展。转变经济发展方式的实质是节约资源的使用和降低环境压力,低碳技术既是低能耗、低污染、低排放的"三低技术",也是节约型技术,这些优势恰恰是转变经济发展方式所急需的技术,所以,积极发展低碳技术,必将加快经济发展方式的转变。

低碳技术不仅能够带来经济效益,还对经济具有正外部性,因此低碳技术具有保护环境和发展经济的双重功效。碳排放负外部性的存在使得低碳技术的研发投资具有正外部性,一方面私人部门对低碳技术研发投资的收益常常低于其成本,而另一方面,低碳技术的研发投资给全社会带来的效益又往往大于私人部门的成本,这就使得政府在低碳技术研发和投资中应发挥重要作用。考虑到私人部门对低碳技术投资的不断增加以及各国政府对低碳技术的直接投资和扶持鼓励政策,麦肯锡公司2009年预计,2011—2015年,全球对低碳技术的投资额将达到每年3170亿欧元,而这一数字在2016—2030年将会增加至8110亿欧元,低碳技术投资将成为经济增长的一个重要推动力[1]。

(二)我国要素发展的现状分析

1. 劳动力要素成本呈现不断上升的趋势

劳动力要素是企业和区域经济发展方式转变的重要因素。一方面,劳动力成本的变动会影响企业的雇佣行为和投资决策;另一方面,劳动力成本的区域差异会影响到各地区的比较优势,从而在很大程度上决定区域分工与产业布局。

2003年开始,东部发达地区出现"民工荒",不少学者认为这标志着我国经济发展"刘易斯拐点"的到来(蔡昉,2008),我国劳动力成本特别是低端劳动力的成本上涨已成为大势所趋。1995年以来我国劳动力工资成本上涨比较明显。1995—2009年,我国城镇单位在岗职工人均工资从5500元上升至32736元,人均增速为13.6%,高于同期人均名义GDP 12.3%的人均增速。

我国劳动力成本已高于亚洲多数发展中国家(地区),且劳动力成本增速也

---

[1] McKinsey and Company.Pathways to a Low-Carbon Economy.http://www.mckinsey.com/client-service/ccsi/pathuays-low-carbon-economy.asp.2009.

快于亚洲多数发展中国家（地区）。虽然与发达国家相比，我国劳动力成本仍具有比较明显的优势。但与我国在国际产业分工中的直接竞争对手——亚洲发展中国家（地区）相比，我国劳动力成本已不再具有优势（见表7—11）。尤其是与印度、印尼、斯里兰卡等国相比，我国劳动力成本已显著高于这些国家。不仅如此，我国以美元计价的2008年制造业劳动力小时工资是2000年的3.36倍。在上述国家（地区）中，我国劳动力成本这一增幅仅低于哈萨克斯坦，略低于缅甸，而高于其他国家（地区）。

低端劳动力成本呈上涨趋势，这主要由三个因素决定：一是农村剩余劳动力减少，农民工已从无限供给转向有限剩余，供需关系的变化必然推动农民工工资上涨；二是新生代农民工成为农民工的主体，他们对劳动条件的要求更高，对美好生活的向往更强烈；三是政府最低工资标准和社会保障政策的不断落实和完善。

表7—11　亚洲国家（地区）制造业劳动力成本情况

国家及地区	2008年（美元/小时）	2000年（美元/小时）	2008年成本/2000年成本
日本	27.8	25.34	1.10
新加坡	18.77	11.65	1.61
韩国	16.27	9.79	1.66
中国台湾地区	8.68	7.31	1.19
哈萨克斯坦	3.34	0.78	4.28
中国	1.51	0.45	3.36
泰国	1.17	0.83	1.41
菲律宾	0.8	0.63	1.27
印度	0.41	0.15	2.73
印度尼西亚	0.35	0.37	0.95
缅甸	0.21	0.06	3.50

资料来源：张燕生：《转型要素成本上升与中国外贸方略》，中国经济出版社2012年版。

2. 资本投入结构不合理

由表7—12可以看出，这些年，我国各行业投资在不断增加。但是固定资本投入的领域和产业仍然存在不合理的情况。2012年，我国制造业固定资产投入占33.24%，房地产行业投入占26.46%，采矿业占3.55%，电力、热力燃气等产业占4.45%。这些有很多行业是高污染、高能耗的行业，但是低碳行业，低污染的行业比重所占较低，如信息传输、软件和信息技术服务业，固定资产仅占0.72%，科学研究和技术服务业占0.66%。

表 7—12　2006—2013 年我国各产业的固定资产投资金额

（单位：亿元）

行　业	2006	2007	2008	2009	2010	2011	2012	2013
	109998.2	137323.9	172828.4	224598.8	278121.9	311485.1	374694.7	446294.1
农、林、牧、渔业	2749.9	3403.5	5064.5	6894.9	7923.1	8757.8	10996.4	13478.8
采矿业	4678.4	5878.8	7705.8	9210.8	11000.9	11747.0	13300.8	14650.8
制造业	34089.5	44505.1	56702.4	70612.9	88619.2	102712.9	124550.0	147705.0
电力、热力燃气	8585.7	9467.6	10997.2	14434.6	15679.7	14659.7	16672.7	19634.7
建筑业	1125.5	1302.3	1555.9	1992.5	2802.2	3357.1	3739.0	3669.8
批发和零售业	2265.3	2880.3	3741.8	5132.8	6032.2	7439.4	9810.7	12720.5
交通运输、仓储和邮政业	12138.1	14154.0	17024.4	24974.7	30074.5	28291.7	31444.9	36790.1
住宿和餐饮业	1095.7	1519.4	1959.2	2625.4	3366.8	3956.6	5153.5	6041.1
信息传输、软件和信息技术服务业	1875.9	1848.1	2162.6	2589.0	2454.5	2174.4	2692.0	3084.9
金融业	121.4	157.6	260.6	360.2	489.4	638.7	923.9	1242.0
房地产业	24524.4	32438.9	40441.8	49358.5	64877.3	81686.1	99159.3	118809.4
租赁和商务服务业	725.6	949.3	1355.9	2036.2	2692.6	3382.8	4700.4	5893.2
科学研究技术服务业	495.3	560.0	782.0	1200.8	1379.3	1679.8	2475.8	3133.2
水利、环境和公共设施	8152.7	10154.3	13534.3	19874.4	24827.6	24523.1	29621.6	37663.9
居民服务、修理和其他服务业	389.5	434.7	522.0	801.9	1114.1	1443.3	1905.0	2099.3
教育	2270.2	2375.6	2523.8	3521.2	4033.6	3894.6	4613.0	5433.0
卫生和社会工作	769.0	885.0	1155.6	1858.6	2119.0	2330.3	2617.1	3139.3
文化、体育和娱乐业	955.4	1243.4	1589.9	2383.4	2959.4	3162.0	4271.3	5231.1
公共管理、社会保障和社会组织	2990.5	3166.1	3748.5	4735.9	5676.6	5647.8	6047.4	5874.1

资料来源：《2014 年中国统计年鉴》，中国统计出版社。

3. 技术要素结构不合理

支撑中国经济运行的技术结构尚未完成由传统的以向自然大量索取资源能源和排放大量废弃物为特征，向资源节约型和环境友好型转变；技术创新观也未实现由单向度的经济价值取向，向多向度的经济、社会、生态价值取向转变[1]。表现为中国的节能减排技术相对落后，与国际先进的能源技术相比，中国能源转换效率普遍低 5%—35%，重点企业单位产品能耗平均比国际先进水平高 20%—

① 李士方、方虹等编著：《中国低碳经济发展研究报告》，科学出版社 2011 年版。

40%，一些重大节能减排技术应用也非常有限，限制了技术性节能减排的能力（表7—13）。

表7—13 高耗能产品能耗的国际比较

项目	2000 年		2005 年		2007 年	
	中国	国际先进	中国	国际先进	中国	国际先进
火电供电煤耗/［克煤准煤/（千瓦时）］	392	316	370	314	356	312
钢可比能耗/（千克标准煤/吨）	784	646	714	610	668	610
电解铝交流电耗/（千瓦时）	15480	14600	14680	14100	14488	14100
水泥综合能耗/（千克标准煤/吨）	181	126	167	127	158	127
乙烯综合能耗/（千克标准煤/吨）	1125	714	1073	629	984	629

资料来源：王庆一：《中国能源数据》，http://bbs.jjxj.org/viewthread.php?tid=26993.

此外与国外相比，我国新能源技术仍然是相对比较落后（见表7—14），联合国开发计划署近日在北京发布《2010 年中国人类发展报告 迈向低碳经济和社会的可持续未来》指出，中国实现未来低碳经济的目标，至少需要 60 多种骨干技术支持，而在这 60 多种技术中，有 42 种是中国目前不掌握的核心技术。这表明，对中国而言，70% 的减排核心技术需要"进口"。

表7—14 中国新能源技术发展现状及存在的问题

种类	发展现状	存在的问题
太阳能	家用太阳能热利用市场相对成熟，太阳能发电系统研发已经起步，太阳能光伏成长很快	太阳能热发电系统的技术规范、技术产品质量国家标准和认证标准以及相应的法规和质量监督体系还没有形成；高质量、高效率的太阳能建筑一体化技术研究较少；硅基太阳电池，乃至部分薄膜太阳电池等生产的关键设备，均依赖进口；先进的光伏技术发展缓慢，高效、低成本、环保的光伏技术有待进一步突破
风能	风电场建设和产业化发展很快，兆瓦级风机机组生产已基本实现国产化	兆瓦级风电机组的总体设计技术和一些关键设备仍然依赖国外；先进的地面试验测试平台及测试风电场尚未形成
生物质能	已经经历燃料取热、沼气热电联供、生物质直燃、气化发电、制取液体燃料和化工燃料等过程，技术日趋成熟，先进的能源植物研究、纤维素制液体燃料研究与国际相关研究同步	农林业废弃物的能源化利用率低；能源植物的筛选、培育相关研究工作需进一步深化；藻类生物质能转化技术研究与国际先进水平有差距；纤维素转化为液体燃料的生物酶及催化剂的研究开发水平落后于国际先进水平

（续表）

种类	发展现状	存在的问题
水能	技术基本成熟	环境影响方面研究仍需加强
地热能	地热资源的开发与利用历史较长，勘查技术较为成熟，有基于热泵技术的浅层地热利用市场	深层地热资源开发与利用技术与国际水平有很大差距；用于深层地热能利用的增强地热系统的成套技术仍需开发；与浅层地热利用有关的大功率热泵技术仍需依赖进口
海洋能	海洋能研究全面展开，尤其是波浪能发电技术达到国际先进水平	抗风浪、耐腐蚀材料、独立发电系统等问题有待进一步研究和开发
核能	拥有比较完整的核工业体系，核电站建设速度加快，实验快中子增殖堆和高温气能试验堆等多项关键技术取得了重要进展	尚不具备独立自主规模化生产核心设备的能力；对第三、第四代先进堆的研究与国际先进水平差距仍较大
氢能	氢能的研究基本与国际同步	制氢技术和储氢技术研究有待加快，燃料电池研究尚未规模化，制氢、储运氢和供氢的网络没有形成

资料来源：中国科学院能源领域战略研究组资料。转引自李士方、方虹等编著：《中国低碳经济发展研究报告》，科学出版社 2011 年版。

（三）我国要素结构低碳化的对策建议

1. 提高人力资本和劳动力素质

在转变经济发展方式的过程中，其核心就是转变支撑经济发展的要素构成，其中，劳动力要素基础是关键，即把劳动力要素基础由低素质的劳动者转为受过良好教育的产业工人，把我国的人口优势转为人才优势，从而实现劳动力结构和产业结构的动态平衡，使经济发展建立在提高人口素质、高效利用资源、减少环境污染、注重质量效益的基础上。

（1）优化劳动力结构。劳动力结构能否伴随着产业结构的升级而不断优化，是决定发展方式转型能否成功的关键方面。伴随产业结构的升级，劳动力结构也需要不断地优化。在产业方面，是农业劳动力向非农业转移，乡村劳动力向城镇转移，工农业劳动力向服务业转移。在职业方面，是体力劳动者向脑力劳动者转化，低层次体力劳动者向高层次体力劳动者转化，低层次脑力劳动者向高层次脑力劳动者转化。2004 年和 2010 年出现的"民工荒"中已经体现出劳动力的结构性短缺。"人口红利"的逐渐消减不可阻挡，继续依赖低素质劳动力和低廉的劳动力成本来支撑经济增长和产业发展不可持续，亟待转型的产业结构和产业形态也迫切需要劳动力要素基础的配合转型。中国未来的竞争力应从"人口红利"转向"人才红利"。即从依靠人口数量、依靠低成本劳动力的"红利"转向依靠人口质量、依靠科技创新能力的"红利"。

（2）提高劳动力人力资本素质。不断地提高劳动力的素质，包括劳动者的文化素养、学习能力、技术水平、熟练程度、身心健康等方面，才能适应转变经济发展方式中对劳动力提出的更高的要求。因此，应该通过加大教育投入、加大医疗保障投入、完善劳动力市场等，促进劳动力的可持续发展。这样才能够为经济的可持续发展提供数量更多、素质更高的劳动力，以迎接经济发展方式转变对劳动力素质提出的更高要求。

（3）积极开发人力资源，提高劳动者的就业能力和就业水平[1]。首先，加大财政转移支付中劳动力技能培训支出的比重，将待转移农村劳动力技能培训的数量和质量纳入到各级政府的考核体系中，注重劳动力培训的就业效果，持续提高农村转移劳动力的市场谈判地位和就业能力。其次，在税收政策上，加大对企业研发、职工培训的税收优惠力度，鼓励企业将赢利投入在职工培训、高层次人才引进和培养等项目上，引导企业注重从职工技能提升、全要素生产率提高上开发新的竞争优势。

2. 加大资本投入促进低碳产业发展

（1）发展低碳金融。低碳金融就是指服务于旨在应对气候变化、发展低碳经济的各种金融制度安排和金融交易活动，主要包括：碳排放权及其衍生品的交易和投资、低碳项目开发的投融资以及其他相关的金融中介活动与金融市场化解决方案。低碳金融的发展不仅能为低碳经济发展提供所需要的资金和技术支持，也能为交易双方提供新的风险管理和套利手段。同时，低碳金融在应对气候变化、发展低碳经济中发挥着越来越大的作用：通过金融市场发现价格的功能，调整不同经济主体利益，支持低碳技术发展，鼓励、引导产业结构优化升级和经济增长方式的转变。

（2）成立低碳投资基金。我国政府应设立低碳产业发展投资基金，由政府出资或提供担保，以引导社会资本投资于起步期的节能环保、环境保护、新能源企业的投资基金。其通过对环保型、新能源企业提供前期的部分资金支持，引导私人碳基金资本进一步投资于低碳企业，起到一个杠杆作用，放大了政府资金的支持效应。政府应支持金融机构设立节能减排领域的产业投资基金和股权投资基金，开展能效融资等业务，鼓励绿色科技企业通过市场化渠道、国际组织援助、

---

① 李中建：《基于劳动力视角的经济发展方式转变》，《现代经济探讨》2012年第1期。

发行中小企业集合债券等方式广泛融资。

（3）加大财政投入力度。应加大财政投入，健全财政政策，增加补贴，激励企业发展低碳经济，进行节能减排。给予低碳产业财政支持，完善企业的转移支付制度。对于积极从事低碳经济的企业给予减免税收的政策，对使用环保设备的企业设立专项奖励政策，可以在政策上直接给予退税的优惠。在转移支付方面，也要加大对低碳企业的支持力度，大力推进节能减排，鼓励企业进行可再生能源开发，鼓励企业利用政府提供的资金来进行科技研究。

3. 大力发展低碳技术

以低能耗、低污染为基础的"低碳经济"，一个重要的支撑就是"低碳技术"，发展低碳技术成为低碳经济的必然选择。低碳经济的核心在于通过能源技术和减排技术的创新，以及由此而致的产业结构调整、制度创新以及人类消费观念的根本性转变，有效控制碳排放，防止气候变暖，促进和保持全球生态平衡。这一切都以低碳技术的研究、开发、普及和推广为基础。因此，技术创新是解决环境和能源问题的根本出路，也是低碳经济发展的本质所在。为此，中国发展低碳技术应采取如下措施：

（1）制定低碳技术标准[1]。低碳技术标准对于低碳技术的研发至关重要。目前，国际上对低碳技术的界定并无明确定义和标准，但随着气候变化谈判的不断深入以及各国履行减排义务，有关低碳技术、低碳产品认定等诸如此类的国际规则、标准等将逐步成熟。中国应尽早开展相关方面的研究和分析，参与国际标准的制定、标准的研究、提出、讨论、确定、实施、完善等各个程序和环节，获得话语权。同时，我们还应建立国内低碳技术标准。要依据国际标准，把国际低碳技术的新理念、新创造引入中国，并结合中国低碳技术的研发实际，制定具有中国特色的低碳技术标准，对低碳技术的产品及生命周期进行分析、评价，使低碳技术的研发制度化、规范化，避免盲目、无序[2]。

（2）加快低碳技术的研发，增强自主创新能力。国际间的低碳技术转让很重要，已有先进技术从发达国家流入发展中国家，是发展中国家能够发展低碳技术并最终向低碳经济发展的必要之路。技术的国际间转让能够很好地解决发展中国家低碳技术的缺乏，促进关键低碳技术的不断突破，从而加快世界低碳经济建设的脚步。

---

① 李赛赛:《低碳经济发展中的政府职能转变研究》,《西安理工大学硕士学位论文》2012 年。

② 李士方、方虹等编著:《中国低碳经济发展研究报告》,科学出版社 2011 年版。

中国实现低碳经济的根本出路还在于提升自身的自主创新能力。要将引进、消化、吸收与自主创新有机结合起来，实现经济的持续增长和向低排放模式的转变。技术创新能力是一个国家自主创新能力的重要体现，也是增强产业竞争力的关键环节，提升技术创新能力，是保障低碳产业持续发展的重要举措。技术创新的内容很多（见表7—15），包括技术标准、技术信息、技术数据、设备仪器、计算软件、技术咨询、产品认证、技术培训等。能力建设要由企业、科研机构、高等院校，包括国家重点实验室，国家工程技术研究中心等在内，联合起来，共同对资源进行整合、共享、完善和提高，通过建立共享机制和管理程序逐步做到资源有效利用，并在此基础上建立低碳公共技术服务平台，成立国家级的低碳产业研发中心等。

表7—15　中国低碳技术的关键技术和大规模应用路线图

时间	第一阶段 （2010—2020年）	第二阶段 （2021—2035年）	第三阶段 （2036—2050年）	远期（2050年以后）
能源供应	水力发电 第一代生物质利用 IGCC 单/多/非晶硅光伏电池 第二代和第三代核电	风力发电 技术薄膜光伏电池 电厂CCS 分布式电网耦合技术 第四代核电	氢能规模利用 高效储能技术 超导电力技术 新概念光伏电池 深层地热工程化	核聚变 海洋能发电 天然气水合物
交通	燃油汽车节能技术 混合动力汽车	高能量密度动力电池	燃料电池汽车	第三代生物燃料
建筑	热泵技术；围护结构保温；太阳能热利用；区域热电联供；LED照明技术；采暖空调、采光通风系统节能	新概念低碳建筑	新概念低碳建筑	新概念低碳建筑
工业	工业热电联产 重点生产工艺节能技术 工业余热、余压、余能利用	工业CCS 先进材料	工业CCS 先进材料	工业CCS 先进材料

资料来源：根据中国科学院能源领域战略研究组2009年报告、中国发展低碳经济途径研究课题组2009年报告、国家技术前瞻课题组2008年报告整理。

（3）建立低碳技术的引导和激励机制。借鉴国外经验，建立绿色证书交易制度。绿色证书交易制度是建立在配额制度基础上的可再生能源交易制度。在绿色证书交易制度中，一个绿色证书被指定代表一定数量的可再生能源发电量，当国家实行法定的可再生能源配额制度时，没有完成配额任务的企业需要向拥有绿色证书的企业购买绿色证书，以完成法定任务。通过绿色证书，限制高碳能源的使用，引导企业研发和采用低碳技术，发展低碳的可再生能源；制定和实行低碳产品优先采购政策，优先采购经过生态设计并经过清洁生产审计符合环境标志认证的产品，通过低碳产品优先采购引导企业对低碳技术进行战略投资，大力开发低碳产品，提高产品竞争力；通过制定和实施低碳财政、税收、融资等优惠政策，引导企业淘汰落后产能，加快技术升级，有效降低单位 GDP 碳排放的强度，实现低碳发展。

第八章　低碳产业政策与政府规制

一、低碳产业政策概述

（一）低碳产业政策的内涵

低碳产业政策的内涵大致可以分为两个层面。

1. 宏观低碳产业政策

宏观低碳产业政策就是通过转变发展方式和调整宏观产业结构，以实现碳减排以及低碳经济发展的各项政策。从部门结构来看，工业属于耗能行业，尤其是冶金、化工、建材等行业。能源消费导致的碳排放强度与产业结构水平之间存在一条倒"U"形曲线。

一般而言，在工业化发展的各个不同时期，碳排放强度也会呈现不同的发展趋势：一是在工业化初期，工业部门的快速增长往往导致碳排放的总量和强度都呈现上升趋势；二是在工业化中期，虽然冶金、电力、建材、化工等产业增长较快导致碳排放的总量不断上升。但是，随着第三产业比重的逐渐上升，碳排放强度又呈现出比较稳定甚至下降的趋势；三是在工业化后期，原材料工业的发展达到顶峰期，工业在经济活动中的比重呈现下降的趋势，第三产业比重会继续上升，如此导致碳排放强度呈现下降的趋势。

宏观低碳产业政策大致分为两层含义：

第一层含义是政府宜采取各种不同的措施，加快现代服务业的发展，通过优化三次产业结构，以实现低碳发展的目标。因为服务业的单位产值能耗比工业、建筑业等高能耗产业、原材料产业低得多。产业结构演变和高度化的一般规律是，当农业、工业的劳动生产率不断提高时，服务业的发展也会随之加快，比重会呈现上升趋势，特别是在人均生产总值超过 1000 美元后，服务业的比重会上升得更快。因此，不仅要从技术角度大力提高科技水平和经济效益，还要加快发展单位能耗偏低的服务业。作为相关政府部门，一方面要做好服务业重点领域的相关规划和项目建设，放宽和逐步规范行业准入标准，积极运用财税、价格等政策，大力支持服务业关键领域、薄弱环节的发展；另一方面勇于吸纳国际先进经验、技术和管理，不断提升服务业的质量和能级。

第二层含义是政府宜采取各种不同的措施，调整同一产业内部不同行业、同一行业内部不同亚行业、同一亚行业内部不同企业比例关系的变化。产业结构调整的目的，就是要以更少的资源消耗和更少的环境污染生产出更多的财富。政府干预产业结构调整，可以改变利润法则的约束条件，矫正外部不经济等"市场失灵"现象，从而有效地加快这一进程。但是，在市场经济条件下，政府必须把握好干预的"度"，不断完善政策，努力实现节能减排目标，切实推动发展方式的转变[1]。通过调整，实现从高能耗、高污染产业占据优势向低能耗、低污染产业占优势演进，从而达到低碳发展的目标。

2. 微观低碳产业政策

微观低碳产业政策主要是鼓励工业技术节能和促进低碳能源替代，以实现碳减排、低碳经济发展的各项政策。[2]

微观低碳产业政策主要包括工业技术节能政策和低碳能源替代政策：

第一，工业技术节能政策。工业技术节能主要体现在产品层面，即通过工艺技术的不断改进，使得生产同量产品所消耗的资源和所造成的污染不断下降。工业技术节能政策的主要内容包括：一是淘汰落后技术装备，实现企业规模经济发展的政策。例如通过企业技术改造，加快淘汰资源利用率低、环境污染重的落后产业，鼓励和支持一批节能减排项目的建设；鼓励企业使用新技术、新工艺、新装备、新材料，提高节能减排的技术和管理水平；加快研发和推广节能新技术、新工艺、新设备和新材料，鼓励和助推高用能行业的技术进步和企业节能减排的技术改造。设立和用好技术改造专项资金，重点支持高耗能产业和企业的节能降耗、减排治污、源头治理、过程控制等。二是提倡资源循环利用，促进循环

---

[1]　牛仁亮:《履行政府职能促进结构调整——兼论产业结构调整是节能减排的根本途径》,《求是》2007 年第 17 期。

[2]　李成威:《低碳产业与低碳产业政策》,立信会计出版社 2011 年版。

经济发展的政策。如鼓励在工业领域广泛应用循环经济模式,鼓励提高资源、能源利用效率。鼓励各地根据资源环境条件、产业发展状况,研究制定地区发展循环经济方案,在生产、流通和消费过程中,重视减量化、再利用和资源化,提高能源资源的利用效率和效益。推进产业关联、环保关联的工业园区建设,合理布局产业,加快结构调整,实现产业集聚发展和优化组合,加快资源和能源的综合利用和循环使用,最大限度提高能源资源和土地的利用效率。三是加快推行清洁生产,积极推行资源综合利用的政策。如强化工业清洁生产审核,编制工业先进适用清洁生产技术指南,编制清洁生产水平评价标准,切实加强工业"三废"污染防治。在冶金、有色、石化、化工、电力、煤炭、建材、轻工等重点行业中,鼓励使用"零排放"技术、废弃物综合利用技术等循环经济的减量化技术、再利用技术和再循环技术,推动企业内循环经济发展。抓好重点行业、重点企业的工业治污,做到标本兼治。严格控制污染源,实现少减排、零排放。开展废旧家电回收与综合利用,推动大宗工业废物资源化利用,组织实施生态建材示范工程,提高工业废水重复利用率,积极推动大型工业装备、机电设备和产品再制造等等。

第二,低碳能源替代政策。低碳能源替代政策主要是促进低碳或无碳能源替代技术为基础的新能源发展的各项政策。新能源包括太阳能、风能、生物质能、地热能、核聚变能、水能和海洋能以及由可再生能源衍生出来的生物燃料和氢所产生的能量等。也可以说,新能源包括各种可再生能源和核能。相对于传统能源,新能源普遍具有污染少、储量大的特点。低碳能源替代政策包括促进新能源技术研发、引导新能源产品投资、培育和扩大新能源市场的各项政策措施。新能源的技术研发需政策支持,特别是对于新能源企业来说,提高核心技术的研发水平很重要,但在目前国内的市场环境下,如果鼓励研发没有足够的后续政策支持就很难落到实处。原因一是目前对知识产权的保护力非常弱,原因二是技术研发成本很高。因此,需要政府对新能源企业的研发工作提出实质性的政策激励。积极引导新能源产品投资也是我国各地政府都在采取的措施,如山东省政府制定政府采购节能产品补充清单,筛选新能源产品,列为优先和强制采购两类目录。截至2010年,我国累计光伏装机量800MW,占总装机容量的比重只有0.08%,风电和核电装机国内市场开发程度也非常有限,培育和扩大新能源市场势在必行。

(二)低碳产业政策的措施及其主要手段

综上所述,低碳产业政策实际上是政府对产业活动的一种干预手段,即政府通过实施一系列政策性手段，加快形成资源在产业间合理配置的格局，促进低碳经济的发展。政府是制定和实施产业政策的行为主体，低碳产业政策可供利用的政策手段较多，可大体分为行政手段、财政手段和金融手段三大类。

1. 行政手段

行政手段，国家通过行政机构，采取强制性的行政命令、指示、规定等措施，实施低碳产业政策来调节和管理经济的手段。在低碳产业政策中，政府行政手段发挥着相关重要的作用，它是政府管理的主要手段，是低碳产业政策直接干预手段的主要内容，具有直接性、强制性和时效性特点，但其往往只在短时间内奏效，这也恰是其局限性所在。低碳产业政策的行政手段通常包括四个方面的内容。

（1）市场准入制度。制定和完善相应的市场准入制度，如加大对能源和能耗相关产品的监管力度，建立完善的能源和能耗相关产品质量监督制度。制定避免产业高度竞争，促进产业有序竞争的低碳产业进入规则。保护民族低碳产业的发展，制定相关的外商进入规则。

（2）价格规制。主要是指在具有自然垄断性质的低碳产业领域，政府从保证资源的有效配置和服务的公平供给出发，以限制垄断企业确定垄断价格为目的，对产业价格（收费）水平和价格结构进行规制。如强化对垄断行业的成本、利润、价格的监控，建立市场价格监测、预警机制。建立健全法律法规，强化针对性、增强可操作性。实行"价格上限制"，激励企业提高效率、节约规制成本。规范规制程序，建立规范、完善的听证制度等等。

（3）质量规制。它是政府为保护消费者利益而实行的规制。质量规制的目的一是为了提高产品、服务的总体质量水平，提高资源配置的效率；二是为了维护人们的安全和健康，提高人们的生活水平。如对有关低碳产品及其生产技术标准进行规制，确保消费者的利益，促使低碳产品能够保持一定的技术水平等。

（4）环境保护规制。环境保护规制是指以环境保护为目的而制订实施的各项政策与措施的总和。环境保护规制旨在通过限制高碳产业对环境影响程度，促使高碳产业发展低碳化。与发达国家相比，我国环境保护规制政策工具的运用略显滞后。不同地区对不同类型的环境保护规制的认可程度各不相同。由于高碳产业在生产过程中会对生态环境构成一定的威胁。

2. 财政手段

财政政策主要是通过政府通过调节财政收入与支持政策来促进低碳产业发

展的政策手段。财政手段会直接影响到企业的经营效益，因此，它在低碳产业政策的实施中发挥的作用是较大的。财政政策手段的选择是由财政政策的性质及其目标所决定的，它主要包括两方面的内容：一是采取倾向性的财政投入、政府采购、财政投融资等方式支持重点扶持产业和保护产业，加快其发展。财政支出不仅可以体现国家低碳产业政策，使资金在不同的行业间进行配置。还能引导民间资金流向国家支持的低碳产业，间接地起到示范效应。二是通过利用不同产业的差别性税收，实现促进或阻止某些高碳产业的发展，包括推行分产业或产品的差别性税率和一定时期内税收的特殊性调整以及保护性关税等等。总的来说，促进低碳产业发展的财政手段主要包括预算直接投入政策、国债投入政策、财政补贴政策、财政贴息政策、财政担保政策、税收优惠政策、政府采购政策等。

（1）预算直接投入政策。一般预算直接投入政策是财政手段的核心内容，它体现了政府财政的公共性特征，它所支持的对象必须具有公共产品性质或准公共产品性质，不能单单依靠市场解决，存在市场失灵的领域。它能有效地引导、整合技术和投融资体制，利用竞争驱动降低新技术生产的产品成本，让公共部门和私有部门的风险降低到最小，使产品能够迅速占领市场。

（2）国债投入政策。国债投入政策是我国实施的积极财政政策的重要组成部分。国债投入政策的具体内容，就是在当年财政预算难以支持政府投资进一步扩大的情况下，通过发行长期建设国债的方式增加国债的发行，以满足政府扩大投资的需要，实现政府通过扩大支出刺激需求的宏观经济管理目标。它是扩大政府支出的方式之一，其支持力度一般弱于公共预算投入。国债投入通常重点投向基础性产业，低碳产业的发展是国家经济发展的重大战略之一，国债投入政策理应鼓励和支持低碳产业的发展。

（3）财政补贴政策。财政补贴政策是指在结构失衡或出现供给"瓶颈"时，提供各种形式的财政补贴，以保护特定的产业及地区经济。它是国家协调经济运行和社会各方面利益分配关系的经济杠杆，也是发挥财政分配机制作用的特定手段。是目前世界上许多国家政府普遍运用的一项支持产业发展的重要经济政策手段。财政补贴作为一种宏观调控手段，可被政府用来实现多种政策目标，如对促进生产和流通的发展稳定市场价格、保障人民生活，以及扩大国际贸易等都有积极作用。财政补贴政策的特点是比较灵活，补贴对象可以是生产者，也可以是下游或终端的消费者。它一般分为投资补贴、产出补贴和消费补贴。

（4）财政贴息政策。财政贴息是政府提供的一种较为隐蔽的补贴形式，即政府代企业支付部分或全部贷款利息，其实质是向企业成本价格提供一定的补贴。它是政府为支持特定领域或区域的发展，根据国家宏观经济形势和政策目标，对承贷企业的银行贷款利息给予的补贴。财政贴息主要有两种方式：一是财政将贴息资金直接拨付给受益企业。二是财政将贴息资金拨付给贷款银行，由贷款银行以政策性优惠利率向企业提供贷款，受益企业按照实际发生的利率计算和确认利息费用。[①] 运用财政贴息政策的好处：一是用较少的财政资金可以吸引大量的社会资金，以保证国家重点建设资金的需要。二是由于财政贴息首先用于国家重点建设项目，因而有利于调整投资结构，实现产业结构合理化。三是有利于降低企业产品成本，增加企业盈利，从而也有利于增加财政收入。四是对不同行业实行不同的利率，有利于建立合理的利率体系，有利于间接调节生产和消费。从内涵和能力来看，财政贴息政策代表了今后财政资金使用方式的改革方向，也是支持低碳产业发展、支持低碳企业自主创新的有效手段。

（5）财政担保政策。财政担保是通过借用风险投资的方式，支持政府倡导的领域加快发展，低碳产业正是政府应该积极扶持的重点领域之一。其具体操作不一定是由政府对项目直接提供财政担保，往往是通过对低碳产业发展提供担保的担保公司，由它们通过补贴、公用经费、专款资助等形式给予补贴。

（6）以奖代补政策。以奖代补政策就是把补贴改为奖励的财政支持方式。当地方或企业在低碳产业发展和自主创新等方面达到或者超过了预期的目标时，财政给予一定的奖励，这是一种比较好的奖励手段，可以充分调动各个地方政府或各企业支持低碳产业发展、实施自主创新的积极性、主动性和创造性。

（7）政府采购政策。政府采购是促进节能技术进步的重要政策手段，它有助于节约财政支出，但节约支出，提高支出效率并不是建立政府采购制度的唯一出发点。因为政府采购是社会总需求的一个重要组成部分，它对社会经济的流通、生产、分配和消费环节均有重要影响。政府采购制度的建立和发展，直接反映政府介入社会经济的规模和深度，也反映着公共财政在经济生活和社会生活中的地位。因此，政府采购制度的实行不仅具有财政意义，更具有广泛的社会意义和政治意义。节能已成为国家未来中长期确保融资安全、改善环境质量、实现社会经济长期可持续发展的一个重大战略问题，所以，市场化国家政府通常把环境保护、生态平衡、资源节约与合理开发利用等特定政策目标纳入政府采购的通盘考虑，政府采购还应确定低碳产品或服务优先的原则，节能政府采购要实行集中采购模式。还需明确的是纳入政府采购目录的产品和服务，其技术应该相对成熟，正好进入发展的成本降低阶段和大规模的商业化初期阶段。

---

① 李静：《浅论政府补助会计与税务处理的关系》，《城市建设理论研究（电子版）》2011 年第 25 期。

（8）税收优惠政策。税收优惠政策通常是指对部分特定纳税人和征税对象给予一定的鼓励性和照顾性的特殊待遇。它是政府实现公共政策的一种必要手段，它的存在与实施在一定程度上体现了税收政策的效率与公平，有助于提高全社会的福利水平。

按照政策的支持力度进行分类，可将上述政策分为四类：第一类是支持力度最强的预算直接投入政策，它包括一般预算直接投入政策和国债投入政策；第二类是支持力度较强的杠杆投入政策，它包括财政补贴、财政贴息、财政担保和以奖代补等；第三类是支持力度较弱的税收优惠政策；第四类是支持力度最弱的政府采购政策。

3. 金融手段

金融手段是指中央银行通过金融系统和金融市场调节国民经济中的货币供应量，影响投资等经济活动，进而实现一定的政策目标的手段。它是政府通过相关金融机构或是对金融体系的干预，以较金融市场更为优惠的条件将资金投向低碳产业，限制对某些高碳产业提供资金支持，从而实现限制高碳产业、促进低碳产业发展的目的。与财政政策相比，金融手段对短期政策目标的实现具有较强作用。金融手段大体具有两大主要实现途径：一是通过差别化的货币政策引导资金投向，从而达到对高碳产业发展的限制目的和对低碳产业的鼓励和支持。二是通过设立政策性金融机构，向金融市场机构不愿或无力提供资金支持的低碳产业提供投资和贷款，起到对市场机制的补充作用。

二、政府规制对低碳产业发展作用

（一）低碳经济的相关政府规制理论分析

政府规制就是由行政机构依据有关法律法规制定并执行的直接干预市场配置机制或间接改变企业或消费者供需决策的一般规则或特殊行为。在市场经济体制下，当市场失灵问题出现时，政府一般会干预经济活动，所采取的手段有政府宏观调控和政府微观规制（以下简称政府规制或规制）。[①]

---

① 黄耀杰、徐远、陈晔：《政府管制理论对我国政府管制改革的启示》，《科技进步与对策》2006 年第 4 期。

政府规制理论主要包括公共利益理论、外部性理论和激励理论。

1. 政府规制的公共利益理论

它通常是以市场失灵理论和福利经济学为基础的，将市场失灵作为政府规制的动因。该理论把政府看作是公共利益的代表，应公众的要求对市场活动带来的无效率和不公平提供规制，其目的是为了防止被规制企业实施价格垄断或对消费者滥用权力，具体措施包括限定价格、反垄断、控制进入等并假定在此过程中政府可以代表公众对市场做出理性计算，使规制过程符合帕累托最优原则。[①] 传统的经济模式带来了全球环境恶化已严重威胁到人类的正常生活。因此从公共利益理论看，各国政府应对原来的高碳经济进行规制，促进低碳产业的发展。

2. 政府规制的外部性理论

外部性（extemality）又称外差因素或外部影响，它分为"正外部性"和"负外部性"。所谓"正外部性"就是指当生产者和消费者在自己的活动中产生的影响是有利的，这些有利影响带来的利益也给旁观者带来了福利，这就产生了"正外部性"。反之，如果对旁观者的影响是不利的，就称为"负外部性"。政府规制的外部性理论就是指政府在配置资源方面起着重要的作用，依靠政府的力量来解决外部性，遏制或消除负外部性对公共利益和"旁观者"福利的影响。政府的作用就是解决外部性问题，同时也改进社会整体和"旁观者"的福利。可见，如果政府不加大对那些环境污染严重企业的整治力度，将会大大减小发展低碳产业的可能性。

3. 政府规制的激励理论

它是在保持原有规制结构和信息不对称的委托——代理框架下设计出的激励方案，给予企业一定的自由裁度权，以诱导企业正确地利用信息行事，选择所期望的行为，提高经营绩效，减少逆向风险等问题，最终企业成本降低了，获得了相应的利润，实现了社会福利最大化目标。例如世界各国在促进可再生能源发展、风力发电等方面采取的固定电价制度、特许招标体制、费用分摊制度、互用太阳能热利用补贴等都是政府规制下的激励措施，事实也证明规制激励措施可以起到较好的效果。

---

① 田旭:《政府管制的相关理论述评》,《湖北经济学院学报》2006 年第 1 期。

由此可见，政府规制理论与环境保护和降低污染有着十分密切的联系，有助于促进可再生能源及低碳产业的发展。由于能源领域的研究与开发，设备投资与生产、产品的提供与销售、产业规模的发展都是单个企业所无法完成的，同时由于其存在的风险较大，企业也不愿意做此类具有公共物品性质的产品承担者，所以政府有义务支持可再生能源企业的发展，并为他们提供充足的资金、技术支持以及良好的发展环境，鼓励更多的投资者进入这样的领域。

综上所述，发展低碳产业是时代发展所需，产业结构调整对低碳产业的发展会产生重要影响。现阶段，低碳产业的发展离不开政府的鼓励和支持，产业结构的调整贯穿于政府宏观政策之中。总之，政府规制会影响产业结构，从而影响低碳产业的发展，尤其是对第二产业和第三产业的单位产值碳排放量产生明显的影响。随着经济的发展，社会的进步，所有的国家政策都不应该是一成不变的，它们应紧随时代的步伐，紧扣时代的脉搏 [1]。

（二）政府在低碳产业发展中的重要地位

从全球环境状况来看，气候问题已经迫在眉睫。世界各国的政府都应该清醒地意识到，减少碳排放是一个全球问题，不是一个地区、更不是哪个个体的行为。同时，我们应该看到，在温室气体排放方面，尽管中国的历史排放和人均排放均低于一些发达国家，但作为温室气体排放大国，中国承受的国际压力仍在不断增大，政府理应承担起发展低碳产业发展的重要职责，成为促进低碳产业发展的主体。并且，无论是在市场经济运转过程中，还是在人们的意识形态领域里，政府的影响力是无可替代的，低碳产业的发展离开了政府的支持和推动，是不可能实现的。因此，我国"十二五"规划明确提出要发展"资源节约型、环境友好资源环境型"的社会，这一目标的实现也正是倡导低碳产业的目标所在。

从我国经济发展的现状来看，我国近几十年的经济高速增长是以高能耗、高排放、高污染为发展代价的，低碳产业发展必然会与人们传统生产和消费观念发生冲突，也必然面临着来自高能耗利益主体的种种阻力。由于政府掌握着大量的资源和广泛的权力，在社会和经济发展模式转变中的作用是无可比拟的，如何处理好经济发展和节能减排的关系，是政府在低碳产业发展中必须的选择。

---

[1] 陈成文、谭娟：《税收政策与慈善事业：美国经验及其启示》，《湖南师范大学社会科学学报》2007 年第 6 期。

（三）政府在低碳产业发展中的示范效应

1. 政府在行政过程中的低碳产业优先发展原则

政府的行政行为本身应当将低碳产业作为当地产业发展的首要因素，从宏观和中观层面上引导社会经济活动的其他主体选择低碳产业发展模式。政府在低碳产业发展中的行政行为包括两个层面。一是作为管理者的政府行政。作为管理者的政府行政行为，即指政府在制定地方产业发展规划所体现的低碳产业发展理念。产业发展规划包括产业政策规划、产业发展目标规划等涉及中长期利益的一系列问题，作为管理者的政府在进行规划过程中，在多大程度上体现低碳产业的理念，必将对当地的低碳产业发展产生非常重要的影响。二是作为监督者的政府行为，政府是市场经济发展最重要的监督者，政府对于不利于低碳产业发展的行为态度将直接影响到低碳参与的发展，也会对其他的市场主体产生极大影响。地方政府在追逐 GDP 的过程中对污染事件视而不见、听而不闻，不仅说明了当地政府没有履行好经济发展监督者的职责，同时也严重影响了政府在公众中的公信力。

2. 普通市场主体的政府行为对低碳产业的影响

政府既是市场经济发展规则的制定者，又是社会产品和社会服务的消费者，作为消费者的政府行为对整个社会选择低碳经济模式的影响非常之大。低碳经济在我国还算是新生事物，在倡导公众转变生活方式、选择低碳生活的过程中，政府消费本身是否选择低碳方式，对公众低碳生活的选择起着教育和引导作用。因此，发展低碳产业应该首先从政府做起，将低碳产业发展理念落实到具体的政府行为上。

三、低碳产业政策类型与内容

为了保护地球，为了让人类有一个美好的生存环境，政府及地方应该相应地出台的一系列支持低碳产业发展的政策及法规。这些低碳产业政策大体分为宏观产业政策和微观产业政策两大类。而微观低碳产业政策又分为促进工业技术节能的低碳产业政策和促进新能源发展的低碳产业政策两大类。

（一）促进结构减排的宏观低碳产业政策

1. 加紧制定和细化相关产业规划

一是加紧编制《现代服务业优化升级发展规划》。大力支持发展现代服务业，促进经济结构优化升级，加快形成服务经济为主的产业结构。各地也要加紧编制地方服务业优化升级发展规划，明确目标和任务，科学谋划重点发展领域，优化服务业空间布局，实施有力的保障措施。二是进一步明确和细化我国战略性新兴产业规划。要根据世界产业发展的趋势和我国科技发展与产业发展的水平，选取一些能真正代表科技创新方向、代表产业发展方向、并将支持中国经济在未来较长时间可持续发展的先导产业和支柱产业作为战略性新兴产业，形成我国促进战略性新兴产业发展的整体产业政策，制定战略性新兴产业发展指导目录，并对产业进行分类指导。

2. 强化低碳产业发展的政府规制

要严格落实国家促进产业结构调整暂行规定和产业结构调整指导目录，进一步完善行业准入制度，尤其是要提高高耗能、高污染行业的"市场准入"门槛。建议国家有关部门按照平均先进定额的要求，制定严格的单位生产能耗标准，坚决杜绝达不到标准要求的新项目上马；加快钢铁、水泥、电解铝、煤炭、纺织、造纸等行业的兼并重组，依法淘汰现有"过剩"而落后的生产能力。

3. 合理利用财政投入政策

一是支持加快淘汰落后产能。继续实施和落实淘汰落后产能的财政奖励政策，支持加强能效标准等方面的建设，加强财政资金管理以及与其他政策的协调配合。二是支持战略性新兴产业发展。设立战略性新兴产业发展专项资金，创新财政支持方式和合理选择政策手段，创新财政资金管理机制，形成政策合力。三是支持现代服务业发展。设立现代服务业发展专项资金，对重大项目给予补助、贴息。有效运用灵活多样的财政投融资政策，灵活运用财政补贴、贴息、奖励政策，合理运用政府采购政策。

4. 发挥税收政策的引导作用

一是强化税收促进自主创新的功能，培育发展战略性新兴产业。促进技术的转化和应用，增强自主创新的基础；加大对企业研发投入的优惠力度，降低科技创新活动存在的潜在风险；明确税收优惠重点，培育发展战略性新兴产业。二是优化税制结构，促进现代服务业的发展。加快改革增值税与营业税，调整营业税税率，完善企业所得税政策，不断扩大营业税改征增值税试点范围，逐步实现服务贸易出口免征营业税等。三是构建环保税收体系，鼓励发展低碳经济和循环经济。调整资源税计征办法，扩大征收范围；扩大消费税征收范围，提高部分高档消费品的税率；适时开征环境税，运用税收优惠引导企业发展低碳经济和循环经济。

5. 发挥金融政策的结构调整效应

一是实施产业结构调整中的差别化货币政策。中央银行可以在局部范围内针对个别部门、个别行业或特定区域，采用再贷款、再贴现、差别存款准备金率、优惠利率等不同的信用调节工具。二是发挥政策性金融的作用。发挥政策性金融虹吸扩张性作用，把投资领域让给民间商业性金融，形成一种政策性金融对商业性金融资金运用方向和规模的扩张性诱导机制。三是提高产业结构调整中金融监管政策的针对性，通过资本市场实现社会资金的优化配置。同时，推动现有上市公司通过并购、重组等方式，加大对产业结构优化的支持力度。

（二）促进工业技术节能减排的低碳产业政策

1. 加快建设工业企业节能法制化环境

加快工业企业节能法制化环境的建设，应以科学发展观、可持续发展理念为指导，以建设资源节约型和环境友好型社会为目标，以提高能源、资源利用率和降低废弃物排放为准则，以技术和制度创新为动力，形成政府积极推进、市场有效拉动、公众自觉参与的节能减排法律机制，逐步建立起适合我国国情的、有利于循环经济、低碳经济发展的节能减排模式。

2. 增强对工业企业技术节能科技的投入力度

一是增加节能技术研发的政府预算投入。建议加大节能资金投入，逐步完善实施资源税、环境税、碳税等制度，不断拓宽国家节能投入的来源渠道。二是整合建立国家节能专项资金。建立国家节能专项资金，形成规范、稳定的节能投入渠道，发挥政府财政投入在推动全社会节能方面的引导作用。三是创新财政支出方式，灵活运用贷款贴息、投资补助、以奖代补等多种方式鼓励节能。建立有效的鼓励节能投融资机制。进一步运用包括贴息、担保、奖励等在内的用于财政政策手段，动员社会资金投入节能领域。

3. 积极鼓励开展自愿协议

建议通过财政补助、奖励、贴息、税收优惠、交易机制等政策，鼓励企业签订自愿节能协议，调动企业的节能积极性，促进高能耗行业设定更高的节能目标，并带动整个工业行业和国家的节能，提高我国的能源利用效率，进而提高经济发展的质量和效益。包括财政补助和奖励政策、税收优惠政策、贷款贴息政策、排放交易机制等多项支持政策。

4. 完善节能产品政府采购制度

一是扩大政府采购的节能产品的范围和比重。进一步完善节能产品政府采购目录，积极发挥政府采购的政策导向作用，带动社会生产和使用节能产品。二是完善节能产品的采购方式。适时调整政府强制采购节能产品的清单，适当引入"标准法"等其他政府采购方式。三是出台"政府机构节能服务公司目录清单"。成立类似于中国节能产品认证管理委员会和中国节能产品认证中心的相关部门，或者利用现有节能服务公司的协会和管理部门，对节能服务公司进行资质认证，并定期进行调整。

5. 建立和完善促进工业技术节能减排的税收政策体系

一是扩大资源综合利用的增值税优惠范围。适当降低优惠政策适用"门槛"，并对循环利用的非主要原材料考虑加计扣除进项税额。从而达到鼓励企业发展循环经济的目的。二是完善利用综合资源的增值税抵扣政策。"拉长"上游进项抵扣链条，提高废旧物资进项税抵扣比例，加强废旧物资收购发票的监管。三是对购进的节能环保设备优先推行"消费型"增值税政策。顺应增值税分步转型的要求，可优先将环保产业调整、产品更新、设备改造作为未转型地区的试点。四是提高节能减排和环境保护企业所得税税前列支项目比重和幅度。提高实行节能减排和环境保护企业的"三新"研发费用的加计扣除比例，建立研究开发专项基金，降低企业综合利用资源，享受税收优惠政策的"门槛"。

6. 完善促进工业技术节能减排的金融政策

政府应适时相机调整货币政策的运作方向，按照节能减排与可持续发展的要求，正确确定信贷资金的投向，合理确定信贷项目的先后序列。如政府可以利用利率、信贷政策等手段引导信贷资金流向工业技术节能减排项目和具有高附加值、少污染的成熟型高新技术或企业，鼓励传统制造业的技术改造，限制、淘汰高能耗、低产出、高排放的项目和企业。

7. 完善促进工业技术节能减排的价格政策

利用价格机制调整节能减排行为，逐步建立起能够反映能源稀缺性、能源替代关系、环境成本和供求关系的价格形成机制，通过市场竞争的作用，淘汰能耗高、成本高的企业，从而建立起节能环保型的工业体系，逐步完善促进工业技术节能减排的价格政策：一是通过调整一些重要紧缺资源或与日常生产活动联系密切的资源的价格，制约资源的消耗量，促使企业提高资源利用效率；二是通过调整资源性产品与最终产品的比价关系，理顺自然资源价格；三是通过将资源环境要素纳入生产要素，将环境资源开发、保护和补偿费用纳入国民经济核算体系，逐步建立能够反映资源性产品供求关系的价格机制。

（三）促进新能源发展的低碳产业政策

1. 建立支持新能源发展的财政保障机制

一是整合现有新能源发展财政投入资金。通过实现统计意义上的整合、实现功能整合和实现使用整合，提高支持新能源发展财政投入资金的使用效果，以加大资金的支持力度。二是开辟支持新能源发展新的资金来源渠道。比较可行的资金来源渠道包括：开征碳税的收入、提高新能源上网电价补贴力度、部分能源企业的国有资本收益等。三是建立中央与地方联动的财政投入保障机制。明确中央政府采购和消费者补贴模式，同时地方政府也要研究确立采购政策，并明确对地方新能源企业的贴息和补贴政策。

2. 建立和完善新能源发展的投融资政策

一是积极引入 PPP、BOT 等多种融资模式，加强政府投资与市场的结合，鼓励国内外资金以多种方式投入新能源项目。二是在新能源项目发展中必须充分发挥政策性银行的筹资功能，发挥政策性银行的作用。建议国家开发银行加大向新能源、清洁能源等项目倾斜和支持力度，逐步退出火电项目领域。三是对新能源项目所需资金实行低息贷款、扩大信贷规模等政策。四是针对新能源项目相对于传统能源项目而言风险性较大的现实，可考虑通过风险补偿金或贷款担保基金等手段适当抵减新能源企业的风险性。五是考虑以产业投资基金的方式支持新能源发展。六是利用 CDM 机制促进新能源发展。

3. 完善新能源发展的产业和技术规制

一是建立新能源电力强制上网的协调机制。由于电网企业接纳新能源发电可能产生的额外负担需要政府通过财税政策工具手段，通过转移支付的方式落实在终端用户的销售电价中，通过实现这种机制，或者产生的额外负担超过一定的限度，财政应给予电网企业一定的补贴。二是建立和完善新能源配额制政策。配额制是一种基于立法的，通过市场机制实现的新能源发展政策，由于不需要进行价格补贴，因此，不需要政府进行大量的资金筹集工作。政府的作用通常表现在监督配额完成情况并对未履行义务的企业进行处罚。三是完善新能源发展技术政策。不断完善新能源的创新平台、产业知识基础与关键技术、创新投入机制、产业化政策等，进一步明确发展的重点技术领域，不断扩大新能源创新的市场化应用，建立产业创新的技术规范与产品标准，完善对新能源技术投入的渠道。

4. 进一步完善支持新能源发展的税收政策

一是逐步调整和完善新能源增值税政策。增值税政策体系应给予新能源产品一定幅度的税收优惠，推行风力发电的增值税优惠政策，实施小水电的增值税优惠政策。二是进一步完善消费税政策。建立完善的成品油价格形成机制和规范的交通税费制度，适当提高大排气量轿车的消费税税率，适当降低低排气量轿车的税率，对符合节能和环保标准的汽车及使用新能源的汽车，允许按照一定比例享受消费税减征的优惠等。三是调整和完善新能源企业所得税政策。应进一步改革和完善所得税政策：对所有的新能源产品一律规定减按15%的税率征收企业所得税；实行投资抵免制度，即新能源企业的投资可以用新增所得税抵免一部分；实行加速折旧，加大研发费用的支出份额。四是调整和完善新能源设备进口关税政策。今后应逐步缩小乃至消除内外资企业在进口设备税收优惠上的差距。对利用国内资金进口国外所有新能源的设备，应和外商企业一样，免征关税和进口环节增值税。此外，还要进一步改革和完善其他方面的税收政策。

5. 建立和完善促进新能源发展的价格机制

按照促进发展、提高效率、规范管理、公平负担的原则制定新能源和可再生能源发电价格和费用分摊标准。一是选择合适的新能源定价方法。通过合理的价格政策设计和实施，既可以为新能源发电发展提供基本的保障条件，又能刺激其参与电力市场竞争。二是加大资源性价格改革力度。加快推进可再生资源产品的价格改革步伐，合理制定可再生资源性产品价格政策，建立健全反映市场供求状况和体现资源稀缺程度的价格形成机制、以利于可再生资源节约与合理开发利用的价格约束机制和补偿机制。

四、低碳产业政策与政府规制评估

（一）经济外部性要求政府出台低碳产业政策规制低碳经济的发展

发展低碳经济是一项全球性的问题，低碳产业的发展成果由全人类共享。低碳产业发展的主体不仅是社会产品与社会服务的提供者，还是社会产品与社会服务的消费者，同时，他们也是低碳产业的受益者，但是，受私人主体性质的决定，不论是社会产品与服务的提供者还是消费者个体，又都不可能自觉地主动地选择低碳生产和消费行为。

在对低碳经济发展模式进行选择时，在社会产品与服务的生产者之间通常会面临一种博弈，即投入还是直接享用低碳经济发展成果，毫无疑问，在从高消耗、高排放的经济发展模式转变为低碳的经济发展模式的过程中往往需要大量的投入，而且也需要以减少经济利益和降低经济发展速度为代价。如果双方都不对低碳经济的发展进行投入，那么各方都无法享受到由低碳经济发展所带来的生态环境改善和生活质量提高的福利，但从个体而言，双方自身的利益并没有任何的损失；第二种情况是，如果双方都对低碳经济发展进行了相应的投入，那么就能够共享投资之后的低碳经济发展所带来的各种福利；第三种情况是，经济学上典型的"搭便车"现象，即如果只有一方进行投入，而另一方并没有进行相应的投入，那么就会出现大家共享那一部分因为投入所带来生态环境改变的福利。在低碳经济的发展过程中，由于生产者大量存在着这种"搭便车"的心理，后果往往是各个经济主体都不会自发主动地为低碳经济埋单，地区之间也会为了局部利益和眼前利益如此，个体企业更是普遍如此。

由此可以得出，要促进低碳产业的发展，由于受市场经济主体行为的利益驱动，必然需要由可以驾驭和平衡各个利益主体的主导者对低碳产业的发展模式进行设计和规制，这一主导者必定只能是政府。原因是政府对经济活动主题的行为规制，即可以采用行政手段也可以采用经济手段。

政府规制一般采取以下两种基本手段：一是政府通过行政命令手段，对企业进行强制性的行为控制，比如近几年在全国范围内进行的关闭小火电、小化工等行为，以保证政府在较为合理的条件和范畴内承担治理污染的公共支出；二是政府通过经济手段，鼓励和引导市场经济主体理性地选择低碳经济发展模式，比如政府通过征收排污税建立"谁污染，谁负责"的规制原则、通过修订资源税、开征环境税等绿色税制抑制污染和资源浪费，并对所得税、增值税和消费税等进行相应调整，以鼓励企业实行"减量化、再利用和资源化"行为，将环境污染和资源消耗形成的社会成本转移到商品和服务中去，通过改变生产企业的成本收益，拟定一系列可供选择的方式，供企业和引导企业进行低碳产业发展的理性选择。

（二）低碳产业政策制定中政府规制的科学选择

低碳产业的发展既要有作为重要主体的政府，也要有社会产品与服务的生产者和消费者共同参与。与此同时，由于低碳产业的发展不仅涉及经济发展模式的转化，也与经济发展水平和一国的长期发展规划密切相关，政府规制行为就一定要处理好各个方面的关系，因此，在低碳产业发展中的政府规制必须进行科学的选择。

1. 政府规制行为要考虑经济发展的客观环境

低碳经济发展是一个关乎全球未来发展的重要问题，经过艰难的谈判，在1992年5月9日联合国政府间气候变化专门委员会通过了《联合国气候变化框架公约》（UNFC-CC，以下简称《公约》），同年的12月在日本京都通过了《公约》的第一个附加协议，即《京都议定书》（以下简称《议定书》）。《议定书》把二氧化碳排放权作为了一种商品，形成了二氧化碳排放权的交易，简称碳交易。这使得将市场机制成为解决二氧化碳为代表的温室气体减排问题的一条新路径。

从《京都议定书》来看，我国在减少碳排放上的压力很大。在过去长时期的发展过程中，西方发达国家都是在以牺牲了环境和生态为代价才得以取得了今天经济的高度发达，也都是经历了"先污染、后治理"的发展历程。然而在发出减少碳排放倡议之时，西方发达国家却将污染严重的行业通过市场手段转移到了包括中国在内的发展中国家，致使发展中国家在面临着经济增长的压力的同时，另一方面却又要在全球气候变化的严峻形势下，不得不选择发展以低消耗、低排放为核心的低碳经济。

2. 政府规制行为要以制度设计为主

低碳经济发展的参与者包括政府、企业、消费者等经济活动主体，因此，在进行行为规制的过程中政府一定要避免将发展低碳经济变成政府的一厢情愿，而应该让企业、非政府组织、消费者等在低碳经济的发展中扮演不同的角色、充分发挥各自不同的作用。

从企业来看，发展低碳经济是挑战也是机遇，发展低碳经济必然要求调整产业结构、转变经济增长方式，尤其是对于那些高能耗、高污染的企业而言，由于其随着资源的不断枯竭，它们本身也将面临经济增长转型的要求。在发展低碳经济这个大背景下，理性的企业应能够意识到发展低碳经济，正是转变经济增长方式的催化剂，应在资源枯竭到来之前就做好充足的准备。同时，政府也应做好教育宣传工作，让企业可以更好地认识到发展低碳经济是其不可推卸的社会责任。

对消费者而言，其消费行为的理性选择也应该是倾向于低碳经济发展模式而选择绿色消费，但是考虑到其生活状况，消费成本的高低和消费的方便程度也是需要在纳入考虑范围内的。随着全民素质的不断提高，在成本与方便程度上能让消费者接受的前提条件下，相信个体消费者会将低碳生活作为理性的选择。

因此，作为重要主体的政府在低碳经济发展中的作用是无可替代的，其对低碳经济发展规制的定位必须立足于制度设计，而在这个过程中，政府觉得既不能缺位，也不能越位和错位，必须要避免政府过于干预市场的情况发生。虽然政府规制对于低碳产业发展是至关重要的，但如果政府过于直接地参与市场经济活动，无视市场自身的规律性，必然会破坏正常的经济秩序，从而造成市场配置资源基础作用的低效率，其结果只会对低碳产业发展有害无益。总而言之，政府应通过建立健全、系统并且有效的制度来规范应道市场经济中的各个经济主体理性地对于生产行为和消费行为进行选择。

3. 政府低碳产业政策制定的规制路径选择

一方面是低碳发展中政府规制行为是其有力保障，但另一方面在某种程度上政府也可以称之为"经济人"，"经济人"的自身特性很容易导致政府在制定和执行政策过程中过多地考虑其自身部门的利益，而有时忽略了公共利益。正如中国环境保护部副部长潘岳指出的："中国环境顽疾久治不愈的主要根源在于政府在环境保护方面不作为、干预执法及决策失误时造成的"。[①] 由此可见，要保障低碳产业的顺利发展必须依靠政府的规制行为。其具体方式可从以下方面考察：

（1）低碳产业政策制定的前提是政府规制的法治化。法律的根本目的是通

---

① 张建伟：《政府环境责任论》，中国环境科学出版社 2008 年版，序言第 2 页。

过协调相关利益主体间的博弈关系来确定各利益主体的相互关系。发达国家的经验告诉我们,将低碳产业发展中政府各相关职能部门的职责通过立法确定下来是十分必要的。如美国众议院在 2009 年 6 月通过了《美国清洁能源和安全法案》,其中对联邦环保署、能源管理委员会、农业部及商品期货交易委员会在清洁能源和安全相关方面的监管职责予以明确。就我国而言,当前与低碳产业经济发展相关的机构众多,如国家发改委、交通部门、环境保护部门、工业和信息化部门、农业部门等等,而这些部门对低碳产业发展的监管基本都是从各自部门利益出发,难免出现缺乏协调和各自为政的情况。所以,在我国应通过立法规范低碳发展中的政府规制行为,一方面,要明确低碳产业发展中国家层面对各部门之间的统领和协调地位;另一方面,还应当区别各部门在低碳产业发展中的所起的作用和工作特点,有针对性地提出各部门的发展重点。如工业和信息化部门的低碳发展建设应围绕能源结构清洁化、工业产业结构优化、低碳技术水平提高等方面来开展。以能源结构清洁化为例,其工作重点可放在发展风能、太阳能、生物质能、核能等清洁能源,以逐步减少高碳化石能源的使用。再如建筑部门的低碳发展建设就应从设计、建造和使用等方面着手,减少碳排放量。交通部门的低碳发展则重在制定保障绿色低碳出行的相关措施上,如鼓励和支持低价公交、公共自行车等绿色出行。林业部门的低碳发展建设重点在大力开展植树造林等生态建设,增加森林面积和森林蓄积量,努力增加森林碳汇,最大限度地发挥生态系统吸收碳的能力。

另外,当前我国对低碳发展的规定主要体现在规划和政策当中,如在 2007 年 11 月 22 日国务院制定了《国家环境保护"十一五"规划》、2009 年 8 月发布了《国务院关于应对气候变化工作情况的报告》等。法律相对政策而言,具有稳定性和确定性的特点,我国相关法律设计应尽快把低碳产业发展纳入国家正式制度建设轨道中来。同时,在低碳发展法治化的进程中必须坚持制定与执行并重,体现法律的实效性;必须坚持立足当前需要与关注长远发展并重,体现法律的前瞻性和战略性。将二者有机结合,将低碳发展理念名副其实地体现在社会发展理念之中。

(2)政府规制的监管力度决定对低碳产业的评估力度。政府的重要职能在市场经济条件下体现为经济调节和市场监管两个主要方面,提升政府规制的监管力度有利于提升对低碳产业的评估力度。发挥政府的监管职能,以促进低碳产业的发展需要职能主体从以下几方面努力:一是政府应该建立和完善产品的市场准入标准、能效标识和环境标志的认证体系,坚决杜绝无绿色认证的产品进入市场交易,严格保证在生产和消费产品的过程中零碳排放量超标现象;二是应该建立以"低碳化"为主导的生产标准和技术规范指标，对企业在规定范围内的生产进行积极引导，逐渐杜绝易对环境产生污染、资源浪费的市场行为；三是建立健全低碳环境监测机制，由相关部门以及企事业单位、人大代表、政协委员等联席组成碳排放监测机构，同时以检查、上门走访及信函等主要方式对监测对象进行碳排放定期监测，并及时反馈情况给被检测对象，积极提出整改意见和相关建议，形成社会经济发展碳排放强度评价的运作模式；四是建立低碳经济信息披露制度和举报制度，发挥新闻媒体以及新媒体的舆论监督和导向作用，从企业生产和生活方面开展全面的舆论指导和监督；五是在政府行使职权过程中注意对政府行政权的限制。政府行政权的行使应该符合市场发展的规律，将政府有关国民经济和社会发展计划、环境保护规划等抽象行政行为纳入到司法审查范围之内，以促进低碳产业健康、持续、高效发展。

（3）强化低碳产业发展的政府责任追究制。政府规制不仅使低碳产业的健康发展得到有力保障，政府作为市场经济主体之一，其经济人性质也决定了政府具有对自身在低碳产业发展中所产生的不利行为进行规制的责任。要使各级政府对低碳产业的发展理念从思想上、态度上、行动上予以高度重视和贯彻落实，这就要求政府官员首先将政治责任承担起来，即要建立与低碳产业发展相适应的绿色绩效评估体系和政府官员考核体系，领导班子和领导干部的绩效考核体系在建立和完善时要将低碳产业发展的相关绩效指标量化后纳入，并且考核结果也应该作为干部选拔任用和奖惩的硬指标。比如将能耗指标作为各级领导干部任期内的重要评价考核内容纳入到各省市区县经济社会发展综合评价及年度考核体系中，以进一步提升并且强化政府的生态责任。另一方面，也要对在低碳产业发展中的不作为、乱作为的政府领导追求责任且依法惩处。

4. 转变传统发展模式，营造全民参与低碳产业协调发展氛围

低碳发展应该积极调动全社会的力量参与其中，而不至于沦为空谈，就应该建立一个以政府为主导，企业为主体，全社会广泛参与的合作治理和协同发展的运行模式，以此推动政府"绿色新政"的实施，从而鼓励"低碳化"生产和消费的模式。要转变传统发展模式，就要营造全民参与低碳产业协调发展的氛围，应重点从以下几方面着手努力：

（1）建立公众参与的互动机制，促进低碳产业发展。社会公众作为市场的重要组成部分，也是经济生活中的重要行为主体。公众不仅有参与低碳产业发展的权力，更有参与的责任和义务。建立公众参与低碳产业发展的互动机制，一是引导公众购买和使用节能、低碳产品，从而形成整个社会低碳消费的氛围；二是

促进公众养成低碳、环保、节约的行为习惯和生活方式，培养广大公众的低碳意识与节能意识；三是鼓励公众参与政府的相关决策，保证在低碳产业发展过程中资源管理和政策利用的有效性；四是以互动机制监督企业行为，保证企业良性发展。

（2）提高社会组织的参与度，广泛调动公众参与积极性。在低碳产业发展中衔接和填补政府管理的"真空地带"，原来用行政手段完成的职能，建议用社会化的方式替代。一方面，以低碳经济为目标的非营利性社会组织更能积极参与低碳经济建设，从而能充分发挥行业协会和商会的行业带头作用，有效推进节能减排。它既能广泛开展环境教育，提升公众环境意识的养成，倡导环保低碳的生活方式，又能代表公众或者消费者群体利益与政府协商、讨论低碳产业发展的相关事宜，以监督、披露环境事件等问题的解决。另一方面，加快建立健全社区服务体制，以建立绿色生态社区为目标，发挥提供服务、反映诉求和规范行为的作用，完善低碳产业发展的服务和管理社会基层网络，从而推进低碳经济发展。

（3）实现社会和政府的有效衔接，协作推进低碳产业发展。发挥公众、社会组织的作用，也要实现政府与非政府组织在低碳产业发展中的有效衔接，才能促进社会资源的整合。对政府管理和社会自治的协作中建立有效协调机制，对二者的结构和运作流程进行相应调整和优化，不仅从制度上保证社会协同的实现，又在二者协作过程中建立起平等沟通、互相协商的良性互动关系，从而实现政府在向社会放权的同时处理好政府管理与非政府组织自治间的权力关系。

（4）搭建低碳产业发展国际合作平台，提升产业发展水平。建立低碳经济模式与人类保护环境、解决气候变暖问题、实现可持续发展的共同行动目标相适应，符合全球经济的发展趋势。在经济全球化的大背景下，任何一个经济主体的独立行动都不可能取得广泛成效。因此，积极搭建国际间的低碳产业发展交流合作平台，加强与其他国家尤其是低碳经济发展较好的国家在低碳产业发展的政策制定、能力建设、科学研究、技术开发和资金使用等方面的交流与合作，积极学习吸收发达国家先进技术经验，提升自主创新能力，是我国挖掘自身低碳产业发展潜力、提升产业发展水平的必经之路。

五、案例分析：欧盟低碳产业政策特征与启示

低碳经济被欧盟列为重点发展的新兴产业，希望低碳产业能够带领经济向高效、低排的方向转型。欧盟在发展低碳产业方面是走在所有国家和地区的最前

列，他们不仅有明确的口号还有实际具体的行动。欧盟率先出击推出了全方位的政策和措施，他们提出了严厉的碳排放指标、提供充足的科研经费、领先的碳排放机制、严格的节能与环保标准制定等方面，大力带领欧盟成员国发展低碳产业，希望成为全球低碳产业、环保产业和应对气候变化等方面成为行业的领导者。

（一）欧盟的低碳产业政策特征

1. 明确目标制定

欧盟 27 个成员国所有领导人在 2007 年 3 月通过了欧盟委员会提出的一揽子能源计划。按照该计划到 2020 年末欧盟地区的温室气体排放量要比 1990 年的碳排放量减少至少 20%，将总能源中再生能源的占比提高到 20% 左右，此外还要将煤、矿石燃料、石油、天然气等一次性能源消耗量减少约 20%，最后还要将在交通能源消耗中生物燃料的消耗占比提高到 10%，终极目标是到 2050 年温室气体的排放量比在 1990 年的基础上减少 60% 到 80%。这一目标的最终制定和达成，在欧盟气候和能源政策方面具有里程碑意义。

欧盟成员国最终的气候变化妥协方案在 2008 年 12 月的布鲁塞尔欧盟峰会上达成。根据该协议，欧盟到 2020 年应将其温室气体排放量减少到 1990 年水平基础的 80%。该目标实现的成功与否在于 27 国各自完成国内减排目标的实际情况，并且这个碳交易机制都是在整个欧洲范围内进行。2013 年后的欧洲第三阶段碳排放交易体系规定，像污染性的企业可通过购买碳排放许可权来完成任务。方案还规定：汽车二氧化碳排放量在 2015 年将减少 19%；各国设定限制性目标来鼓励使用"可持续性"的生物燃料；此外通过技术革新使得到 2020 年时，能源使用效率能提高 20%。新方案还包括了利用碳交易的收益来支持 12 个碳捕获和存储试点项目，也就是利用新技术来收集电厂排放的二氧化碳然后将其埋入地下。碳交易预计在 2020 年将能带来几百亿欧元的收入，因此这也将更好支持新技术的产生。

在世界 2007 年金融危机爆发之后，欧盟委员会制定了一项 1500 亿欧元规模的"环保型经济"的中期规划：从 2009 年开始，通过 5 年时间全力打造具有国际水平和全球竞争力的"绿色产业"，通过打造"绿色能源""绿色电器""绿色建筑""绿色交通"和"绿色城市"（包括废品回收和垃圾处理）等产业来调整产业结构，并且形成系统化和集约化来为欧盟的发展提供持久的动力，以此来摆脱经济危机并成为刺激经济复苏的重要支撑点，从而为欧盟在环保经济领域长期保持世界领先地位奠定基础。

2. 加强科技研发

欧盟在 2007 年底提出要建立一个新的综合性战略能源技术计划,该计划主要由以下几个计划构成:1. 欧洲风能启动计划,重点是大型风力涡轮和大型系统的认证(陆上与海上);2. 欧洲太阳能启动计划,重点是太阳能光伏和太阳能集热发电的大规模验证;3. 欧洲生物能启动计划,重点是在整个生物能使用策略中,开发新一代生物柴油;4. 欧洲二氧化碳捕集、运送和贮存启动计划,重点是包括效率、安全和承受性的整个系统要求,验证在工业范围内实施零排放化石燃料发电厂的生存能力;5. 欧洲电网启动计划,重点是开发智能电力系统,包括电力贮存;欧洲核裂变启动计划,重点是开发第 IV 代技术。

2008 年 2 月,欧盟委员会提出的《欧盟能源技术战略计划》被欧盟运输、通信和能源部长理事会在布鲁塞尔通过了,达成协议,将在以下几方面采取措施:1. 通过增加财力和人力投入到能源工业领域来加强能源科研和创新能力;2. 通过加强大学、研究院所和专业机构在科研领域的合作,并在此基础上来建立欧盟能源科研联盟;3. 改造和完善欧盟老的能源基地设施以及建立欧盟新的能源技术信息系统;4. 通过建立由欧盟及各成员国参加的欧盟战略能源技术小组,以协调欧盟和成员国的政策和计划。为了促进欧盟在未来建立能源可持续利用机制,该计划将鼓励推广包括风能、太阳能和生物能源技术在内的"低碳能源"技术。

欧盟目前在新能源研发创新的优先领域:一是提高能效。主要包括节能建筑、机器设备、工业流程、能源工业和交通行业以及新兴能效元器件等;二是生物质能。主要发展第二代生物质能源、具有竞争力的替代碳氢化合物的解决方案等;三是风力发电。大力发展海上规模化风力发电场、智能电网、可再生能源接入、电能储存技术等;四是太阳光伏。具有价格竞争力的太阳光伏能、可再生能源取暖或制冷技术(空调)等;五是燃料电池。燃料电池技术及氢能的利用、电动汽车及充电设施、清洁智能交通技术等;六是清洁能源。清洁煤技术、清洁天然气、环境友好型技术、碳捕获及储存技术(CCS)等;[1] 七是核能技术。第四代核反应堆、核聚变、核安全技术、降低核废料、核辐射防护技术等等。

3. 提倡机制建设

欧盟在 2005 年启动了碳排放交易机制,主要涉及以下工业部门:1. 发电和

---

① 罗大明等:《构建企业和谐劳动关系的做法及成效》,《天然气技术与经济》2011 年第 12 期。

供热企业。2.炼油企业。3.金属冶炼加工企业。4.造纸企业。5.其他高耗能企业（如水泥生产企业）。根据这一机制，各成员国应根据制订的目标和自身的实际情况来制定每个交易阶段二氧化碳排放的"国家分配计划"，然后再为欧盟各个国家的有关企业提出具体的减排目标，并明确规定如何向企业分配排放权。详细来说该机制共分为三个交易阶段：第一阶段：2005—2007年；第二阶段：2008—2012年；第三阶段：2013—2020年。

欧盟为了支持和发展节能环保和新能源产业，他的最重要做法之一就是尽可能为低碳产业发展创造优厚的条件，并以法律法规来保障该产业的发展。2006年3月，欧盟委员会发表《欧盟能源政策绿皮书》，《欧盟能源政策绿皮书》提出了强化对欧盟能源市场的监管，要求各成员国开放能源市场，制订共同能源政策。为了实现环保和减排目标，欧盟制定了一系列法律法规。例如，以《报废电子电器设备指令》（WEEE）和《关于在电子电气设备中限制使用某些有害物质指令》（ROHS）为代表的环保指令等。在促进绿色产业发展方面，欧盟实行灵活的市场机制与严格的法律制度相结合，在鼓励低碳发展的政策上不断推陈出新，制定了很多具有法律约束力的计划，以保证欧盟节能与环保目标的实现。如加强与能源供应方的对话与沟通，建立确保能源供应安全的国际机制；在与外部能源供应者的对话中，欧盟应"用一个声音说话"。

4. 注重标准与立法

2006年10月，欧盟委员会公布了《能源效率行动计划》，这一计划包括降低机器、建筑物和交通运输造成的能耗，提高能源生产领域的效率等70多项节能措施。计划还建议出台新的强制性标准，推广节能产品。

2007年1月，欧盟委员会通过一项新的立法动议，要求修订现行的《燃料质量指令》，为用于生产和运输的燃料制定更严格的环保标准。从2009年1月1日起，欧盟市场上出售的所有柴油中的硫含量必须降到每百万单位10以下，碳氢化合物含量必须减少三分之一以上；同时，内陆水运船舶和可移动工程机械所使用的轻柴油的含硫量也将大幅降低。从2011年起，燃料供应商必须每年将燃料在炼制、运输和使用过程中排放的温室气体在2010年的水平上减少1%，到2020年整体减少排废10%，即减少二氧化碳排放5亿吨。

（二）欧盟低碳产业政策的启示

从欧盟的低碳产业政策实践来看，已投入了大量资金进行技术研发，目标是追求国际领先地位，开发出廉价、清洁、高效和低排放的世界级能源技术，力图抢占低碳能源技术制高点。为此，我国也应组织多方力量联合开展有关低碳产业关键技术的科技攻关，制定长远发展规划，优先开发新型高效的低碳技术。

1. 致力不断提高低碳技术

低碳技术包括在可再生能源及新能源、煤的清洁高效利用、油气资源和煤层气的勘探开发、二氧化碳捕获与埋存等领域开发的有效控制温室气体排放的新技术，涉及电力、交通、建筑、冶金、化工、石化、汽车等众多产业部门。从欧盟的实践来看，已投入了大量资金进行技术研发，目标是追求国际领先地位，开发出廉价、清洁、高效和低排放的世界级能源技术，力图抢占低碳能源技术制高点。为此，我国也要组织多方力量联合开展有关低碳经济关键技术的科技攻关，制定长远发展规划，优先开发新型高效的低碳技术。

2. 建立健全促进低碳产业发展的相关法律制度体系

完善的法律制度体系是低碳产业发展的重要保障。欧盟在鼓励低碳发展的政策上不断推陈出新，已形成了灵活的市场机制和严格的法律体系，制定的很多计划和目标都具有法律约束力。为此，我国对于涉及能源、环保、资源等的法律也需要作进一步修改，包括可再生能源、环境保护的法律等，通过立法、修改法律和采取行动落实这些法律，推动整个社会走发展低碳经济的道路，为中国特色的经济走新型工业化的道路提供可靠的保障。

3. 注重建立排放交易的市场机制

欧盟十分关注总量控制和排放交易体系，认为碳定价是至关重要的"拉力"，以此来确保环保技术有一个健康良好的市场。排放交易是以最低成本来实现减排的重要工具，总量控制和排放交易计划在对企业提出政策要求的同时，又给企业一定的灵活性和自由，来探寻最有效和最经济的减排途径。欧盟认为，全球碳市场必须在2012年后全球气候变化协议中发挥核心作用，特别是在引导私人投资应对气候变化中占据重要地位[①]。为此，我国应建立一个包括碳排放在内的排放权市场，整合各种资源与信息，通过市场发现价格，用市场化的方法去规范各个企业的交易行为，减少买卖双方寻找项目的搜寻成本和交易成本，增强中国在国际碳交易定价方面的话语权。

———————

① 罗晖：《欧盟环境委员在美宣讲气候变化立场》，科技部驻美使馆科技处调研报告。

4.激励企业进一步发挥主体作用

发展低碳经济,需要企业发挥主体作用。2009 年 7 月,欧盟委员宣布在 2013 年之前将通过公私合作方式投资 32 亿欧元,用于创新型制造技术、新型低能耗建筑与建筑材料、环保汽车及智能化交通系统三个领域的科技研发,全部投资的一半来自欧盟预算,另一半来自相关私营企业。为此,我国也应激励企业对低碳技术进行战略投资,发展低碳技术,尽早实现技术升级;跟踪国际企业应对气候变化的情势,制定低碳产业与产品的技术标准,超前做出企业的低碳战略部署;在企业中推行低碳标识,规模化应用低碳技术,将企业社会低碳责任与产品质量、信誉结合起来;利用好国际低碳技术转让,加快实现跨越式技术发展[①]。

5.积极参与国际交流与合作

欧盟在国际社会上不断宣扬低碳发展的理念,呼吁各国共同行动发展低碳产业。如敦促美国落实温室气体中期减排目标,希望中国能够积极参与制定中期减排,并要求其他发展中国家也制订详尽的低碳发展计划。欧盟还与众多国家开展能源与气候、环境合作,如 2006 年 10 月与美国达成合作协议,共同促进技术发展,以捕捉和埋藏由燃煤导致的温室气体,设定共同的生化燃料标准等;2007 年 2 月与中国联合发起关于碳捕获与储藏的合作行动等。为此,我国发展低碳产业,也要积极参与到全球应对气候变化体系中来,加强与发达国家的技术交流合作,引进消化先进的节能技术、提高能效的技术和可再生能源技术。特别是要加强与欧盟的合作,双方在能源和气候安全方面具有相互依存性,约占全球能源消费总量的 30%,温室气体排放也约占全球排放总量的 30%,在低碳产业领域内有着广阔的合作空间。

---

① 　任力:《国外发展低碳经济的政策与启示》,《发展研究》2009 年第 2 期。

第九章　自主创新与低碳产业发展

　　自主创新是民族进步的源泉，是提高经济发展质量的内在要求。随着世界经济的发展步伐加快，对经济发展提出了更高的要求，在低碳经济发展背景下，各个国家纷纷开始加快对低碳技术的投入和研发力度，企图在低碳革命中赢得发展的主导权。从低碳产业是低碳经济的市场表现来看，低碳产业发展将会是促进低碳经济发展的核心，要紧紧抓住"低碳"主题，将自主创新战略落实在产业调整和升级的每个环节中，充分利用低碳经济带来的重大机遇，迎接挑战，实现经济发展的又一次飞跃。

一、低碳自主创新的战略意义

（一）自主创新的内涵

　　自主创新可以被理解为一种战略和发展道路的状态，也可以理解为科技创新的一种形式。较早对自主创新概念和内涵的界定，主要是从微观主体上来解释的，如企业通过攻破技术难关，形成新的技术成果，并将这些成果商业化的过程。一般来说，自主创新的内涵可以从两个层次来理解。

　　1. 狭义理解自主创新

　　创新的一个较为狭义的看法是指企业通过自己的创造性努力解决所面临的技术问题的过程。在这个过程中，主要是应用新技术、新思想、新理论、新知识、新方法、新模式以及其他相关因素，形成一个新的一系列事件组合的研究成果，并被社会识别和认可，创新活动的高级表现形式是企业掌握了核心技术和知识产权[①]。

自主创新从形式上来看，包括原始创新、集成的创新和吸收创新。原始创新的目的主要是为了获取新的科学发现，新理论，新方法和新技术；有机融合各种相关技术，形成有竞争力的创新活动并最终带来产品或产业市场竞争优势的创新叫做集成创新；引进先进的技术进行消化、吸收和再创造活动的创新被认为是吸收创新。

自主创新首先是企业的自主、自发性行为，企业作为追逐利益的经济人，在内在发展动力和外在竞争压力的条件下必然开展自主创新活动，从而获取创新成果的巨大收益。其次，企业自主创新成果必须保障产权明晰，不仅是鼓励更多企业进行创新的需要，同时有助于实现创新成果的资本化和商品化，加快推动创新的产业化步伐。在短时期内，由于创新成果内涵技术的较难模仿，企业可获得竞争优势。最后，自主创新的三种形式具有一定的层次性。"吸收创新"是初级阶段，通过开展广泛的技术交流和合作，可实现技术上的优势互补，吸收创新也是许多技术落后的国家改进技术的重要手段之一。"集成创新"是中级阶段，是在现有技术集合体上进行的创新，逐渐成为目前许多发展中国家努力实现技术赶超的一个重要范式。"原始创新"是高级阶段，要真正凸显国家优势，重点还是依靠原始创新。

2. 广义理解自主创新

广义的自主创新不仅包括技术创新，而且包括非技术创新，如管理创新、制度创新和文化创新。创新在更大的范围内发挥作用，所涉及的各个主体相互影响，相互作用，其中，主要的创新主体包括企业、高校和科研院所、创新服务和政府[②]。

首先，企业作为技术创新主体，要求企业准确把握市场需求和行业发展方向开展技术创新活动。由于技术创新具有高风险、高收益的特性，若企业创新成果能够转化为现实生产力，则会给企业带来额外收益，抵补风险损失。其次，高校与科研机构是知识创新主体。高校与科研机构是知识、技术的重要来源地和扩散地，也是一大批高素质人才的重要载体，同时，高校与科研机构可利用其优势

---

① 张首魁、党兴华：《网络环境下的企业自主创新能力研究：基于权力依赖关系的视角》，《科技进步与对策》2011 年第 4 期。

② 莫琦、付娜：《区域创新系统主体创新功能及其创新关联研究》，《现代经济信息》2010 年第 20 期。

资源，通过与企业对接，增强自主创新活动的针对性和高效性。再次，创新服务机构是重要的服务创新主体。创新服务机构能够提高创新活动的运转效率。作为连接政府、市场和企业的纽带，通过提供综合服务，能够实现政府资源，特别是资金支持和政策支持的充分利用，同时加强了企业之间的联系，改善了单纯依靠市场或是政府的低效率状况。最后，政府作为制度创新主体发挥关键作用。创新活动要想取得成功，没有合宜的制度是不可能的。制度变革可为知识创新和技术创新等提供一个良好的外部环境，并推动创新活动的规模发展和持续发展。

（二）低碳自主创新特点与发展新趋势

1. 低碳自主创新特点

低碳自主创新具有自主创新的一般特点，但同时也有其自身的特点，具体表现为：

（1）低碳自主创新的公共产品属性。公共产品主要是指满足公共需要，被大多数人共同享用的产品或服务等，将该公共产品的效用扩展到其他人的成本几乎为零，不可避免地要与其他人或企业共享的一类产品或商品。公共产品具有消费上的非排他性和受益上的非竞争性两个本质特征。已有许多学者和经济学家证实科技创新具有明显的公共产品性质，与一般科技创新相比，低碳自主创新基础性、原理性及知识性更强，应用更广泛，非竞争性和非排他性更强，更具有公共产品属性。低碳自主创新是一个开放的复杂适应系统，它的投入产出的表达非常复杂，牵涉到一系列的技术创新活动，尤其是阶段更需要高额资金的投入，短期内势必会增加企业的研发成本，研发成果确是对整个社会节能减排有利，容易被其他企业或机构直接采用，无法阻止他人的"搭便车"行为，企业将无法从中获益。

（2）低碳自主创新收益不确定性大。低碳企业进行自主创新，最终是利用创新带来的经济效益弥补创新活动支出。对于低碳产品和技术来说，目前尚未成熟，企业是基于对市场的调研进行创新活动，技术和产品开发是否符合市场需求，完全取决于企业自身对未来低碳市场的判断，增大了企业低碳创新收益的不确定性。同时，企业进行低碳创新从创新成果的大规模商业化应用中间存在一段较长的时滞，可能存在替代技术或产品出现等市场变化风险，增加了企业前期沉没成本的可能。此外，低碳自主创新交易的市场环境尚未形成。对于国外低碳经济发展较快的国家，已经可以开展低碳技术交易，但从总体上看，保障低碳技术交易的整体市场环境尚不完善，保障机制、激励机制与监管机制亟须加强。

（3）低碳自主创新高投入性和高风险性。高投入性主要体现在两个方面：一是初始资金投入大。低碳自主创新产生的技术具有相当程度的原创性，企业很难从已有市场上寻找到可用的知识，需要投入更多的资源去探索这个全新的领域。其次，低碳自主创新产品几乎在市场上没有替代品，要求的设备、原材料和管理方式等等都高于传统产业。二是投入周期长。企业低碳自主创新经历创新项目决定、研究开发、产品导入和规模生产等许多环节，资金需求量也随着过程的深入而不断增加，资金完全收回具有很大的不确定性。同时，企业为了能够获得市场竞争优势，也必须增加在创新活动中的各种资源。高风险性表现在：一是体现在市场环境的复杂多变，譬如宏观经济的外部大环境发生变动，这些构成系统性风险，任何企业都无法避免。二是企业面临风险的不确定性。企业低碳创新不仅要面临市场风险、技术风险，同时财务风险、管理风险等也直接威胁到企业的生存。

2. 低碳自主创新发展趋势

低碳产业包括有高科技行业，这些行业科技含量高、产品附加值大，产业渗透性强；有资源友好型产业，这些产业以提高资源利用率，改善生态环境为目标；也包括能带动经济结构优化调整、创造巨大社会效益的行业等，是确保国家经济稳定和产业安全的支撑性行业。战略性新兴产业因其低碳发展潜力较大，成为目前世界各国重点支持发展的产业，随着战略性新兴产业的发展，对于低碳产业自主创新发展趋势也可窥见一斑：

（1）研发全球化、集成化。低碳产业发展壮大需依托核心技术，这些技术往往是在许多技术集成的基础上突破创新形成的，企业要努力将自身培育成集成创新的主体，要走在发展的前列。另一方面，低碳产业的研发出现了全球化的趋势，各种优势资源，如企业专利、技术、信息等在国际范围内可自由流动，这对于一国企业开展技术创新提供了机会，要鼓励企业积极参与到国际经济和技术的交流和合作之中。同时，从国家层面上看，国家若可以抓住机遇，妥善应对，对于不断完善一国的创新体系的也大有裨益。

（2）主导设计、标准竞争白热化。低碳产业由于发展时间不长，产业尚未成熟，许多技术还没有以国际标准形式予以确认。各个国家大力研发相关领域技术，企图通过占领技术的主导设计地位抢占发展先机，造成了市场上竞争愈演愈烈的局面。可以说，主导设计既是企业竞争成败的关键，同时，还决定了围绕每项新技术的一系列互补性行业的兴衰，这是譬如我国之类的发展中国家面临的新挑战。

（3）产业发展低碳化、生态化。过去，大多数国家工业的发展不是一个可持续发展的循环，高能耗、高排放、高污染现象十分普遍。产业发展低碳化、生态化发展是加速一国的产业结构升级，实现经济又快、又好发展的强大助推力，实质是强调低污染、低排放、低能耗，重点是保护环境，提高资源利用率，走可持续发展道路，低碳产业是一批具有高技术支撑、科技研发能力强、资源利用效率高的企业组成，在低碳经济背景下，要实现产业结构的合理化和高级化，需要更多地关注低碳产业发展，在发展中更多地考虑到低碳化生产、加工、包装、运输和储存等环节，从而实现低碳一体化生产。

（三）低碳自主创新的战略意义

1.是带动经济增长，调整产业结构的重要保障

众多经济学家在研究一国经济增长动力时，都强调科学和技术是第一位生产力。杰佛里·萨克斯教授曾指出：在过去 50 年、100 年、乃至 200 年中，收入增长的主要源泉并不是资本的积累，而是技术的进步。索洛发现，美国经济增长的约 80% 来自于技术创新，资本积累发挥的作用只有约 20%，即提升技术是实现可持续经济增长的重要途径。低碳经济已成为发展潮流，低碳创新对经济增长将发挥关键作用。低碳创新可以分为一般知识和专业化知识，一般知识产生外在的经济效应，专业化知识产生内在的经济效应[1]。一般知识与专业化知识的结合不仅可以使低碳技术作为独立要素产生递增的收益，而且同时使非知识要素的收益递增。这种低碳技术之积累是低碳经济增长的主要源泉。

低碳经济的发展以及低碳技术的自主创新会带来产业结构的调整，使以低碳技术为核心的产业成为低碳经济发展模式下的新兴产业。国家核心竞争力就是产业国际竞争力，在国际市场上，国家之间的竞争表现为各个国家的产业之间在国际市场上的实力较量，在低碳经济发展模式下，低碳产业是国家核心竞争力的重要来源，而低碳技术的自主创新将会对传统产业产生影响，也会催生新兴产业的产生，从而使原有的产业国际竞争力和国家核心竞争力发生相应的变化。[2]

2.是转变经济发展方式，实现产业升级的必要环节

随着世界工业化进程的加快，资源能源消耗加剧，环境污染严重，温室气

---

① 罗勇：《以低碳创新推进可持续城市化》，《中国科技投资》2011 年第 11 期。

② 伍华佳：《中国低碳产业技术自主创新路径研究》，《社会科学》2013 年第 4 期。

体排放已成为世界性的环境问题，各国纷纷重视碳减排，发展低碳经济成为世界议题。据世界气候大会报告，当前因生产领域带来的碳排放占到地球碳排放总量的 70% 以上，重点表现在机械、电子、化工、制造业、冶金等能源消耗突出的部门。现今的经济发达国家，如欧美日等国家，在上个世纪都经历了一段较为漫长的粗放式发展的工业化进程，其主要特征表现在高能耗、高污染的传统制造业占据了国民经济生产的极大比重。但是随着国外对科技革命的重视，开始进行传统产业低碳化升级，主要通过发展文化创意产业、现代服务业、新型"低碳工业"以及改造提升传统制造业，实现了产业的"高碳"置换。同时，重点在国内发展高新技术支撑产业，如信息产业、新能源产业等，而将仍具有"高碳"行业特征的一些产业通过国际贸易转移到发展中国家，结果造成了诸如中国之类的许多发展中国家成为高耗能产业资源、能源的攫取地和污染排放地。

基于国家经济发展方式转型需要，发展低碳经济、进行低碳革命已成为国家战略与民族共识，同时对于发展中国家进行传统产业升级方面更具有重大意义。产业低碳化转型是产业升级的重要表现，低碳化转型需要嵌入低碳技术。低碳技术应用于工业生产必须要依靠低碳创新实践，主要是通过三个层面的创新成果应用：一是工业生产过程动力系统的低碳设备更新与改造升级，有利于用电、用热等的节约化；二是原材料加工过程中，生产设备的节能降耗系统改进；三是产品流通环节的低碳包装与绿色物流创新①。

3. 是继续应对国际金融危机，参与全球竞争的必然要求

金融危机的爆发对世界经济的冲击颇大，从表面上看，2008 年爆发的金融危机是对经济速度的冲击，实际上是提出了需要技术和知识支撑的经济发展思路，企业在发展过程中也逐步意识到只有创新才是企业的生命线，是企业获得竞争优势的动力源泉。

随着经济一体化进程加快，越来越多的企业参与到国际竞争中去。在国际贸易中，一些发展中国家占据着产业链分工的低端，以高昂的成本获取少量的经济利益，要想改变在贸易中的地位，必然要求进行自主创新。首先，进行低碳自主创新是企业的现实需要。过去，我们国家出口产品经常面临各种绿色贸易壁垒，给企业带来了重大的经济损失。新时期下，更多地利用低碳技术，生产低碳产品是符合市场需求的，能够减少不必要的贸易摩擦，开拓国外市场；另一方

---

① 胡小武、吴聪萍：《过程低碳化：低碳经济之路的创新战略》，《科技与经济》2011 年第 3 期。

面，对于进口高碳排放产品征收碳税，削弱本国出口产品竞争力问题可有所缓解。其次，国际竞争形势要求进行低碳自主创新。目前，世界主要国家都在积极抢占科技创新的制高点，重点发展节能环保产业和新能源产业，培育经济增长的新动力，也预示着国际竞争格局的新变化。要抓住新一轮科技革命和全球产业结构调整的重要机遇，就必须在科技进步和自主创新上有更大作为，形成新优势，赢得经济发展的主动权。

二、自主创新与低碳产业发展关系

自主创新是经济增长的原动力之一，关于低碳经济的发展，国内外学者基本达成了共识，即"使用低碳技术是减少碳排放的重要手段。"在工业化发展过程中，节约能源，提高能源利用效率，改变现有能源结构和开发新能源等必须要求低碳技术的大力支持，从而实现碳减排目标。低碳经济发展发展将会带来一场新的革命"低碳革命"，谁抓住了这个机遇，谁将赢得发展的主动权。

（一）低碳是技术创新的方向和指引

不同的经济发展模式，必须适应相应的支持技术水平。经济发展模式和技术水平相互影响，技术创新对经济发展模式有指导作用，而技术创新影响经济发展模式。传统的经济发展方式注重量的增长，很少考虑甚至不考虑环境对经济发展的承载能力以及未来的可持续发展，认为市场机制通过技术创新能克服资源的局限性。传统发展模式下的技术创新具有能耗高、效率低、污染严重的特点，随着人们对经济社会认知程度的深入，一个更合理的认知即"经济增长的可持续发展原则"正在被付诸实践。主要强调不能无限地使用自然资源和社会资源，这是由地球系统和生活空间的物理限制所决定的，所以经济发展重点要从只关注经济增长转移到可持续发展上来。这种发展模式下的创新侧重于经济效率的改善，相对于传统经济发展模式，低碳经济的低排放、低能耗、低污染特性的模式更符合人与自然和谐共处的发展规律。发展低碳经济，技术创新必然走向节能、减排的方向，要重点发展低碳技术。低碳技术包括：一是"无碳技术"，即大力发展无碳排放的清洁能源技术。主要包括太阳能发电技术、液压发电技术、地热采暖和风力发电、生物质燃料等技术；二是"减碳技术"，是指生产过程中的低二氧化碳排放，集中体现在三大碳源的节能减排上，包括电力、交通、石化等众多行业；三是"去碳技术"，利用技术的典型如碳捕获和储存技术以及资源化利用等[①]。

（二）技术创新是实现低碳产业发展的关键

低碳经济要求改变传统的发展模式，它的实现是一个系统工程，包括经济、科技、社会在内的一个系统内部要实现理念、制度、技术和其他方面的变革。其发展的全过程都体现了对技术创新的依赖。低碳产业是低碳经济市场化的表现，相对于传统产业，其优势主要表现在绿色竞争力上。自主创新对低碳产业的发展具有重要的促进作用，不仅可以促进传统产业的结构升级和优化改造，还可以提高低碳产业发展的质量和效率。

首先，低碳产业发展需要革新现有技术支撑系统。在传统的经济发展模式下，一些技术已经不能满足低碳发展模式，需要对传统技术进行升级来适应低碳经济发展模式。第一，低碳产业推动低碳技术的产生与发展。低碳产业的实现需要一系列的相关的低碳技术支持，包括可再生能源和新能源技术、二氧化碳捕获和封存技术、清洁生产技术、污染控制技术、环境监测技术、能源技术的综合利用。经济发展的传统模式是不可能提供足够的空间，并为低碳技术的生产和研发提供激励，但低碳产业的发展会直接推动低碳技术的产生和运用。第二，技术创新是低碳产业赖以实现的技术基础。技术创新是低碳产业发展的重要支撑，无论是传统产业转型升级，还是新兴低碳产业的发展，技术创新不可或缺。要将技术创新成果大规模应用至整个产业，实现产业链条低碳化。

其次，低碳经济发展的核心是低碳技术创新，低碳产业的发展应依托企业的发展，企业是产业发展的基本单元。以企业为主体的创新要满足市场需求，产业发展的良好组织环境会加速企业进行创新，创新行为也更具有针对性。在经济发展过程当中，企业的创新行为要想取得成功，需要多方面因素的协调和配合，不仅包括企业内部组织之间的管理和效率、制度设计、知识和信息的传播与交流，也来自于企业之间的多角度的知识创造和共享，即需要企业与他们的合作伙伴之间建立良好的互动关系，只有这样，创新才有可能取得成功，创新才会有效率。同时，企业创新要定位行业发展需求，任何企业都只是产业链生产环节中的一环，要依据上下游企业对产品和技术需求来开展自己的创新活动，从而实现与上下游企业产品与服务的互补和配合。

再次，低碳生产力的提高主要是依靠国家（区域）内具有竞争优势的低碳产

[①]　张莎莎、张建华：《低碳经济技术锁定研究》，《技术经济与管理研究》2011 年第 10 期。

业带动发展起来的，一国的低碳经济发展水平和发展层次主要是通过具有竞争力的低碳产业以及相关的产业集群表现出来的，也是该国低碳产业发展绩效的综合表现[1]。低碳产业将会吸引各种优势经济资源，如人力资源、技术资源、信息资源等进入相关行业或领域，同时，上下游产业之间的互利共生关系会形成一大批相互关联的产业聚合在某些地区，最终形成具有一定产业特色的产业集群。处在产业集群内部的各个企业都可享受低成本的物流服务、信息服务和技术服务，同时，可降低交易成本，产生一批专业化分工的供应商、加工商，提高了经济效率。此外，产业集群意味着产业竞争愈加激烈，企业为了占据优势市场地位，必然会加快创新步伐，增大研发力度，正是低碳产业集群推动了低碳技术创新。

（三）自主创新是解除"碳锁定"的重要途径

碳锁定是工业化进程发展到一定阶段的产物，指的是一种经济水平下的技术路径依赖，这种状态也被叫做"技术—制度复合体"（Tecno-Institutional Complex，简称TIC）[2]。制度和技术在经济系统内部是相互联系，相互影响的，一定制度下的技术可能并不是最优技术，但是稳定的技术制度形成就会抵制变化的发生并保持这种稳定的状态。碳锁定尤其是锁定在碳密集的化石燃料能源系统，碳锁定一旦形成，就要遵循现有技术路径进行生产，可能会导致产业竞争能力弱，企业缺乏创新动力，更高效的技术不能被广泛使用，经济系统内部创新能力严重不足，不利于提高经济效益和改善环境效益。

碳锁定实质上就是技术锁定，是对某些技术产生的路径依赖，发展低碳经济必须要解除碳锁定，突破性创新和渐进性创新是现有技术路径的重要突破口。突破性创新主要是指因技术的发展促进了市场启动，会产生新市场和潜在应用前景，伴随着一些新兴企业进入市场，有时甚至会引发整个产业的技术变革[3]。突破性创新分为：①前瞻性技术。前瞻性技术仍处于研究阶段，需要投入极多的人力、物力，代表未来科学的发展趋势，如海洋能源、天然气水合物技术，有很大应用潜力。②创新性技术。创新性技术是那些还处于研发期、尚不成熟的技术，如海上风电技术。企业既是此类技术创新的主体，也是扩散的主体，应努力促进企业创新能力建设，鼓励企业积极参与产学研合作，为技术产业化推广奠定基础。渐

① 冉光和、鲁钊阳：《低碳产业研究进展》，《江苏社会科学》2011年第3期。
② 王岑：《"碳锁定"与技术创新的"解锁"途径》，《中共福建省委党校学报》2010年第11期。
③ 张莎莎、张建华：《低碳经济技术锁定突破研究》，《技术经济与管理研究》2011年第10期。

进性创新，属于拉动创新模式，即在市场需求方的拉动作用下，发掘现有设计中的潜力，对现有产品进行提升或改进，进一步巩固已有企业的市场地位①。①成熟技术。成熟的技术主要是指技术上基本上趋于成熟，并开始了大规模示范应用。这种技术主要是通过和市场上相似技术竞争，突出自身优势，占领市场，由此降低成本。②商业化技术。商业化技术能够带经济价值，如太阳能加热系统，但这类技术在市场推广上面临许多困难，需要政府发挥一定作用，通过实施一定的辅助政策，同时坚持以市场为导向，方可促进这种技术的大规模商业应用。

（四）中国低碳产业技术创新面临挑战

1. 从国际环境来看，发达国家意图占领未来低碳技术制高点

哥本哈根谈判虽然已经结束，各国在履行减排任务等焦点问题上也进行了相关承诺。但是不难看出，众多发达国家都采取的是外松内紧的政策，企图发展国内碳市场和国际碳市场，占据发展的优先权。

美国通过此次谈判，制定了 2020 年的碳减排目标，要在 2005 年碳排量的基础上再降低 17%，这与议定书要求的目标有较大差距。但美国政府通过的《清洁能源安全法案》，强调要进一步加快低碳技术的开发和利用，重点是要培育低碳市场的霸主地位。主要体现在：一是在新能源、电动汽车等低碳技术上加大资金投入，促进技术成熟，对别国相关领域的低碳技术研发实施压制，从而建立相关领域技术的国际市场控制权。二是试图建立一个未来可以影响国际市场的低碳期货市场，以实现对气候变化的控制。三是借助国家占据的技术和资金优势来削弱像中国这样的发展中国家在开发低碳技术室所拥有的资源禀赋优势，让中国成为低碳技术产品的输出地。四是将低碳技术研发安置在他国而非本国，意在利用别国资源，降低研发成本，而研发成果服务本国企业。

同样地，日本政府也不愿过多承担国际组织要求的减排任务，虽然提出要实现 2020 年较之 1990 年减排 25% 的目标，但却要以如美国等的发达国家完成目标为前提。日本采取了典型的以退为进策略，2009 年 8 月发布了《日本 2010 经济产业政策重点》，低碳技术的相关政策支持是其主要内容，旨在通过产业政策鼓励创新技术的开发。同时，日本已投入巨资开发利用风能、太阳能、氢能、燃料电池、其他替代能源和可再生能源，并积极研究潮汐能、水能、地热能等，意在加强这些技术领域的优势。

---

① 张莎莎、张建华：《低碳经济技术锁定突破研究》，《技术经济与管理研究》2011 年第 10 期。

2. 从国内环境来看，我国低碳产业自主创新面临困境

突出表现在：（1）能源利用率低，节能减排形势严峻。目前我国仍是以煤炭、石油和天然气等化石燃料为主体的能源消费结构，在一次能源消费结构中，煤炭的比重一般为2/3，几乎各大行业均呈现"高碳"特征。二氧化碳排放强度较高，2007年碳基燃料排放的二氧化碳量达到54.3吨，世界排名第二。（2）低碳技术整体水平落后，与发达国家有较大差距。我国的低碳产业处于成长期，一些还在萌芽阶段，许多技术尚不成熟。如我国在一些低碳关键技术领域存在着技术和市场两头在外的问题，比如光伏电池，虽然我国该行业的产业规模较大，但核心装备制造大都靠国外进口。像生物质能、新能源与新材料技术发展水平较低，与发展国家有很大差距。同时，我国目前拥有的核心技术数量较少，在公布的《2010年中国人类发展报告》中指出，我国至少需要60多种核心技术来实现低碳经济目标，但目前掌握核心技术的不到20种[①]。以低碳专利技术为例，欧盟、日本、美国等发达国家在电动汽车领域申请专利量达到的95.5%左右，而中国仅占4.5%左右。（3）资金支持不够，研发投入少。发达国家为了推动低碳技术研发，纷纷加大资金的扶持力度，充分发挥政府资金的带动作用，投入资金数量占极大优势。近年来，尽管我国的科学和技术方面的支出明显增加，但与发达国家相比，研发支出占比GDP仍然较低。2007年，我国科研经费支出占到GDP比重的1.49%，而在美国高达2.62%，日本3.39%，韩国为3.23%[②]。资金投入的主要对象是科学研究机构和高等院校，最需要资金支持的中小型企业却没有成为受益主体。（4）向发展中国家技术转移困难。尽管"联合国气候变化框架公约气候变化"和清洁发展机制（CDM）对发达国家低碳技术转移有一定约束力，但实际效果不尽如人意。一方面，发达国家企业处于垄断利益考虑，阻碍低碳技术的扩散、转让，同时还以保护知识产权为名设置技术、标准壁垒，确保低碳竞争优势。另一方面，发达国家虽然进行技术转移，但是转移的技术大多是中低端技术，十分重视关键技术和核心技术的外溢和扩散，尽量减少此类技术的转让和转移。

---

① 孙成成：《多边法律体制下碳关税的法律分析及应对思考》，南京财经大学硕士学位论文，2012年。

② 沈择洋：《东北区域全面推进国家战略性新兴产业的现实论证》，《决策咨询》2012年第4期。

三、低碳产业自主创新实力与水平

低碳产业是伴随着经济的发展逐步产生的，是为了适应新的市场需求而发展壮大起来的，分布在众多的行业和领域，代表了未来一段时间内国家产业重点调整和发展的方向。低碳产业自主创新对于低碳产业做大做强乃至成为一国主导产业起关键作用，提升低碳产业自主创新实力与水平迫在眉睫。

（一）低碳产业自主创新实力现状

低碳产业范围广泛，几乎涵盖了所有能够利用低碳技术进行"低碳化"生产和服务的行业，主要包括低碳节能减排产业、新能源产业与低碳服务业等。低碳自主创新既包括运用低碳化技术实现传统产业如钢铁产业、汽车产业的低碳化转型，也包括新兴低碳产业如新能源产业的一系列创新活动。

1. 总体表现

低碳产业自主创新成果主要是以技术的形式体现出来的，发展低碳产业，需要三大类技术支撑：减碳技术、无碳技术和碳捕获封存技术。具体来看，一是减碳技术的开发和应用。如高能耗、高排放领域的节能减排技术，煤的清洁高效利用、油气资源和煤层气的勘探开发技术等；

以火力发电为例，火力发电一直是碳排放较高的部门，目前，整体联合气化循环发电技术（IGCC）和天然气联合循环发电技术（NGCC）备受关注。IGCC 技术是一种有广阔前景的洁净煤发电技术，许多国家如美国、英国、日本、荷兰等已纷纷开始建立 IGCC 示范电站工程。NGCC 是利用天然气燃烧发电后排放的废气继续发电的技术，在一些工业发达国家，NGCC 新增的容量已超过火力发电。此外，新能源动力汽车技术、新型建筑保温材料的开发、智能控制等方面都取得重大突破，节约能源技术得到很大发展。二是无碳技术的突破。如利用可再生能源和核能，大大减轻了碳排放带来的气候变化压力。核能不会加重地球的温室效应，法国目前是世界利用核能第一大国。风电、太阳能和生物质能是近年来发展最快的可再生能源，以风电为例，全球风力发电产业装机量近 10 年来以 25% 的年增长速度飙升，风电技术不断得到突破。三是碳捕获与封存技术（CCS），主要是将化石燃料产生的二氧化碳封存在地下低质构造中、深海或者通过工业流程将其凝固在无机碳酸盐的过程。CCS 技术将会是未来最具有广泛应用前景的减碳技术，目前 CCS 项目主要分布在北美和欧洲，亚洲较少，因其研发成本高昂技术较难突破，商业化应用目前较少。

2. 国家比较

目前，发达国家在低碳技术研发上先行一步，自主创新实力较强，在多数领域暂居领先地位。如德国的光伏发电技术，美国和法国的核能应用技术、氢能应用技术特别是氢燃料的电解水技术，美、日在流程工业如钢铁、石化等高耗能行业的单位碳排放指标居于世界领先地位，在风能、生物质能源、光伏发电、核能等方面的市场化、产业化步伐与成绩也是走在世界各国前列。我国低碳技术在许多领域缺乏核心技术支撑，如风能和太阳能光伏发电领域、LED 照明领域等。以风电技术为例，丹麦、德国、西班牙和美国等国家的风机制造商，由于其进入行业较早而具有先发优势，且雄厚的技术实力。尽管我国具备较强的风机制造能力，但是技术研发和设备制造能力较弱，关键技术与主要设备仍然依靠进口，主要风机专利仍掌握在外国企业及其在华子公司手中。如 GE 申请专利为 822 项，Vestas（51），Wobben（40）等[1]。

3. 较为成熟领域

汽车动力领域一直是各个国家关注的焦点，早在上个世纪 90 年代，汽车动力领域就开始了一轮持续性的重大技术创新。首先是 90 年代初先进柴油车技术获得突破性进展，并在欧洲快速地实现了大规模商业化应用，其后在全球范围内形成了汽车柴油化的潮流。[2] 之后，很多国家制定了混合动力车和燃料电池车的研发计划，如法国的混合动力汽车研发计划，美国燃料电动车示范项目，日本的氢能及燃料电池示范项目等，大量的研发资金投入使得节能环保汽车技术不断推进，特别是进入 21 世纪后，混合动力技术逐渐成熟，在美国日本市场已开始进入初步的商业化应用。

---

① 王文军、赵黛青、陈勇：《我国低碳技术的现状、问题与发展模式研究》，《中国软科学》2011 年第 12 期。

② 王发明等：《低碳技术：低碳经济发展的动力与核心》，《山东工商学院学报》2011 年第 2 期。

（二）发达国家推动低碳产业自主创新实践

自 2008 年以来，许多国家逐步认识到自主创新的重大战略意义，都不约而同地把科技创新投资列为最重要的战略投资，把发展高技术产业作为带动经济社会发展的战略突破口。

1. 明确部署未来一段时间的发展重点

美国 2009 年 9 月颁布了美国创新战略：《推进可持续增长和提供优良的工作机会》报告，报告中大力支持先进汽车技术的研发和推广，重点开展一场清洁能源的革命①。同年 12 月美国总统执行办公室公布的《重整美国制造业框架》提出制造业是美国经济的核心，提升制造业水平，重点发展高端装备制造业；要振兴钢铁工业和汽车工业，特别是新型能源汽车的大规模使用；重点发展资本密集型的生物工程产业；大力扶持纳米技术产业；维持航空业的领导地位；此外，要大力发展智能电网。

低碳经济将引发一场新革命，欧盟企图通过重点发展低碳产业形成国际低碳市场影响力，同时推动国内经济结构调整和转型。2008 年爆发的金融危机让欧盟认识到数字经济在一国经济发展中具有强大的支撑作用，并将其作为下一步摆脱危机的重要开发领域。在 2008 年底的经济刺激计划中，欧盟斥巨资投资信息产业。

日本政府也开始重视开发新兴产业，在 2009 年 4 月公布的新增长战略中，指出重点发展领域包括太阳能、节能环保汽车、文化旅游等，12 月又发布了《面向光辉日本的新成长战略》，重点发展健康医疗产业和资源、环境友好型产业。

2. 高度重视研发投入，从战略计划到政策保障多角度推进自主创新

美国将新能源产业作为重中之重，重点将资金用于开发新能源技术和研究替代能源上：投入 218 亿美元用于发展节能行业，支出 200 亿美元促进电动汽车的推广。据估计，在新能源技术的研发经费支出额可达 1500 亿美元。同时，政府打造了 46 个能源前沿研究中心，重点是提高资源利用率，特别是石油，以实现 2030 年的石油消耗量比现在降低 35% 的目标。为了扶持信息产业，划拨基础建设投资中的 72 亿美元用于改善特别是在偏远地的网络宽带接入。此外，为了大力发展生物产业，营造产业优势，美国制定了《国家生物质能源计划》《生物

---

① 姜江：《世界战略性新兴产业发展的动态与趋势》，《中国科技产业》2010 年第 7 期。

信息基础设施计划》《生物盾计划》等生物产业促进计划，实施了"生物技术产业激励政策"。

欧盟专注于新能源产业的突破，从减少碳排量到制定环境质量标准再到增加资金投入，建立交易机制等稳步推进，统领成员国大力发展低碳产业。欧盟计划投资1050亿欧元支持"绿色经济"建设，重在发展世界级的清洁、高效低碳技术。欧盟已经制定了详细的能源计划，包括战略能源技术计划、欧盟能源技术战略计划等，计划内容包括市场主体的交易规则、监督和保障机制、竞争和协调机制等。在2009年，欧盟在原有投资基础多投60亿欧元用于网络宽带基础设施建设，同时对网络进行改造升级，实现网络的广覆盖。同时，欧盟在物联网技术上做了很多创新性工作，颁布了《欧盟物联网行动计划》，意图引领世界物联网技术。

日本政府提出"环境能源技术创新计划""低碳社会行动计划""新经济成长战略"和"为扩大利用太阳能发电的行动计划"，颁布了《能源合理利用法》《石油替代能源促进法》等法律促进新能源产业发展[1]。2009年1月，日本政府推出了新的经济刺激计划，主题是发展绿色经济，在原有投资规模上再支出15.4万亿日元，资金将主要用于发展新能源产业，如太阳能产业等清洁能源产业，新型节能环保汽车产业，新能源研发财政预算也实现了较快的增长，较之2008年增长了大约50%。

（三）低碳产业自主创新实力与水平分析

1. 自主创新效率影响因素分析

以企业为研究对象，影响企业自主创新效率的因素，主要包括企业规模、制度和竞争程度等。企业创新效率随着企业规模的扩大也呈现出增长的趋势，但当企业规模达到一定限度后，随着企业规模的进一步扩大，不能享有规模增大带来的技术、人才等好处，企业的知识、技术溢出效应明显，创新效率提升不明显，企业创新动机减弱，就会阻碍企业创新能力的提高。所以，估算出企业创新效率开始下滑的规模边界具有十分重大的现实意义。对制度因素分析，政府的政策支持（多表现为资金扶持）对企业的创新效率具有正向的影响。产业竞争越激烈，产业的创新效率就越高。此外，企业在进行创新时可以有不同的选择模式，比如依靠自身研发、技术引进、技术改造和消化吸收，前者代表原始创新，后者代表模仿创新。不同的模式选择对企业创新效率的影响也各有差别，企业的原始创新

---

① 陈蓁:《培育和发展战略性新兴产业的现实背景和战略意义》,《学习月刊》2010年第7期。

对创新效率的提升最为明显，模仿创新可能会抑制企业创新效率。从单个因素来看，如果只考虑技术引进这一项因素，技术引进是会改进企业创新效率，但这种作用只是短时期的，对于长期内企业的创新能力和市场竞争会产生不利影响。

2. 自主创新能力评价

对低碳产业的自主创新能力进行评价，设计指标体系时需考虑到指标数据的可得性、可比性，同时要遵循选取指标的科学性和客观性原则，基于此，拟通过四个方面的指标来构建评价体系，包括潜在技术创新资源、技术创新活动投入、技术创新活动产出能力和技术创新环境[1]。

表 9—1　低碳产业自主创新能力评价指标体系

一级指标	二级指标	三级指标
潜在技术创新资源 A	经济资源存量 A1	工业增加值 A11（亿元）
	人力资源存量 A2	科技活动人员 A21（人）
		科技活动人员中科学家和工程师 A22（人）
技术创新活动投入 B	新产品与技术研发 B1	新产品开发经费占主营业务收入比重 B11（%）
		消化吸收经费占主营业务收入比重 B12（%）
	科技活动与研发 B2	R&D 经费内部支出占总产值比重 B21（%）
		科技活动经费内部支出占总产值比重 B22（%）
技术创新产出能力 C	专利申请与获得 C1	专利拥有数 C11（项）
		专利申请数 C12（项）
	新产品产出收入 C2	新产品销售收入占主营业务收入比重 C21（%）
		新产品出口销售收入占主营业务收入比重 C22（%）
技术创新环境 D	政府部门扶持 D1	科技活动经费筹资额中政府资金数额 D11（亿元）
		政府资金数额在科技活动经费筹资额中所占比重 D12（%）
	金融机构支持 D2	科技活动经费筹资额中金融机构贷款 D21（亿元）
		金融机构贷款在科技活动经费筹资额中所占比重 D22（%）

（四）我国低碳产业自主创新问题研究

我国低碳产业尚处于发展阶段，许多行业和部门都不太成熟，自主创新实

---

[1]　刘玉芬、张目：《西部地区高技术产业自主创新能力评价指标体系构建》，《科技管理研究》2010 年第 14 期。

力呈现一定的层次差异。较之发达国家，存在极大差距，究其原因，突出表现在以下几个方面：

一是缺乏激励机制，自主创新持续性能力不强。要发展低碳经济，必然要打破原有的产业利益格局，投入充裕的资金进行研发，配套相关的一系列设施，改变企业原有的管理模式和营销理念等。低碳企业由于创新的成本较大，主要是因为创新的市场不确定性、费用高、创新成果知识产权保护难度大等问题存在，造成企业自主创新缺乏动力。同时，市场机制不够健全，主要表现在资本市场、政策扶持等需要政府及时跟进的各项制度改革无法同步，产学研合作共赢机制也尚未建立，造成企业创新活动的交易费用较高，更加重了企业创新的风险，动力不足则很难催生技术创新取得重大突破。

二是无序竞争抑制了低碳产业自主创新的动力。为了更好地促进战略性新兴产业的发展，各地区纷纷出台了战略性新兴产业发展规划及相关激励政策。然而，由于各地战略性新兴产业的选择上缺乏统筹规划，导致很多地区出现了相同项目集中上马的现象，在带来某些领域快速发展的同时，也导致无序竞争问题，从而抑制了这些领域自主创新能力的进一步提升。如我国的光伏产业，在我国目前的经济发展阶段下，尤其在资源、能源价格尚未完全市场化以及以煤电为主的电能格局并未有所改变的背景下，大规模推动光伏产业的发展很容易导致产能过剩，进而引发无序竞争，这会极大打击光伏产业刚刚兴起的研发热情，并使其未来发展中，在自主创新能力提升方面陷入困境。

三是人才缺乏导致研发能力薄弱。自主创新很大一部分要落实到科技创新上去，科技创新需要高素质的人力资源。对于我国来说，科技创新水平不高，研发能力有限。我国低碳技术研发能力不强是存在诸多因素限制。首先是人才缺乏。不管是核心的技术研发人员、优秀的技术操作人员以及具有良好素质和前瞻眼光的企业家，整体规模变小。其次是低碳创新起点低，整体科研水平落后。在一些发达国家，早就建立了本国的低碳自主创新技术路线图，逐步完善了自主创新体系，而我国的创新体系刚刚展开，阻碍创新效率。同时，一些高端复杂的核心技术不被掌握，在进行前沿技术和关键技术突破时显得力不从心。最后是研发资金严重短缺。我国研发投入占 GDP 的比重在 1.4% 左右，而世界平均水平是1.6%，发达国家是 2% 以上。

四是国际转让困难。尽管应对全球气候变化已达成共识，亟须发挥技术创新和技术转让的关键作用，但是在实践操作中，结果并不理想。对于掌握了先进技术的发达国家而言，存在着技术转让封锁和转让费用过高问题，一方面为防止发展中国家的技术赶超，削弱本国企业的竞争优势；另一方面从技术接受方来说，获取技术成本过高，人才缺乏都是导致技术转移的障碍。

五是实际应用不足。近十几年来，我国的低碳技术取得了一定的进展，许多技术都已经得到，但由于长期的科技体制与市场脱钩，造成科技成果转化率极低。据资料显示，2011 年，中国科技成果的市场转化率不到 20%，最终形成产业的只有 5% 左右，不仅远远低于发达国家 70%—80% 的水平，也低于印度 50% 的科技成果市场转化率。同时，资金问题、市场不成熟、技术成果质量不高等因素也是制约中国应用技术成果转化推广的主要障碍。

四、低碳产业自主创新战略对策

现阶段，低碳经济已成为发展潮流，世界各国纷纷重视低碳建设，取得了一定的成效，但也暴露出许多问题。自主创新是未来各国发展低碳产业的重要着力点，低碳经济发展将会带来技术的又一次革命。不管是基于增强国家影响力的考虑，还是一国自身经济利益和环境利益考虑，自主创新不可或缺。低碳产业作为低碳经济发展的重要依托，实现低碳产业自主创新具有重大的现实意义，在实现低碳自主创新战略中，我们要总结经验，统筹规划，突出重点，保障实施，努力实现低碳产业又好、又快发展。

（一）建立低碳技术自主创新市场环境

碳技术市场的建立是十分必要的，它能及时地将自主创新的低碳技术及时转化成市场需要的低碳产品和服务。市场需求是企业创新的主要动力，同时也是企业创新活动方向的重要指南，良好的创新市场环境会给企业创新带来便利，降低企业创新成本，提高创新效率。建立低碳自主创新的市场环境重点包括：（1）建立和完善知识产权交易和评估体系。企业自主知识产权中的一部分是以专利、技术形成存在的，完善产权评估和交易，有助于企业之间的技术转让和获取，形成企业创新的外部激励，同时方便高技术创新企业资金融通，推动更深层次的技术研发。（2）建立健全信用担保体系。资金不足是企业自主创新的一大障碍，信用担保体系可有效解决企业融通资金问题。首先，政府要鼓励支持金融机构开展信用担保服务，金融机构做好审查和监督工作，其次，担保主体的多元化，除了企业可成为担保人，政策性的担保公司也可对企业提供担保，政府财政预算要对其进行补偿，以减少损失。（3）完善中小企业创新服务体系，要成立各种协会、商会，建立技术服务中心、咨询中心和信息网络共享平台等。（4）健全低碳技术开发的法制体系。低碳产业发展的法律法规不能满足需要，要加快推动法治建设，规范市场交易规则，明确市场主体权责，改善市场交易秩序，提高市场管理水平。（5）建立低碳技术创新的标准体系。采用国际技术标准进行技术推广，降低企业技术研发信息成本。特别地，国家应重视参与国际技术标准的制定，形成技术的主导设计，降低相关产品和行业在贸易中的摩擦成本。

（二）以市场为导向，鼓励和扶持企业成为自主创新中的主体

要确立企业在自主创新活动中的主体地位。许多国家经验表明，企业的创新能力是反映一国综合创新能力强弱的重要标志，然后才是大学和科研机构。现阶段，许多创新活动并没有集中于企业，也没有实现和企业的紧密结合，导致科技成果转化率不高，企业自主研发能力薄弱。

1. 将企业培育成自主创新的决策主体

企业自主创新活动开展必须考虑到技术生命周期，选择科学的技术创新模式，尽可能以较小的成本获取较高的收益和效率，重点要做好两种决策。（1）原始创新、集成创新和吸收再创新决策，主要是考虑到企业核心技术所在的技术层次。如果企业要开发的核心技术是相关领域的前沿技术，原始创新可保证企业最大限度享有创新成果好处。如果企业核心技术属于共生技术和关键技术，集成创新模式比较有利；如果只属于一般低碳技术，应选择吸收再创新。（2）自主创新还是合作创新。主要是由企业的规模、人才、技术资源决定，一般而言，大中型企业都具备自主创新能力，可选择自主研发；许多中小企业因自身掌握的资源有限，实施合作创新更加有利。

2. 将企业培育为自主创新的投资主体

企业不仅要成为自主创新活动的决策主体，也要成为自主创新的投资主体。对于投资对象、投资方式、资金来源等，都需要企业自主决定。企业因其发展规模差异，可以承受风险的程度也不相同，要依据企业未来发展目标，合理安排资金投入时间和投资对象结构，统筹考虑投入的分配和步骤。近年来，许多企业在技术研发方面投资支出呈现出增长的趋势，既是企业自主创新意识的提升，也是企业创新能力的改善。相比发达国家，中国企业的研发投入仍然不足，研发力度不够，应鼓励企业增大研发投入，拓宽资金来源渠道，同时加强政府

资金支持。

（三）充分发挥政府在低碳技术自主创新中的作用

发展低碳产业，进行低碳技术创新研发活动是一个极其复杂的工程，要求政府推动市场机制改革和实施政策保障。市场化运作是推动低碳行业发展的主导力量，但是市场化运作要发挥作用，政府参与必不可少。国际低碳经济发展和低碳技术创新经验都不可辩驳地凸显了政府的统筹规划作用，政府大多是在法律、政策、资金等方面进行支持，这些是低碳技术创新成功的关键因素。

1.国家应该明确低碳产业自主创新的发展重点，制定详细的发展规划，通过法律、法规和制度保障，有效引导创新能力的长远发展

美国是最早开始重视洁净煤技术的国家，最早可追溯至1986年的洁净煤技术示范计划。在2002年通过了洁净煤发电计划，加快了在该领域的研发。如今，美国洁净煤技术走在世界的前列，通过政府与企业合作开发污染控制技术、碳捕集封存技术等，将洁净煤技术从最初的研发阶段逐渐发展到现在的大规模商业化应用。同时实施相关法案如《能源政策法》《低碳经济法案》来重点发展太阳能等新型能源，旨在提高能源利用率，降低二氧化碳排放量。除此之外，低碳发展模式必须有相应体制与之相适当。如英国的气候变化税制度、规范排放贸易机制，意大利的"绿色证书"制度、"白色证书"制度等对低碳经济发展也起到了很大作用。发展中国家由于起步较晚，相关的法律、法规和制度保障尚未建立，这是下一步发展中国家发展低碳经济的首要任务。

我国低碳发展首先要明确发展重点，突破关键低碳技术领域：一是清洁煤炭技术。低碳经济发展的重要途径就是减少资源消耗，提高资源利用率。国际能源署对资源耗费预测，未来我国将会成为煤炭消耗大国，发展清洁煤技术，大幅度提高煤炭的利用效率，降低对环境的破坏程度是大势所趋，未来，清洁煤技术的发展方向是IGCC和CCS的结合。二是电动汽车技术。电动车技术正处在成长期，重点要实现技术的产业化推广，同时结合国际电动车技术发展方向，扩大技术的使用范围，拓宽产品市场需求。三是可再生能源技术。如太阳能、风能发电目前只是小规模示范，并没有实现大规模应用，可再生能源技术要求国家制定中长期发展规划，不仅要实现技术突破，商业化应用尤为重要。四是智能电网技术。国外的智能电网已初具规模，我国也不甘落后，提出要在2020年建成智能电网，技术和装备水平达到国际领先水平。

2. 完善低碳技术自主创新的政府政策支持体系

低碳产业要想提高自主创新能力，从多角度都需要资金支持，企业因其自身财力有限，所以必须有强有力的金融支持作为后盾。低碳技术开发具有周期性的特征，可以划分为研发、示范和产业化发展三个阶段，政府应依据三个阶段的不同特点来提供相应的激励政策。（1）研发阶段重点要解决好企业资金实力不足问题，通过建立创新合作平台，鼓励高校、研发机构共同参与，启动大型研究项目吸引社会资金进入等措施鼓励企业创新。（2）在试点推广阶段，政策扶持重点应倾斜到鼓励企业将创新成果商业化应用上，鼓励企业进行新产品投资，实行土地、大型机器设备、产品收入上税收优惠，也可直接进行产品补贴和消费补贴，鼓励企业建立示范工程等扩大产品市场。（3）在产业化应用阶段，政府重点要完善市场交易机制，保证市场秩序，同时通过进出口相关政策优惠鼓励企业参与国际低碳产品市场竞争，占据国际市场优势地位。

政府对低碳企业自主创新的政策支持主要包括三大类：金融政策、财政政策和政府采购政策。一是金融政策支持，要充分发挥资本市场作用。积极推行"绿色投资"的准入制度、环境信息披露制度、增资扩股制度和绿色资本市场退出制度等，对不符合节能减排标准的企业要严格控制资金链条，多角度限制融通资金，发展壮大低碳企业。此外，可通过成立绿色发展基金，鼓励企业参与节能减排和应对全球气候变化。我国目前主要有清洁发展机制基金和中国绿色碳基金，支持新能源和可再生能源开发和利用以及和温室气体减排技术等。二是利用税收优惠和补贴。要实行低税率征税；增大对企业低碳技术创新研发投入所得税税前抵扣力度；鼓励企业研发活动使用设备采用加速折旧；增加进出口税收优惠对象覆盖范围，除进口整机设备可享受税收优惠待遇外，企业自主研发和创新活动开展所必需的各种零部件和原材料也同样享有；针对企业创新成果风险进行相关财政补贴。三是充分利用政府采购促进低碳技术创新。政府采购要转变思路，从保护型采购过渡到激励型采购，从对最终产业的采购转向对前期研发采购上，发挥政府采购政策在技术创新链条上的导向作用，引导企业开展高端技术和前沿技术创新。

3. 加快推动产学研有机结合的自主创新体系构建

自主创新最终是要实现创新成果的商业化应用，企业因其自身创新能力有限，需要和科研机构等创新组织联合，通过构建产学研体系推动创新发展。（1）要更加注重发挥政府调控职能，加大企业研发的投入力度，依托骨干企业，围绕关键核心技术的研发和系统集成，支持建设若干具有世界先进水平的工程化平台，结合技术创新工程的实施，发展一批由企业主导，科研机构、高校积极参与的产业技术创新联盟，深化创新型企业试点，完善科技资源共享利用机制，引导创新要素向企业集聚，强化企业自主创新的意识和能力。（2）支持企业建立研发中心，依托国家重点科研项目成立相关工程研究中心，积极鼓励企业建立工程技术研究中心和研发机构，依托高校、科研院所等成立研究基地，支持优势企业将关键技术和核心技术作为技术创新支撑，依托创新平台，发展企业创新战略联盟，发挥"抱团创新"作用。（3）企业不仅要获得本土研发、创新优势，同时也要依赖国际技术合作，通过成立合资公司、在国外建立子公司等方式，充分利用国外优势技术资源，大力发展海外研发。跨国公司要积极开展多种形式的研发服务，通过积极设立联合研发机构，开展研发服务外包，积极在海外申请专利等形式提高创新能力。

4. 利用全球资源，积极参与国际合作

各国低碳经济发展处在不断地探索过程中，从政策支持、机制体制到重点发展领域都存在水平的差异，每个国家都要积极参与国际交流和合作，实现资源优势互补，互利共赢。目前，清洁发展机制是引导发达国家和发展中国家开展技术合作的一项重要议定，尚需不断完善以实现共同减排。我国在低碳技术领域范围内还处在相对落后的国际地位，因而，必须借助现有的一些合作平台和组织，积极加强与低碳技术先进的发达国家之间的交流与合作，鼓励国内的新能源产业相关的大型企业、高校以及科研院所积极参与国际化的合作和技术交流活动，通过引进高端技术和前沿技术，重点开发新能源技术，充分利用国际市场的资源，降低新能源产业技术研发周期、提高技术成果转化率，降低生产与运营成本。

5. 重视低碳技术自主创新的人才造就

建设素质优良的自主创新人才队伍人才是企业自主创新、科技研发的最重要资源。（1）要重视人才的培养和管理。国家要继续坚定不移地实施人才强国战略，增大对教育事业的支出；鼓励大学和科研机构在企业中实施"人才工程"，积极引导人才向企业流动，促进各类人才到企业中参与生产实践和创新。（2）注重培育科研人员的创新素质。制定有效的创新激励机制，激发科技人员的创新和创业精神，营造"风险与收益相匹配"的氛围，建立技术入股制度、技术开发奖励制度等，形成与国际惯例接轨的、符合低碳技术产业特点的、以保护知识产权为核心的分配制度和经营制度，使科技成果真正成为生产要素，并在参

与企业经营和分配过程中获得其应有价值。（3）加大人才引进。国家要创新优惠政策，留住人才参与企业创新活动。（4）通过政府重大创新工程和专项研发项目，吸引和凝聚高层次创新人才，积极营造开放、合作的创新氛围，为创新人才充分发挥聪明才智提供良好的外部环境，通过国家科学中心、国家工程实验室等其他平台，吸引和凝聚高水平人才，加速培养一批代表国家水平的科技创新顶尖人才。

第十章 生态保护与低碳环保产业发展

党的十八大报告独立成篇阐述，认为生态文明关系人民福祉、关乎民族未来，要求把生态文明建设放在突出地位，着力推进绿色发展、循环发展、低碳发展，为人民创造良好生产生活环境，为全球生态安全做出贡献。党的报告彰显了转变发展方式，发展低碳环保产业的紧迫性，引发了人们对于科学发展，安全发展的理性思考。当前，环境问题的严峻形势和复杂性，决定了只有直面资源约束趋紧、环境污染严重、生态系统退化的严峻形势，推进体现生态文明的低碳环保产业发展，人民福祉才能够得到持久保障和发展，民族未来才有希望。

一、低碳环保产业与生态修复

消除环境污染，加强生态修复，建设天蓝、地绿、水净的美好家园已成为全球共识。当今世界范围内正在经历一场转变发展方式，发展低碳环保经济的变革，其重点内容仍然在于末端治理，即发展用于环境治理的先进技术与装备、生产环保产品以及提供旨在消除环境污染的环保服务。低碳环保产业在我国已成为统筹国内可持续发展与应对环境恶化的重要战略选择，对我国环境保护必将产生积极的影响。

（一）低碳环保产业的内涵

低碳环保产业是一个跨产业、跨领域、跨地域，与其他经济部门相互交叉、相互渗透的综合性新兴产业。由于产业边界和产业内容比较模糊，目前对低碳环保产业还没有一个统一的定义。在国际上，各国对低碳环保产业的叫法也各不相同，有的称之为环境产业，有的称之为环境保护产业，有的称之为生态产业，也有的称之为生态商务。在中国，此类产业被称为低碳环保产业，是指围绕环保事业发展而开发的一切产业，它与其他经济部门如机械、电子、化工、轻工、纺织、冶金、建树、能源等相互渗透。这种相互渗透表现在两方面，一是许多环保产品和服务由相关部门生产与提供；二是许多低碳环保产品，特别是清洁生产技术和洁净产品，具有复合功能，即它们一方面增加了技术或产品所不具备的功能，另一方面又保持了所替代技术或产品的使用功能。

低碳环保产业在国际上有狭义和广义的两种理解。对低碳环保产业的狭义理解是终端控制，即在环境污染控制与减排、污染清理以及废物处理等方面提供产品和服务；广义的理解则包括在测量、防止、限制及治理环境破坏方面提供的设备及服务，也包括使污染和资源消耗最小化的洁净技术与产品，以及产品的回收、安全处置与再利用等活动，是对产品从"生"到"死"的绿色全程呵护。狭义的低碳环保产业侧重于提供末端治理的产品和服务，其产品和服务的环境功能与使用功能一致，如污水治理设备的使用功能和环境功能都是去除污染物。此类环保产业易于界定，也正像我们大多数人通常所理解的那样。广义的低碳环保产业主要是针对"产品生命周期"而言的，涉及产品的生产、使用、废弃物的处置处理及循环利用等环节，也就是产品"从摇篮到坟墓"的生命全过程。广义的低碳环保产业不仅涵盖了狭义的内容，还包括产品生产过程的清洁生产技术，以及无公害产品。通常说来，几乎每个行业都有清洁生产技术，如啤酒的清洁生产、化工清洁生产。而无公害产品则特指对环境无害的产品，如无氟电冰箱、绿色食品等，类似于生态标志产品。

在现实生产活动中，要想明确地界定环保产业，有两个界定标准，一是产业提供的产品和服务，二是产业的生产特点。根据这两个标准，所谓低碳环保产业，就是向社会提供环保产品和服务的所有企业集合。那么，什么是低碳环保产品或服务呢？实际上，许多关于低碳环保产业的误区正是由于对于低碳环保产品和服务上的模糊认识造成的。一些人认为，凡是具有低碳环保色彩的产品或服务就都是低碳环保产品或服务。例如，许多人把无氟冰箱或者低公害农产品也称为环保产品。如果这类产品是环保产品，那么生产这类产品的企业就应当属于低碳环保产业。如果以这样的标准来定义，那么低碳环保产品将无所不包，低碳环保产业范围就太过于宽泛了。界定一个产业是不是低碳环保产品，应当有严格、明确、科学的标准。最根本的标准就是：如果一种产品的主要功能是保护环境，那么它就是低碳环保产品；反之，则不是。从目前来看，不同的国家对低碳环保产业往往采用不同的定义，大多数欧洲国家，如德国、意大利、挪威、荷兰等国家主要采用狭义的低碳环保产业定义;日本、加拿大、印度等采用广义的低碳环保产业定义;美国的低碳环保产业定义介于两者之间。

中国对低碳环保产业的理解经历了一个由狭义到广义的过程。环保工作的重点由20世纪70年代的"三废"治理,发展到20世纪80年代的以生态保护与恢复、自然资源开发与保护为主的活动,再扩展到20世纪90年代的区域和重要流域的综合整治,环保设备生产和城市环保基础设备建设等活动,随着理解程度的加深,环保产业的范围也随之拓宽。1990年国务院办公厅转发国务院环委会《关于积极发展环保产业的若干意见》中指出环保产业主要是针对末端治理而言的,并将环保产业定义为"国民经济结构中以防治环境污染、改善生态环境、保护自然资源为目的所进行的技术开发、产品生产、商业流通、资源利用、信息服务、工程承包、自然保护开发等活动的总称,是防治环境污染和保护生态环境的技术保障和物质基础"。国家环保局在对1993年全国环保产业基本情况的调查中,将环保产业分为环保产品生产、环保产品营销、环保技术开发、工程设计施工、环保咨询服务、三废综合利用、自然生态保护七大类。在1997年全国环保产业调查中又增设了"低公害产品"一项,并将环境服务领域合并为"环保技术服务",即认为环保产业应由环保产品生产、环保技术服务、三废综合利用、自然生态保护、低公害产品五个方面组成。21世纪以来,环保工作以实现可持续生产和消费为重点,大力推行清洁生产,创建生态工业园区,建立节约型和循环型社会,走循环经济之路。环保产业的内涵与外延进一步得到扩展,它不仅包括为污染控制与减排、污染清理及废物处理等方面提供产品与技术服务的狭义内涵,还包括涉及产品生命周期全过程的洁净技术与洁净产品、节能技术、生态设计及与环境相关的服务等,其对环保产业内涵的理解已经与国际上提出的广义环保产业概念基本一致。

但从国内产业的现行发展条件与发展现状来看,狭义定义是目前低碳环保产业的核心内容;广义定义是低碳环保产业未来发展的方向。中国低碳环保产业的定义主要沿用早期的狭义理解,即认为低碳环保产业是以防治环境污染、改善生态环境、保护自然资源为目的所进行的技术开发、产品生产、商品流通、资源利用、信息服务、工程承包以及自然保护开发等活动的总称,主要包括环保机械设备制造、自然保护开发经营、环境工程建设、环境保护服务等方面。

(二)低碳环保产业的分类及发展重点

1. 国际低碳环保产业分类

自低碳环保产业诞生以来,各国对低碳环保经济具体包括哪些产业并没有形成统一的看法。各国专家学者根据本国不同的研究视角，以不同的标准对低碳环保产业进行了不同的分类。

美国将低碳环保产业分为三类。第一类包括分析服务、固体废弃物管理、危险废弃物管理、化学废弃物管理、修复／工业服务、咨询与工程；第二类包括水处理设备和化学药品、大气污染治理、过程与预防技术、废弃物管理设备、环境仪器仪表制造；第三类包括公共用水资源恢复、环境能源来源。

加拿大的低碳环保产业包括固体废弃物处理与治理、大气污染治理技术、供水与污水处理、土地管理与资源保护、环境健康与安全、绿色产品与服务、能源选择和能源保护。

德国环境产业囊括以保护环境为目的的设备生产厂家及提供相关商业服务的厂家。而废弃物管理、循环利用、污染土壤及危险废弃物处理、环境保护设备的咨询与维护均不作为环境产业组成部分。

意大利的低碳环保产业仅指以特定的环境保护为目的的生产、设施和设备建设，包括工业和城市排放物的清除、大气污染排放物的减少、城市与工业固体废弃物的处理和处置、土地开垦、噪声减少。

日本的生态企业被细划分为六个分部门：环境保护、废弃物处置和循环利用、环境恢复、有利于环境的能源供给、有利于环境的产品（清洁产品）、有利于环境的生产过程。

迄今为止，关于环保活动比较详细的定义当属欧盟统计局 2000 年开发的环境保护活动分类（CEPA），该分类主要体现了狭义环境保护的不同领域，如周围空气和气候的保护、废水管理、废弃物管理、土壤、地下水和地表水的保护和恢复、减少噪音和震动、生物多样性和景观的保护、防止辐射、研究与开发等。这种分类方法与中国国内环保产业发展与环保活动的开展也比较一致。

2. 中国低碳环保产业分类及发展重点

在经历了高速经济发展之后，中国也开始意识到环境保护的重要性，采取了一系列的环境保护措施，低碳环保研究视角和环保活动范围不断得到扩展，但污染消减和防止等生态修复活动仍然是主体。环保活动的范围直接决定了低碳环保产业的覆盖范围，污染终端活动构成了中国低碳环保产业的主体。具体来讲，主要包括以下几类：

（1）生态污染防治及发展重点。

①水体污染防制。

包括饮用水水源地保护、重点流域水污染防治、海洋环境污染和生态破坏综合防控、地下水污染防控四类。发展领域包括重金属废水污染防治、高浓度难降解有机工业废水深度处理、新型生物脱氮、膜处理技术；重点示范移动式应急水处理设备、水生态修复技术与装备、污泥生物法消减技术与装备。推广高效节能污水、污泥处理，污水、污泥处理系统升级改造，农村面源污染控制与水源保护。

　　"十二五"期间，发展重点在于解决重大流域水污染和高浓度、难降解工业废水治理以及城市生活污水、污泥、中水回用等的新技术、成套设备及关键材料。在测算流域或跨流域水环境容量、生态环境容量的基础上，加快研究辽河、海河、松花江、太湖、三峡库区及长江中上游、黄河中上游等重要水域环境总量控制方案和相关技术，提出控制对策；落实重点海域排污总量控制和重点监管制度，加强对海岸工程、海洋工程、海洋垃圾的环境监管，降低海水养殖污染物排放强度，加强海岸防护林建设，开展海洋生物多样性保护，力争到2015年，近岸海域水质总体保持稳定，大江、大河等河口和渤海等重点海湾的水质有所改善；加强重点行业地下水环境监管，取缔渗井、渗坑等地下水污染源，防范采矿活动、地下勘探、地下工程设施污染地下水，控制危险废物、城乡污染对地下水的影响，严格防控污染水源和污染土壤对地下水的污染，在地下水污染突出区域进行治理修复，重点加强华北平原地区地下水污染防治；推进水源地环境整治、恢复和规范化建设，加强对饮用水水源有毒有害物质监测，完善饮用水水源环境管理评估和污染防治应急预警机制，保障饮用水安全。重点研究工业废水处理技术，提高工业废水处理率和合格率，大力开展中水回用，城镇污水厂污泥再利用；完善造纸黑液碱回收技术，建立万吨规模以上的示范工程；完善并标准化、系列化酿造等高深度有机废水治理工艺和设备，促进产业化；开发处理制药、染料等难降解有机废水新型处理技术，应用新型膜技术、催化氧化等新技术，建立示范工程；开发2—3个新型絮凝剂并形成产业化。

　　②大气污染防制。

　　包括颗粒物污染控制、挥发性有机污染物和有毒废气控制、城市大气污染防治和城乡声环境质量管理四类。发展领域包括研发推广电子束烟气脱硫脱硝技术、新型高效旋转滤芯除尘技术和装置的国产化、工业有机废气治理技术和装置的国产化、汽车尾气高效催化转化技术、抑制氮氧化物排放的煤炭燃烧技术及细微粉尘控制技术的示范应用；加强城乡噪声管理，加大工业、交通、工程和生活等领域噪声污染防治力度；鼓励使用低毒、低挥发和可溶于水的有机溶剂，推进精细化工行业有毒废气和有机废气污染治理，加强废气、毒气的回收利用。

　　"十二五"期间，颗粒物污染控制的发展重点在于为20蒸吨以上的燃煤锅炉安装高效除尘器，鼓励其他中小型燃煤工业锅炉使用无碳能源或低灰分煤，并加强道路、施工土地及渣土运输等扬尘控制；有毒废气和挥发性有机污染物控制的发展重点在于开展有毒废气和挥发性有机污染物监测，明确制定重点行业污染物排放标准，加强污染源监管，降低含铅、汞和二恶英等有毒有害废气排放；城镇大气污染防治的发展重点在于重点区域（京津冀、长三角、珠三角、新疆等地）和重点行业（火电、钢铁、有色、石化、建材、化工等行业）的大气污染防治，要在上述行业和区域开展细颗粒物、氮氧化物、臭氧等污染物监测，开展区域联合监管，力争到 2015 年，上述行业和区域的大气污染得到有效控制，所有城市空气环境质量至少达到国家二级标准，雾霾、酸雨和光化学烟雾污染明显减少；城乡声环境质量管理的发展重点在于划定或调整声环境功能区，加强城市声环境达标管理，建立、推广新型噪声屏障，解决噪声扰民问题。

③土壤污染防制。

主要包括土壤环境监管和重点地区污染场地和土壤修复两类。发展领域包括重金属、放射源、持久性有机污染物、危险化学品等污染土壤的治理技术研发与设备制造，安全有效的危险废物和医疗废物处理处置技术和装备的推广应用。

"十二五"期间，发展重点在于重点区域的土壤环境监管和土壤修复。在土壤环境监管方面，要深入开展土壤环境调查，对粮、棉、油等重要农作物产区和矿产资源开发影响区进行重点调查；开展农产品产地土壤污染评估与污染防治预警，建立土壤安全等级档案；对于城市和工矿企业污染场地进行跟踪环境管理，再利用前必须进行环境风险评估，经治理确保安全方可进行土地流转和开发利用；经评估认定对人体健康有严重影响的污染场地，应采取措施防止继续污染，且不得用于商品住宅开发，对已有居民要尽快搬迁。在土壤修复方面，应以重点和典型场地，如重金属污染防治重点区域、重污染工矿企业、废弃物堆存场地、饮用水水源地周边、以大中城市周边、集中治污设施周边等地开展污染场地、土壤污染治理与修复试点示范。对责任主体灭失或历史遗留的污染场地，应以政府为主体，加大投入治理修复。

④固体污染物处理。

主要包括危险废物污染防治、工业固体废物污染防治和生活垃圾处理三类。在加强危险废物污染防治方面，要研究开发铬渣等工业废物、医疗废物的无害化处理技术，加强企业自处理设施建设，杜绝危险废物非法转移，随意丢弃和过量填埋。在加大工业固体废物污染防治力度上，要研究粉煤灰、煤矸石、冶炼和化工废渣、工业副产石膏等大宗工业固体废物的深度开发技术和延伸利用技术，完善生产者责任延伸制度和强制回收制度，规范废弃电器电子产品的无害化回收处理活动，推进资源综合利用的广度与深度。在提高生活垃圾处理水平方面，要加快城镇生活垃圾处理设施建设，健全生活垃圾回收利用制度，完善生活分类回收、环保运输、安全处理体系、多级利用，提高垃圾设施运行监管水平。

"十二五"期间，发展重点在于推广生活垃圾分选和预处理系统，开发低能耗堆肥技术、污泥处理实用技术、渗滤液处理技术、大型垃圾填埋场沼气回收及发电技术和装备，开发垃圾卫生填埋场专用机械设备和衬底、覆盖材料；开发危险物处理技术和装备；推广废旧家电、报废汽车、废塑料、废玻璃、工业尾矿、农村废弃物等可再生资源综合利用技术。着力发展垃圾分选设备、600t/d 以上大型城市垃圾焚烧、焚烧烟气控制，200m3/h 以上填埋处理与回收利用、200t/d 以上中温和高温厌氧消化、30t/d 以上回转窑危险废物集中焚烧、特殊危险废物等离子体高温处理、餐厨废弃物资源化利用等。加强对已封场的垃圾填埋场和旧垃圾场的进行生态修复和改造。

（2）洁净技术与产品及发展重点。

在洁净产品方面，重点为低毒低害产品、低排放产品、低噪声产品、节能、节水型产品、可生物降解产品、有机食品等领域，在实施环境标志认证产品的基础上，面向与国民生活密切相关的其他产品，促进国民经济和产业结构调整向绿色化发展。

①洁净技术。

洁净技术与洁净产品是今后中国环保产业另一个发展最快的领域。洁净技术涉及国民经济的各个领域，归纳起来主要包括预防和避免环境污染的清洁生产技术以及末端治理环境污染的生态修复技术两类。

"十二五"期间，洁净技术的发展重点在于重点行业的清洁生产技术以及污水、污泥、污气、固废等处理技术。电力、钢铁、有色、石化、化工等高能耗、高污染行业的布袋及电袋复合除尘技术、脱硫脱硝技术、工业锅炉窑炉烟气治理技术、挥发性有机污染物控制技术可以在很大程度上减少空气中的粉尘、废气和有机污染物，实现接近安全的排放。这些行业的研发重点在于新型催化材料，新型功能性吸附材料及吸附回收工艺技术，优化催化燃烧及热回收技术，脱硝催化剂的制备及资源化脱硫技术装备，优质滤袋和设备配件，高效电袋复合除尘器，实现这些装备的国产化和技术的自主知识产权。生态修复的洁净技术分别有各自的发展重点：膜处理技术用于垃圾渗滤液处理、污染水质的深度净化等，研发重点是防渗膜材料及膜组件，提高膜材料的抗污染、延寿命的性能，降低成本；水生态修复技术用于受污染自然水体，重点研发赤潮、水污染预报、预防和治理技术，回收藻类和生物控制技术、水生植物厌氧产沼气、发电及制肥的资源化技术，溢油污染水体修复技术等；污泥处理处置技术用于生活污水处理厂污泥处理处置，重点是污泥厌氧降解或好氧发酵后用于施肥、干化焚烧及生产建材产品等处理处置技术，推广成本较低、技术门槛不高的生物消减等污泥减量工艺；固体废物焚烧处理技术用于危险废物、城市生活垃圾、医疗废物处理，研发重点是大型垃圾焚烧设施炉排及其传动系统、焚烧烟气净化技术、二英控制技术、循环流化床预处理工艺技术、飞灰处置技术等；污染场地土壤修复技术用于污染土壤修复，重点是受污染土壤异位稳定剂、原位解毒剂、用于路基材料的土壤固化剂以及受污染土壤的生物治理及固化体资源化技术；污染源在线监测技术用于环境监测，研发重点是重金属在线监测系统、有机污染物自动监测系统、危险品运输载体实时监测系统和新型烟气连续自动检测技术等。

②洁净产品。

洁净产品包括环保材料、环保药剂、环保监测与处理设备、低毒低害产品、低排放产品、低噪声产品、节能/节水型产品、可生物降解产品、有机食品等，包含的门类较广。

"十二五"期间，环保材料的发展重点在于加强高性能防渗材料、膜材料和膜组件、布袋除尘器高端纤维滤料和配件的研发和示范，推广生物滤料及填料、离子交换树脂、高效活性炭等材料的应用；环保药剂的发展重点在于微生物絮凝剂、有机合成高分子絮凝剂、高性能脱硫剂、脱硝催化剂及其载体的研发和示范，推广水处理消毒剂、循环冷却水处理药剂、杀菌灭藻剂、固废处理固化剂和稳定剂的应用；环保监测与处理设备的发展重点在于加快车载式或便携式应急环境监测、重金属污染、污染源烟气、工业有机污染物在线连续监测和深度处理清理技术与设备的开发和应用；开发符合低毒低害、低排放、低噪声、节能/节水型、可生物降解、有机等标准的产品，如生产低毒油漆、低毒涂料、低毒粘合剂、石棉替代品、无汞、镉、铅的电池等低毒低害产品，又如生产低 NOx 排放燃烧器、无磷洗涤剂、零排放机动车、氟氯烷替代品、哈龙替代品等低排放产品，再如供给市场通过合法的有机食品认证机构认证的农副加工产品，满足公众和社会对节能环保产品的需求。

（3）环境服务及发展重点。

环境服务业是指与环境相关的服务贸易活动，是现代服务业的重要分支，不仅在生产性服务业中占有很大比例，同时在消费性服务业中占有很重要的地位，也是我国"十二五"期间战略性新兴产业重要的组成部分。目前，我国环境服务业主要包括环境工程设计、施工与运营、环境评价、规划、决策、管理等咨询、环境技术研究与开发、环境监测与检测、环境贸易、金融服务、环境信息、教育与培训及其他与环境相关的服务活动。

"十二五"期间，我国环境服务业围绕优先发展污染治理设施的社会化专业化运营服务、重点发展综合环境服务、大力推进环境咨询服务、加快发展环境技术服务、逐步发展其他环境服务、加快建设环境服务支撑体系六项主要任务确定的发展重点为：环保企业的经营方式从单一设计、制造、施工、运营维护，向工程总承包转变，逐步发展一批集设计、生产、安装、运营服务为一体的系统公司；利用市场机制，开展区域或企业水、气、渣等多要素、全过程污染的综合化和社会化防治，推进城市污水、城市垃圾等环境基础设施建设、维护、运营的市场化与法人化服务；以太湖、滇池、巢湖、洱海、三峡等湖泊和库区，辽河、海河、淮河、松花江、东江等流域为重点，在河流湖库治理、工业水污染控制、城镇水污染治理、饮用水安全保障、面源污染控制、水体生态修复技术，以及环保新材料、新设备等领域，开展15—20个基于环境质量改善的合同环境服务试点工程，探索提高项目环境成效的途径；促进环境服务业的集约和集聚发展，依托区域经济、主导产业、环境服务市场等，积极支持华南、华东率先发展，并通过规划引导和示范逐步在华北、西南等区域建立具有特色的环境服务业集聚地；积极发展环境法律和政策咨询、环境战略和规划咨询、环境工程咨询、环境技术和工程评价、清洁生产审核、重点行业环境保护核查、上市环保核查、环境产品认证、环保出口服务贸易咨询等专业化咨询服务；推进环境监测与分析、环评、环境风险评估、生命寿周评价等环境咨询业的社会化；建立环保社会投融资机制，积极运用资本市场，包括股票、创业投资基金、环境保险、机构投资和外资，利用BOT、BTO等市场化方式加快环保市场的形成；发展环境电子商务和排污权交易等。

（4）生态保护及发展重点。

生态保护包括生态安全屏障的构建、生态保护与治理、自然保护区与生态功能区的建设、农业面源污染治理、生物农药与生物肥料等门类。

"十二五"期间，发展重点在于重点生态功能区的保护和管理以及资源、草原、荒漠等地的生态治理上。在生态功能区保护和管理方面，要增强涵养水源、保持水土、防风固沙能力，保护生物多样性，构建以青藏高原生态屏障、黄土高原——川滇生态屏障、东北森林带、北方防沙带和南方丘陵山地带以及大江大河重要水系为骨架，以其他国家重点生态功能区为重要支撑，以点状分布的国家禁止开发区域为重要组成的生态安全战略格局；在生态治理上，要继续实施天然林资源保护工程，巩固和扩大退耕还林还草、退牧还草等成果，推进荒漠化、石漠化和水土流失综合治理,保护好林草植被和河湖、湿地。搞好森林草原管护,加强森林草原防火和病虫害防治,实施草原生态保护补偿奖励机制。强化自然保护区建设监管,提高管护水平。加强生物安全管理,加大生物物种资源保护和管理力度,有效防范物种资源丧失与流失,积极防治外来物种入侵。

(三)低碳环保产业对生态修复的重要影响

随着人们对环境问题认识的不断深入和社会发展理论的不断完善,环境保护的广度深度都发生了变化,主动的生态保护和生态修复已成为低碳环保产业发展的重要内容和防治污染、恢复生态的重要途径。

1.休养生息战略提高自然的自我恢复能力

休养生息战略,就是要给自然生态以必要的休养、恢复、生长的时间和空间,是对自然生态系统生产力的自我维持、修复和更新原理的实际应用。实施这一战略,是尽快补偿生态建设欠账、恢复良好林草植被和生物多样性,实现经济社会可持续发展的客观要求。根据生态学原理,人是自然的一部分,是地球生态链条中的一个环节,人与自然万物唇齿相依、息息相关。只有人与自然和谐共处,大自然才能造福人类。人类向自然界无限制地索取自然资源,包括对土地过度开垦,草原超载过牧,森林过度采伐,湖泊、沼泽及湿地过度垦殖与利用,以及开发建设过程中的乱挖乱采、乱堆乱倒等,就会导致自然界沉重的惩罚,发生诸如水土流失、洪灾泛滥、河道断流、绿洲消失、沙尘暴肆虐等等一系列生态灾难。实施休养生息战略,归根结底是要树立科学的发展观、政绩观,尊重自然生态规律,考虑资源的支撑力和生态与环境的承载力,进行退耕还林,退耕还草,封山禁伐、还田还湖,积极主动地开展天然林保护、草原保护、建立自然保护区等,还自然于蓝天白云青山绿水的洁净天地。

2.污染防治战略提高自然的人工恢复能力

人工生态治理是比休养生息更主动积极的环保行动,虽然休养生息也离不开人类的主动环保作为。低碳环保产业在生态治理方面的功能主要体现在清洁生产、污染治理、生态恢复等环保能力上。

(1)清洁生产从源头预防污染。清洁生产从本质上来说,就是对生产过程与产品采取整体预防的环境策略,减少或者消除它们对人类及环境的可能危害,同时充分满足人类需要,使社会经济效益最大化的一种生产模式。清洁生产需要新技术与管理的变革，从资源节约和环境保护两个方面对工业产品生产从设计开始，到产品使用后直至最终处置全程避免和减少污染。具体措施包括：改进设计、简化包装、寻找无毒替代材料；改进工艺和管理、提高资料使用效率；进行技术创新、减少或避免污染物排放；资源综合利用。清洁生产是实施可持续发展的重要手段。

（2）污染治理从末端消化污染。目前的清洁生产技术，不能做到完全的清洁和安全排放，污染治理就成为一项环保补救措施。长期以来，虽然我国的治理理念是轻源头预防，重末端治理，但客观地讲，我国可用的末端环境治理技术既不多，也不高。水保技术、污染处理技术治理废水污染，固体垃圾粉碎、填埋、焚烧技术治理固废污染，多样性农业、有机农业生产模式治理农业面源污染，这些领域的技术基本可用。

（3）生态恢复为环境添绿增彩。为了防止资源继续遭到破坏和避免生态进一步恶化，利用人工措施对已受到破坏和退化的生态系统进行生态修复是改善环境，恢复自然界物种多样、绚烂多彩面貌的重要途径之一。近年来国家开始重视对大气生态系统、湖泊生态系统、草原生态系统和人工生态系统进行全面的生态治理，采取的措施包括水土保持、湿地恢复、植树造林、生物恢复、风沙治理、流域治理，对修复我国的生态起到了十分积极的作用。

二、中国低碳环保产业发展现状

中国投入了大量的人力、物力和财力来进行污染的治理和环境的保护，从而催生了环保产业的发展。经过快速发展，具备了一定的产业基础，显示了良好的发展前景，但由于发展时间短，也不避免地呈现了一些问题有待在发展中解决和完善。

（一）中国低碳环保产业发展总体概况

近年来，随着国家环境保护力度的不断加大和环保产业政策的日趋完善，我国环保产业在国民经济建设中的地位显著提升。

1. 总体规模迅速扩大

2001—2012年，中国的环保产业年均增速超过20%，远远高于GDP的增速。

1998 年，我国环保产业年产值仅 396 亿元，2012 年达到了 2.8 万亿元，增长了 71 倍，占据 GDP 总量的 5.4%，从业人员达 3000 万。尤其是在"十一五"期间，我国在环保产业的总投入达 2.16 万亿元，中央财政直接投入 1672 亿元，产业规模得到迅速增长。特别是经济发达的沿海地区，产业发展迅速，已成为中国环保产业的领跑者。如江苏 2009 年环保产业主营业务收入就达 2600 亿元，占据中国环保产业份额近 10%。江苏宜兴更是有中国"环保产业之乡"，是中国环保产业中规模最大、品种最多、设备成套率最高的省份。

2. 产业链条多向延伸

从产业链发展上看，我国环保产业已从初期以"三废治理"和环境基础设施建设为主，逐渐向环保节能产品、环境服务、资源循环利用等领域延伸，目前产业覆盖环保产品生产、技术交易、生态修复、环保服务、废物利用等多个领域，形成了规划、咨询、设计、施工、设备制造、投资、运营等较为完善的产业链。

3. 产业体系逐步完善

从产业体系建设来看，我国环保产业的技术装备迅速升级，产品种类日益丰富，服务水平显著提高，初步形成了门类较为齐全的产业体系。

在生态修复领域，我国自行设计和建设的大型城市污水处理厂、垃圾焚烧发电厂及大型火电厂烟气脱硫设施运转良好；在洁净产品和技术领域，一批环保技术如电除尘、袋式除尘技术和装备等达到国际先进水平，高效节能产品推广取得较大突破，市场占有率大幅提高，关键设备可自主生产；在环保服务领域，环保服务市场化程度不断提高，大部分烟气脱硫设施和污水处理厂采取市场化模式建设运营，合同能源管理机制的节能服务产业年产值达千亿元。从产业层次上来看，我国的环保产业层次得到提升，正面临升级发展。2012 年国务院发布《"十二五"国家战略性新兴产业规划》，将节能环保产业列为七大战略性新兴产业之首，提出将重点发展高效节能、先进环保、资源循环利用等关键技术、设备、产品和服务。随后印发的《"十二五"节能环保产业发展规划》，详细指出了环保产业发展的重点领域、关键技术和具体路线。

（二）中国低碳环保产业存在的问题

我国低碳环保产业虽然有了较快发展，但总体上看，发展水平还比较低，与需求相比还有较大差距。主要存在以下问题：

1. 创新能力不强

以企业为主体的节能环保技术创新体系不完善，产学研结合不够紧密，技术开发投入不足。一些核心技术尚未完全掌握，部分关键设备仍需要进口，一些已能自主生产的节能环保设备性能和效率有待提高。

（1）环保技术含量低。

环保产业技术在世界上被普遍认为是高新技术产业之一，而在我国的环保产品生产、环保技术开发领域里，还有一定差距。虽然中国低碳环保产业的个别技术水平达到世界较为先进的水平，但整体技术水平不仅落后于发达国家，而且落后于本国的工业技术水平。设备制造方面，工业化国家正在不断向成套化、标准化、自动化方面发展，而中国的环保设备制造，从加工质量、可靠性、有效性、经济性等方面考虑，只相当于工业化国家 20 世纪 50—60 年代的水平。我国主要的环保机械产品只有 4% 达到当前国际水平，目前主要的 3000 多种环保产品中，约有 1/5 的产品由于可靠性、适应性、产品结构设计上的欠缺而有待淘汰；约有 2/5 的产品需要改进。在有害废物处理处置方面，中国与工业化国家的差距甚远，区域性的有害废物安全填埋场及焚烧处理装置的建设标准较低，在有害废物无害化、减量化、资源化方面，还有许多技术空白尚待填补。中国低碳环保产业重点领域的技术含量都不高，经济效益不明显，使一些环保企业的竞争力受到影响。

①城市污水处理。

"城市污水处理率"是衡量一个国家水处理技术水平的一个重要参数，工业化国家 80% 以上的城市污水已经纳入了公共净化处理装置系统，组成了一个比较完整的污水处理网。发达国家对城市污水大多采用建立污水处理厂集中处理的方法，城市污水处理厂普及率达 90% 以上。中国在城市污水处理方面与发达国家相比差距较大。据 2007 年对全国 501 个城市的调查发现，仅 218 座城市有集中处理厂，污水处理能力仅占总污水量的 7%。据统计，到 2008 年年底，全国已建成城市污水处理厂 847 座，其中二级处理厂 512 座，二级处理率约为 20%。2010 年用于城市污水处理工程建设的总投资约为 215 亿元，但目前绝大多数小城镇尚未建污水处理设施。

②大气污染防治技术。

大气污染防治技术中，以除尘技术设备为代表，已形成相当的生产规模，整体达到国外 20 世纪 80 年代水平，少数产品已接近 20 世纪 90 年代水平。其中，电除尘器技术及关键部件与国外相比毫不逊色，但工艺水平、造型技术和检测技术还有一定的差距；袋式除尘技术存在滤袋使用寿命短、滤料品种少、阀门结构灵活性较差、二次污染等问题；旋风除尘器和湿式除尘器已向高效多管和脱硫除尘一体化设备方面发展；较为突出的问题是气体净化设备开发不足，具有高新技术水平的二氧化硫处理设备、工业废气净化装置，能力比较薄弱，大多数还依赖于进口。

③固体废物处理处置技术。

在固体废物处理处置技术设备方面，中国总体水平较为落后，大多数产品相当于先进国家 20 世纪 80 年代初期水平，部分产品相当于 20 世纪 80 年代中期水平。其中，在固体废物综合利用方面，废钢渣的回收、粉煤灰和煤矸厂的利用，废旧橡胶、塑料回收及有机废物的回收利用技术设备中，一些技术装备已达到了 20 世纪 80 年代国外先进水平。在城市垃圾处理方面，垃圾清运设备及小型焚烧炉的生产和应用已有一定的规模，但大型安全填埋、大型焚烧炉、机械化垃圾堆肥技术与分选设备还处于起步阶段。

④噪声与振动控制技术。

在噪声与振动控制技术方面，噪声振动基础理论研究有一定的优势，微穿孔技术已达到世界先进水平，但应用研究和产品开发相对落后，大体相当于国际 20 世纪 70 年代的发展水平，有 20% 的产品已达到国外 20 世纪 80 年代末的水平。

⑤环境监测仪器仪表。

通过 20 世纪 80 年代开始的引进消化工作，以色相色谱、原子吸收光谱仪、紫外可见分光光度仪等大型实验室监测设备为代表，约 50% 的产品达到了国际 20 世纪 80 年代初中期水平。在该类装备中，很多同属于通用的化学分析与物理检测仪器仪表，其中大气污染监测仪器占 48%，水污染监测仪器占 38%，噪声测量仪器占 5%，污染源监测仪器占 9%。目前，中国环境监测仪器仪表的产品品种尚不齐全。主要产品的 50% 达到国外 20 世纪 80 年代初中期水平，40% 达到国外 20 世纪 70 年代初中期水平，仍有 10% 的产品处于 20 世纪 60 年代水平。

（2）创新能力不足的原因分析。

环保产业在我国还处于起步阶段，资金投入还没完全跟上产业发展需求，围绕成果转化的体制机制也还没理顺，影响了产业创新能力提升。

①环保资金投入不足。

虽然我国的环保资金投入逐年加大，但占国民生产总值的比重仍然偏低，近几年一直徘徊在 0.6%—0.8%，这与环境治理的需求相差甚远。国际经验表明，只有用于环境保护的投资达到 GDP 的 2% 左右，环境状况才能得到明显改善。

目前我国的环境发展资金主要来自企业自筹，政府财政支持力度不够，银行融资比较困难。由于生产者责任延伸和污染源污染消除责任不能准确地量化，再加上政府环境监督和执行不力，以及企业责任感的缺失，导致治理资金无法保证，产业投入不足，创新乏力，影响产业上规模、上层次和整体推进。

②科研成果转化率低。

我国环保成果转化率低，很多创新的科研成果没有转化成现实的环境保护能力。环保科研成果转化是个系统工程，受多方因素的影响，主要表现在三方面：一是环保科研成果自身的原因，即环保科研成果的先进性、适用性、完整性和可行性较差，缺乏转让投入生产的基础条件。二是环保科研成果转化的支撑和保障体系不健全，如对环保科研成果开发的激励不足，高校或科研机构过分地追求成果的学术性导致研究方向偏向；再如经费分配不合理，环保科研成果转化带来的科研经费分配缺少向生产部门倾斜的机制，而生产部门恰恰是研究和实验开发的前沿部门，这些都会影响环保科研成果的转化。三是环保科研成果接受方的原因，主要受环保型企业领导者战略和发展眼光的局限，以及企业自身科研能力的局限，即大多数研保企业缺乏将实验技术完善成生产技术的能力，因此也就无法购买或自行转化新技术成果。

2.政策机制不完善

节能环保法规和标准体系不健全，生产者责任延伸制尚未建立，环保税费政策尚未到位，产业激励政策尚未系统化。

（1）法律法规不健全。我国已制定了9部环境保护法律、15部自然资源法律，制定颁布了环境保护行政法规50余项，部门规章和规范性文件近200件。但在实践中，这些环境法律法规存在不少问题：一是现行的大部分政策法规是经济体制转轨时出台的，未体现遵循市场经济的规律，如污染者惩罚与付费的立法不清晰，不能将企业环境污染的外部成本有效内部化；二是政策法规缺乏系统性，出台的政策法规缺乏包括财税、价格、信贷和产业导向等方面的综合性和系统性，现行《环境保护法》《大气污染防治法》等法律、法规中的环境保护投资条款与市场经济条件下环境事权分配和国民经济融资体制不尽符合；[①] 三是法律存在"空、软、弱"现象，即规定空、权力小、手段弱等问题，如目前大气污染排放指标的有偿转让没有法定化，仍有一些环境违法责任不明确，处罚标准偏低，也

---

① 苏红：《完善环境法律制度，促进环保产业发展》，《适应市场机制的环境法律问题研究——2002年中国环境资源法学研讨会论文集》（上册）2002年。

没有赋予环保足够的强制执法权力，执法较难。环保立法的"空、软、弱"导致局部地区环境质量恶化的势头一时难以遏制，污染事件时有发生，涉及环保的上访、投诉不断增多等方面。

（2）产业政策不完善。产业政策要求国家从产业发展全局着眼，系统设计较为完整的政策体系。尽管国家及地方政府已经出台了一系列推动战略性新兴产业发展的政策及措施，但是中国低碳环保产业的相关激励机制极其不完善，导致相应扶持政策非常匮乏。目前环保产业政策无论是结构政策、布局政策、财税政策、金融政策还是技术政策，政策的针对性和支持力度都不够。对技术开发的优先顺序、扶植对象、资源的有效配置、生产要素的合理流动，区域间企业的合理分布，市场机制的培育缺乏足够的激励，政府宏观调控的工具和手段比较单一。各省、市、县因缺乏有效的指导协调而盲目发展环保产业，不管技术含量高低、不谈企业规模效益、不问资源有效配置、不看市场运营行情，形成比较严重的产业同构和重复竞争局面，造成环保产业这个整体的技术水平低下，劣质产品充斥市场，使产业发展缺乏效率，不利于环保产业健康、稳定、协调和持续发展。

（3）税费政策不合理。中国环保产业发展的税费政策使用不足，杠杆效应差。中国目前的环境污染以收费和行政处罚为主，但收费标准过低。企业都是以盈利为目的的，对环境污染的收费过低，一方面环境污染企业因环境违法成本低会加大环境破坏风险，另一方面污染治理企业因企业处于微利状态，那么他们也就不会积极改进技术，更不会投入大量资金进行环保技术的研发，从而影响环保产业的发展。中国环保产业税费政策的不合理主要表现在以下几方面：一是付费制度没有得到落实。一些地方环境监管不力，或因政企信息不对称，导致一些企业长期乱排乱放，或者偷排偷放，污染者付费制度没有很好地体现。二是付费标准过低。中国目前排污费征收标准是2003年制定的，当时考虑到企业的承受能力和排污收费制度改革的平稳过渡，是按目标值减半执行的，这个标准显然过低，不但不能对污染者产生压力，有时反会起到鼓励排污的副作用。三是尚未大规模开征环境税。除了对机动车开征环境税，中国对环境税的大规模征收尚未启动。实际上，环境税收与传统"命令控制型"的治理手段相比，它能够在鼓励技术革新的同时限制某些高污染的活动，还可以为政府提供一个稳定的税源，增加政府收入。显然我国的环境税收杠杆还无用武之地。

3. 产业内部结构不合理

企业规模普遍偏小，产业集中度低，龙头骨干企业带动作用有待进一步提高。节能环保设备成套化、系列化、标准化水平低，产品技术含量和附加值不高，国际品牌产品少。

（1）环保产品结构不合理。中国环保产品品种比较齐全，但关键设备和核心产品的技术水平及可靠性等与发达国家相比仍有较大差距。一些主导产品出现了产大于销的问题，而一些急需的污染治理设备甚至还没有自己的制造技术，国外设备占有相当大的市场份额。环境服务业的规模及其在产业中所占比例仍偏小，环境服务领域市场化进程缓慢。

（2）环保产业集中度偏低。中国环保产业离散度较大，专业化分工体系还不清晰和充分。企业规模小而分散，大型环保企业数量不足四百个，占全国环保企业比重不足 5%，且专业化程度低。这造成产业对资本、资金、技术及人力资源吸引力不够，产业聚集性不强，绝大多数中小企业在较低的水平上重复建设，开发新产品和升级技术的能力较弱，导致产业整体发展速度较慢。

（3）环境服务业发展不足。我国环境服务业的发展势头强劲，但比重仍然偏低、水平仍然不高。我国环境服务业比重小，大型、综合性运营企业少，服务类型单一，社会化、专业化程度较低，合同能源管理、环保基础设施和火电厂烟气脱硫特许经营等市场化服务模式有待完善。我国环境服务业在技术开发、新产品研制、工程应用等方面与世界先进国家相比存在较大差距，社会化、专业化经营模式缺乏。

4. 市场不规范

中国的环保市场目前还比较混乱，无序运作、不正当竞争比较严重。

（1）管理体系不健全。目前我国虽然制定了环保产业发展规划，但缺乏有效的宏观调控和指导。质量标准、技术规范、质量监督和市场监管等需要继续深入制定和开展，政策体系需要进一步完善，产品的制造工艺、使用材料、加工精度等需要标准化。目前环保产品尚未全面开展质量监督检验制度，多数企业缺乏产品质量标准体系，致使许多档次低、质量差的产品流入市场；市场监管不到位，一些国家明令淘汰的高耗能、高污染设备仍在使用；运营管理水平低，一些污染治理设施重建设、轻管理，运行效率低。

（2）存在保护主义现象。尽管国家环保部门推行了环境工程设计资质认可制度、环保产品认定制度，但有些地方和有些行业搞地方保护主义和行业垄断，强调环保产品只能自产自销，工程施工只能由自己的队伍承包施工。这些不正当行为限制了价格的市场调节功能，扰乱了环保产业市场管理秩序，使环保产业的市场严重分割，挫伤了经营者积极性，不利于技术进步和改善，也阻碍了环保产业的健康发展。

我国环保市场氛围还欠缺公平竞争和有序发展，可能会影响产业的发展壮大。究其原因，既有环保产业市场规则不完善的因素，也有市场竞争者缺乏素质的因素，还有市场管理者监管不力的因素。

5.服务体系不健全

我国环保产业的发展势头强劲，但环境服务体系仍然不健全：

（1）政策环境不完善。引导环保产业发展的财政资金投入不足；促进环保产业发展的投融资政策欠缺，从商业银行获得信贷资金支持的难度很大；税收优惠政策不完善，现行税制中涉及环保产业发展的税收激励政策不多，且大多缺乏系统性；环保法律法规立法尚有空白点，配套措施缺乏，可操作性较差，造成执法力度不够。

（2）支撑体系不健全。环保产品和服务质量标准体系、市场监督体系不完善，市场不规范；产业统计体系和制度不健全，对环保产业发展的政策制定和决策支撑力度不够；缺乏环保产业发展的专业人才；产学研合作、信息服务等环保产业发展的公共服务平台尚待建立和完善，技术和市场信息传递渠道还比较狭窄。

三、低碳环保产业发展路径

环保产业是典型的政策依赖型产业，国家的环保政策对产业发展具有很强的导向性作用，我国政府现已将环保产业列入重点发展的领域之一。除了国家的产业激励政策，任何产业要成长壮大，都离不开市场竞争和产业自身的努力。这决定了我国低碳环保产业的发展路径由政府的正确引导、合理的环保产业市场化、产业自身的发展壮大三方面构成。

（一）政府引导型路径

1.完善法律法规

（1）尽快完善环保法律。根据资源环境与经济社会发展不断变化的新情况，坚持从实际出发和群众参与的原则，采取多种形式、多种手段开展环保立法调研；对一些环保立法项目本着实事求是的态度，宜快则快，宜缓则缓，"立、改、废"并举，完善环保法律法规；从研究、开发、生产经营、标准、认证、监控、惩处等各个方面，在法律中完善绿色会计制度、环境税费制度、环境标准制度和财政补助制度，把那些不适应当前环保形势发展需要的规定及时进行调整，走依法治理环境与规范、促进环保产业发展之路。

（2）加大环保执法力度。通过环保法律法规的强制性和规范约束，赋予环保部门强制性执法权力，增强环保部门的执法权威。环保部门要把分散在相关部门的执法力量有机地组合起来，克服各自为政的局面，形成一种合力，加强对重点污染源企业、重点污染源区域的巡察力度和在线监控，防止污染事件发生。对已经发生的污染，要通过强制性的执法，实行"污染者付费"和污染赔偿制度。地方政府除严格执行国家颁布的环境保护法规以外，还应建立环保产业政策的地方法规，通过规定严格的地方环保标准和产业发展标准来防止打着"低碳环保"旗号的二次污染以及产业无序竞争。

2. 加强国家政策扶持

如果加大国家宏观经济政策支持力度，提高刺激低碳环保产业发展的政策针对性，将会对环保经济发展起到更好的激励与约束作用。

（1）产业扶持政策。

①做好产业规划。

由于环保产业涉及范围广，与其他产业部门之间的关联度大，市场前景广阔。因此，在制订环保产业的发展规划时，要立足我国国情，面向国际市场，确立环保产业的发展目标和发展重点，分步骤、多梯次地推进规划的实施。规划作为一种指导性文件，应该根据国际低碳环保产业的发展趋势和产业特性，指导产业重点投资于节能环保的先进技术与装备、环境服务和生态修复等领域。为此，应完善国家对环保产业发展的政策引导和扶持，加强产业、财政、税收、金融、投资、采购等方面的激励和约束性的政策，引导社会资金投向绿色环保经济。

②加大产业倾斜。

围绕重点工程需求，强化政策驱动，大力推动以污水处理、垃圾处理、脱硫脱硝、土壤修复和环境监测为重点的装备制造业发展，研发和示范一批新型环保材料、药剂和环境友好型产品；支持跨行业、跨企业循环利用联合体建设，并给予资金、税收、信贷等一系列的扶持；补充增加有利于低碳环保产业发展的产业政策，加大二次资源有足够存量地区的原生资源开发成本，支持再生资源产品下乡的采购活动，将资源综合利用的产品纳入政府采购目录予以优先采购，将循环经济的主导产业——静脉产业列为重点投资领域等等。

（2）技术扶持政策。

①技术研发扶持与成果转化奖励。

会同国家发改委、环保部、科技部等相关部门，完善环境调查评估、监测预警、风险防范等环境管理技术体系，组织实施好水、地、气污染控制与治理等国家科技重大专项。国家对污染控制、生态保护和环境风险防范的高新技术、关键技术和共性技术研发应予以一定的资金支持，并对企业与个人产业化的新技术、新工艺、新材料予以适当的物质奖励。

②建立官产学研一体化的研发机构。

仿照发达国家，在核心技术研发领域，建立由政府出智、政府参股，充分整合社会资金与智力资源的基础上，建立官产学研大力合作的半官方研发机构，体现政府对低碳环保经济的支持。

③专利成果与知识产权保护。

依法及时有效保护专利权，保护企业通过创新获得的竞争优势。积极引导和推动企业建立知识产权管理体系，实施企业知识产权战略，将知识产权作为财产和竞争优势管理。积极帮助企业开展知识产权质押融资和专利产业化工程，加速知识产权和专利成果的市场转化。

（3）财税扶持政策。

①财政支付。

围绕推进环境基本公共服务均等化和改善环境质量状况，完善一般性转移支付制度，加大对国家重点生态功能区、中西部地区和民族自治地方环境保护的转移支付力度；探索建立国家生态补偿专项资金，根据生态服务区的生态服务价值来确定补偿；完善政府采购制度，扩大环保、低碳产品采购比重；加大环保低碳技术的研发补贴和成果奖励。

②信贷支持。

由中央财政安排一定量的专项资金，对地方政府的产业基地基础设施建设，为企业重大技改项目和产业领跑者核心技术研发提供贷款贴息。政府可设立重点支持的环保企业红牌榜，倡导银行适当放宽对重点支持企业的贷款限额和贷款期限。

③税收调节。

采用一系列的税收调节政策，优化产业发展环境：完善资源税、消费税，开征环保税等，推进环境资源有偿使用和生态补偿；低碳环保企业重大研发活动的费用实行一定比例的税收抵扣；废旧物资销售企业可享受增值税减免；为消除环境影响采购的大型设备，可减免进口关税，并允许企业加速设备折旧；环保技术转让、节能节水项目及其他符合条件的环保项目所得，允许一定限度内的减免。

④费用调整。

对于鼓励类环保项目的各类规费、手续费等，在符合国家现行政策规定的前提下，按照能免则免、能减则减、就低不就高的原则实行减免，比如当企业投资与规划相关的建设项目时，可免交城市公用基础设施配套费、自来水增容费；对于环境污染性的排放，在现行环保税未全面开征的前提下，加大排污费征收和处罚力度，提高污染排放成本。

（4）金融扶持政策。

①创新信贷产品和担保形式。

鼓励金融机构进行两种融资手段的创新，一类是信贷产品的创新，如开发信用违约互换、信用联结票据，再如发展碳排放交易、排污权交易以及林业碳汇业务；另一类是担保形式的创新，这需要政府改善融资环境，建立信用保证机制，完善知识产权交易，为中小企业共同担保、无形资产抵押担保、产业集群整体担保等担保形式的创新提供一个良好的外部环境。

②拓宽企业融资渠道。

降低环保科技型企业发行债券融资的门槛，支持企业通过单独发行风险可控的企业债券、可转换债券、项目收益债券、中期票据、短期融资券，或者以中小企业集合体的形式发行集合票据、集合债券等债权融资；以 CDM 机制为基础，积极开展碳金融交易，引进低碳技术和资金；严格加强财务监管，完善企业价值评估制度，引导和扶持社会资金以股权资本、风投资本的形式为低碳环保类企业注资。

③建立产业投资基金。

在发展产业基金融资模式方面，我国已做过一些成功的尝试，如"武汉光谷创业投资基金""农业产业投资基金""海峡西岸产业投资基金"等，这些产业基金的成功运作对低碳环保产业基金的设立具有借鉴意义。可以考虑由中央政府设立产业投资基金，用于环保产业示范基地的基础设施建设、园区厂房租金补贴，企业重大工程、重点项目建设和重要技术开发，以此鼓励产业发展。

3. 完善政府管理体系

（1）提高政府管理能力。在政府调控方面，要整顿市场秩序，消除地方保护和打破行业垄断，建立统一、开放、竞争、有序的环保市场；要在已经基本建立的常规污染监控体系的基础上，进一步增强基层政府的环境管理能力，逐步建立和完善对危害公众健康和环境安全的有效能力；要积极建立和完善环境与发展的综合决策机制，建立政府在产业发展、资源利用和环境保护方面的综合决策和协调能力。

（2）强化制度性约束。加强环境保护的体制和机制创新，逐步建立和完善环境保护政府调控与市场引导相结合的合理机制，强化环保产业发展的机制性协调和制度性约束。完善环境保护的法律框架，为实现可持续发展和人与自然的和谐发展提供基本保障；完善监督检验制度，建立环保产品和服务的质量标准和技术规范，质量监督和市场监管准则，提高政府的环境管理和产业调控能力；完善污染者付费制度，按照补偿治理成本的原则，提高排污单位排污费征收标准，促进环境污染"外部成本内部化"；完善产业激励政策，形成"以奖促治""以奖代补"的环保经济政策，建立多元化的环保投融资机制，不断完善促进环保产业发展的政策体系，逐步形成有利于资源节约和环境保护的市场运作机制。

（二）市场化发展路径

充分发挥市场在资源配置上的基础性作用，在资源和环境硬约束框架下，由市场利润引导企业的投资与产业的发展。当前发展环保产业，重点要发展环保的服务市场和资本市场。我国环保潜在需求市场很大，只有以社会资金为主的环保资本市场的建立，才能将巨大的环保潜在需求市场转变成现实市场，带动环保服务市场的发展，从而为环保产品提供巨大的需求市场。

1. 鼓励社会资本的投资

环保如此庞大的资金需求单靠政府的投入是不够的，应尝试建立一个以企业和社会公众为主体的环境保护投入机制。为促进环保产业融资渠道多元化，应采取如下措施：加快企业股份制改造，创造条件帮助有条件的企业进入资本市场；放宽融资主体限制，鼓励企业债券、项目融资（BOT、股票等）、企业上市、信托投资等多种融资方式；建立有利于环保产业发展的减免税、出口退税、国债、贷款贴息、设备折旧等税收、财政措施，带动全行业的发展；制定鼓励外国资本渗入中国环境资本市场和金融市场的特殊政策，使其成为疏通我国环境投融资渠道的可资利用的方式。

2. 大力发展环保服务业

加快重点领域环境咨询服务发展，积极发展环境法律和政策咨询、环境战略和规划咨询、环境工程咨询、环境技术和工程评价、清洁生产审核、重点行业环境保护核查、上市环保核查、环境产品认证、环保出口服务贸易咨询等专业化咨询服务；促进环境服务业的集聚和集约发展，依托区域经济、主导产业、环境服务市场等，积极支持华南、华东率先发展，并通过规划引导和示范逐步在华北、西南等区域建立具有特色的环境服务业集聚地；建立环保服务业市场化运作机制，试点开展合同环境服务模式创新，鼓励环境服务市场主体以合同环境服务的方式面向地方政府或排污企业提供环境综合服务，推动政府从直接管理、运营环境基础设施的传统模式，以及环评、环境分析和监测、环境认证等向社会化、市场化转移；加快发展环境技术服务，建立和完善环境科技创新服务平台，鼓励创建和扶持环保产业技术创新联盟，以环境污染防治共性技术和关键技术研发为重点，以环境科研成果系统集成、工程化研发和产业化推广为重要任务，加快环保高新技术的开发和产业化。

（三）产业自身发展路径

1. 技术创新

环保低碳产业要实现节能减排、生态修复和创造利润的价值追求，必须通过企业科技的研发、推广和应用，实现科技创新对低碳环保产业的引领与支持。因此，当前务必要加大企业技术研发和推广，提高环保产业的技术和装备水平。

（1）攻关关键核心技术。开发一批关键技术与共性技术，大力推广一批节能减排、治污减霾效果显著的新工艺、新技术和新装备，推进清洁化生产、无害化处理、资源化利用过程中的技术高新化和高新技术产业化，着力解决污染问题突出、资源利用效率低下的问题。关键核心技术的创新要以环境目标需求为导向，以环保骨干企业为主体，组建产学研用创新联盟，在重金属污染防治、有毒有害物污染场地修复、细颗粒污染物高效去除、农村污染防治适用技术、工业水污染控制、城镇水污染治理、饮用水安全保障、面源污染控制、水体生态修复技术以及环保新材料、新设备等领域，实施创新突破。

（2）推广和应用先进适用技术。建设循环经济、静脉产业园等试验示范基地，通过培训、带动、示范等推广方式，加大一批先进适用技术诸如化工、农药、制药、化肥等重点行业清洁生产与末端治理技术，电子电镀行业、电路板行业等行业清洁生产与污染物低排放资源化利用技术，膜生物反应器，城镇污泥的无害化处理处置技术，村镇生活污水处理技术的推广和应用；完善企业的环保服务功能，组建环保产业信息咨询系统，建立环保产业数据库和开发咨询服务等业务，提供灵活多样的技术服务，加速科研成果在生产中的应用；鼓励以低碳环保技术开发、技术咨询、技术服务和技术转让等多种形式的技术推广。

（3）紧跟国际先进环保技术。把握国际先进环保技术的发展动态，迎头赶上，尽快缩短我国环保产业技术水平与世界的差距，推进环保产业技术装备国产化及市场国际化。因此，企业要加大研发投入，加强环保低碳技术原始创新和集成创新，尤其是清洁能源技术和能耗降低技术的创新。还要积极开展国际交流与合作，通过 CDM 项目以及其他商业渠道引进发达国家先进的低碳技术与产业发展资金，同时着眼于中长期战略技术的储备，促进发达地区对我国的技术转让。

2. 人才培养

人才是知识的主要载体，是创新的决定要素。为推动技术创新，当前要特别注意培养一大批懂科技、会管理、善经营的环保人才。可考虑稳定、引进、培养三管齐下：一是稳定现有人才队伍。企业要加大人才投入，帮助解决优秀人才的住房、户口、子女上学等实际问题，从生活上消除后顾之忧，也可以通过与高校长期合作培养出创新型人才及专业技术人才，鼓励他们投入创业与创新活动；二是创新人才引进方式。采取公开招考、选拔借调、临时聘请等灵活多样的方式引进环保专业人才充实到创新活动中；三是强化在职人员培训。大力提倡"内强素质、外树形象"，引导干部职工靠素质立身，靠实干进步。加大业务培训力度，积极组织人员参加各级环保部门举办的各类培训班，学习先进的环境管理经验，更新工作理念，全面提高环保工作者的业务能力。

参考文献

丹尼尔·贝尔:《后工业社会的来临》,高铦等译,新华出版社 1997 年版。

弗里茨·马克卢普:《美国的知识生产与分配》,孙耀君译,中国人民大学出版社 2007 年版。

丹尼斯·L. 米都斯:《增长的极限》,四川人民出版社 1984 年版。

陶良虎主编:《中国低碳经济——面向未来的绿色产业革命》,研究出版社 2010 年版。

李悦:《产业经济学(第 3 版)》,中国人民大学出版社 2011 年版。

陈文晖、鲁静:《产业规划研究与案例分析》,社会科学出版社 2010 年版。

熊焰:《低碳转型路线图:国际经验、中国选择与地方实践》,中国经济出版社 2011 年版。

张文忠:《产业发展和规划的理论与实践》,科学出版社 2009 年版。

娄伟、李萌:《低碳经济规划:理论、方法、模型》,社会科学文献出版社 2011 年版。

孙桂娟、殷晓彦等:《低碳经济概论》,山东人民出版社 2010 年版。

顾锋:《基于低碳经济视角的我国产业结构优化研究》,南京财经大学硕士论文 2012 年。

李士方、方虹等编著:《中国低碳经济发展研究报告》,科学出版社 2011 年版。

张建伟:《政府环境责任论》,中国环境科学出版社 2008 年版。

郭建斌、黄海峰、高农农:《环保产业与循环经济》,中国轻工业出版社 2010 年版。

李军军:《中国低碳经济竞争力研究》,福建师范大学博士论文 2011 年。

张传洋:《中国旅行社企业竞合研究》,重庆师范大学硕士论文 2008 年。

卢晓彤:《中国低碳产业发展路径研究》,华中科技大学博士论文 2011 年。

刘晓辉:《中国产业竞争力影响因素分析研究》,河北工业大学硕士论文 2006 年。

彭博:《低碳经济评价指标体系构建与实证研究》,湖南大学硕士论文 2011 年。

常新:《山东省水泥工业低碳经济发展对策研究》,青岛大学硕士论文 2011 年。

刘杨:《低碳经济背景下我国碳金融市场研究》,江苏大学硕士论文 2012 年。

樊艳云:《北京市产业结构变动对能源消费影响研究》,北京工业大学 2010 年。

孙成成:《多边法律体制下碳关税的法律分析及应对思考》,南京财经大学硕士论文2012年。

韩红飞:《中国低碳经济国际竞争力分析》,中国海洋大学硕士论文2012年。

刘雪丽:《低碳经济发展评价指标体系研究——以江苏为例》,南京邮电大学硕士论文2013年。

张燕生:《转型要素成本上升与中国外贸方略》,中国经济出版社2012年版。

海小等:《以废物中的二氧化碳为原料合成新能源》,中国化工学会2012年年会暨第三届石油补充与替代能源开发利用技术论坛,2012年。

崔晓莹:《我国经济技术开发区循环经济发展路径研究——以天津经济技术开发区为例》,南开大学硕士论文2008年。

吕黄生:《中国城市生活垃圾处置经济学分析》,武汉理工大学硕士论文2003年。

江应松:《农产品质量安全的经济分析》,南开大学硕士论文2007年。

吴敏:《武汉城市圈产业结构生态化研究》,武汉理工大学硕士论文2009年。

李金辉、刘军:《低碳产业与低碳经济发展路径研究》,《经济问题》2011年第3期。

刘再起、陈春:《低碳经济与产业结构调整研究》,《国外社会科学》2010第3期。

吴文盛、陈静:《牛建高;低碳产业结构的实现机制研究》,《中国城市经济》2011年第1期。

文龙光、易伟义:《低碳产业链与我国低碳经济推进路径研究》,《科技进步与对策》2011年第7期。

徐大丰:《碳生产率、产业关联与低碳经济结构调整——基于我国投入产出表的实证分析》,《软科学》2011年第3期。

张征华、柳华、彭迪云:《低碳城市主导产业选择研究——以江西南昌为例》,《江西社会科学》2013年第2期。

刘继森、颜雯晶:《广东省经济增长与碳排放的关系研究》,《广东外语外贸大学学报》2010年第3期。

李军军:《低碳经济竞争力的内涵和表现》,《长春大学学报》2011年第11期。

张玓、林珊、赵颖婕:《政府在低碳产业发展中的作用——基于"钻石"模型理论的分析》,《学术界》2011年第7期。

简晓彬、刘宁宁、胡小莉:《我国发展低碳经济的理论基础述评》,《资源与产业》2011年第10期。

刘嵘、徐征、李悦:《低碳经济评价指标体系及实证研究——以河北省某县为例》,《经济论坛》2010年第5期。

周富华、陈雄:《国内外低碳经济评价初探》,《当代经济》2011年第5期。

鲍健强、苗阳、陈锋:《低碳经济:人类经济发展方式的新变革》,《中国工业经济》

2008 年第 4 期。

许广月:《中国低碳农业发展研究》,《经济学家》2010 年第 10 期。

翁志辉等:《台湾地区低碳农业发展策略与启示》,《福建农业学报》2009 年第 6 期。

韩仲琦:《步入低碳经济时代的水泥工业》,《水泥技术》2010 年第 1 期。

陆燕荪:《高端装备制造产业是振兴装备制造业的突破口》,《电器技术》2010 年第 9 期。

谢蕤叶:《中国光伏企业腹背受敌将掀整合潮》,《赢周刊》2012 年第 1 期。

伍竞艳、丁先友:《中国石油企业发展低碳经济的路径》,《现代物业·现代经济》2013 年第 1 期。

齐晓燕、郭丕斌:《煤炭低碳化技术创新研究进展综述》,《科技管理研究》2014 年第 4 期。

彭博:《中央石油石化企业绿色低碳发展考量》,《企业研发》2014 年第 3 期。

北京市长城企业战略研究所:《新材料原创细分产业分析》,《新材料产业》2013 年第 4 期。

张永红等:《我国钢铁行业节能降耗现状与发展》,《工业炉》2013 年第 3 期。

赵红、王玲:《高端装备制造业产业链升级的路径选择》,《沈阳工业大学学报》(社会科学版)2013 年第 2 期。

周爽:《发展循环经济是煤炭工业实现低碳转型的有效途径》,《中国煤炭》2011 年第 8 期。

《国务院批转发展改革委员会等部门关于抑制部分行业产能过剩和重复建设引导产业健康发展若干意见的通知》,《宁夏回族自治区人民政府公报》2009 年 10 月 30 日。

李明:《如何发展新一代信息技术产业》,《新经济导刊》2011 年第 12 期。

陈柳钦:《加快振兴高端装备制造业》,《高科技与产业化》2011 年第 184 期。

郑寿春、王一辉:《基于低碳经济的石油工业发展对策》,《西南石油大学学报》(社会科学版)2011 年第 6 期。

姚燕:《全力推进节能减排,引领中国建材工业发展低碳经济》,《建材发展导向》2011 年第 4 期。

谭洪波、郑江淮、黄永春、张月友:《国外服务业研究新进展述评》,《现代经济探讨》2012 年第 2 期。

李先江:《服务业绿色创业背景下低碳服务创新与企业绩效关系研究》,《华东经济管理》2013 年第 6 期。

曹莉萍、诸大建、易华:《低碳服务业概念、分类及社会经济影响研究》,《上海经济研究》2011 年第 8 期。

周健:《我国低碳经济与碳金融研究综述》,《财经科学》2010 年第 5 期。

陈柳欣:《低碳经济:国外发展的动向及中国的选择》,《甘肃行政学院学报》2009 年第 5 期。

张周平:《2012 年度中国电子商务市场数据监测报告》,2013.3.http://www.100ec.cn/zt/2012ndbg/。

蔡萌、汪宇明:《低碳旅游:一种新的旅游发展方式》,《旅游学刊》2010 年第 1 期。

杨军辉:《国内外低碳旅游研究述评》,《经济问题探索》2011 年第 6 期。

曹颖俐:《建设生态医院 倡导低碳医疗》,《医院管理论坛》2011 年第 8 期。

毛文娟:《低碳经济条件下我国服务型企业环境经营的对策研究》,《中央财经大学学报》2010 年第 7 期。

赵刚:《欧盟大力推进低碳产业发展的做法与启示》,《中国科技财富》2009 年第 11 期。

梁中:《低碳产业创新系统的构建及运行机制分析》,《经济问题探索》2010 年第 7 期。

杨曼:《对国际碳金融交易机制的思考》,《中国经贸导刊》2012 年第 35 期。

王仁祥、杨曼:《银行、股票市场与经济增长——兼论中国选择》,《武汉金融》2013 年第 7 期。

王仲成:《低碳经济:未来经济发展的新规则——英国在金融危机下出台低碳产业战略和低碳复苏计划》,《全球科技经济瞭望》2010 年第 2 期。

汤华然、邱冬阳、张云龙:《发展低碳经济促进重庆产业结构调整》,《科学发展》2010 年第 5 期。

胡星斗:《浪费,中国富裕的杀手》,《上海证券报》2007 年 4 月 23 日。

袁元、高倩:《"一次性筷子"挑战中国国情》,《瞭望》(新闻周刊)2007 年第 33 期。

李克强:《关于调整经济结构促进持续发展的几个问题》,《求是》2010 年第 11 期。

黄耀杰、徐远、陈晔:《政府管制理论对我国政府管制改革的启示》,《科技进步与对策》2006 年第 4 期。

田旭:《政府管制的相关理论述评》,《湖北经济学院学报》2006 年第 1 期。

陈成文、谭娟:《税收政策与慈善事业:美国经验及其启示》,《湖南师范大学社会科学学报》2007 年第 6 期。

罗晖:《欧盟环境委员在美宣讲气候变化立场》,《科技部驻美使馆科技处调研报告》。

任力:《国外发展低碳经济的政策与启示》,《发展研究》2009 年第 2 期。

张首魁、党兴华:《网络环境下的企业自主创新能力研究:基于权力依赖关系的视角》,《科技进步与对策》2011 年第 4 期。

莫琦、付娜:《区域创新系统主体创新功能及其创新关联研究》,《现代经济信息》2010 年第 20 期。

胡小武、吴聪萍:《过程低碳化:低碳经济之路的创新战略》,《科技与经济》2011 年第 3 期。

张莎莎、张建华:《低碳经济技术锁定研究》,《技术经济与管理研究》2011 年第 10 期。

冉光和、鲁钊阳：《低碳产业研究进展》，《江苏社会科学》2011年第3期。

王岑：《"碳锁定"与技术创新的"解锁"途径》，《中共福建省委党校学报》2010年第11期。

沈择洋：《东北区域全面推进国家战略性新兴产业的现实论证》，《决策咨询》2012年第4期。

王文军、赵黛青、陈勇：《我国低碳技术的现状、问题与发展模式研究》，《中国软科学》2011年第12期。

姜江：《世界战略性新兴产业发展的动态与趋势》，《中国科技产业》2010年第7期。

陈矗：《培育和发展战略性新兴产业的现实背景和战略意义》，《学习月刊》2010年第7期。

刘玉芬、张目：《西部地区高技术产业自主创新能力评价指标体系构建》，《科技管理研究》2010年第14期。

尚杰、王峰：《我国环保产业发展路径的选择》，《学术交流》2009年第3期。

张家伟：《创新与产业组织演进：产业生命周期理论综述》，《产业经济研究》2007年第5期。

黄山美：《发展低碳农业的碳市场机制初探》，《中国农学通报》2011年第4期。

黄勇等：《从不平衡到平衡：重塑中国产业结构》，《江汉论坛》2013年第8期。

马春梅：《国外新能源汽车发展分析与启示》，《科学管理研究》2011年第5期。

李健等：《低碳产业发展问题与对策研究》，《科技进步与对策》2010年第22期。

王军：《我国低碳产业发展的问题与对策研究》，《理论学刊》2011年第2期。

胡湘兰等：《论旅游者行为对低碳旅游发展的影响》，《中国市场》2013年第20期。

郭红芹：《大兴安岭低碳旅游发展研究》，《黑龙江省社会主义学院学报》2011年第3期。

郭代模等：《我国发展低碳经济的基本思路和财税政策研究》，《经济研究参考》2009年第58期。

李中建：《基于劳动力视角的经济发展方式转变》，《现代经济探讨》2012年第1期。

李静：《浅论政府补助会计与税务处理的关系》，《城市建设理论研究》（电子版），2011年第9期。

罗大明等：《构建企业和谐劳动关系的做法及成效》，《天然气技术与经济》2011年第22期。

王发明等：《低碳技术：低碳经济发展的动力与核心》，《山东工商学院学报》2011年第2期。

苏红：《完善环境法律制度，促进环保产业发展》，2002年中国环境资源法学研讨会。

刘文玲、王灿：《低碳城市发展实践与发展模式》，《中国人口·资源与环境》2010

年第 4 期。

催奕、郝寿义、陈妍:《低碳经济背景下看低碳产业发展方向》,《生态经济》2010年第 6 期。

李金辉、刘军:《低碳产业与低碳经济发展路径研究》,《经济问题》2011 年第 3 期。

王海霞:《低碳经济发展模式下新兴产业发展问题研究》,《生产力研究》2010年第 3 期。

刘晗、顾晓君:《低碳产业发展研究述评》,《上海农业学报》2012 年第 4 期。

罗吉文:《低碳农业发展模式探析》,《生态经济》2010 年第 12 期。

伍华佳:《中国低碳产业技术主创新路径研究》,《社会科学》2013 年第 4 期。

《发达国家和国内发达地区服务业情况介绍》,《洛阳日报》2008 年 8 月 26 日。

《美国双反落槌——中国光伏产品税负最高增逾两倍》,《每日经济新闻》2012 年 11月 9 日。

《经济情势报告（第 29 号）》,香港环球经济电讯社,2008 年 3 月 28 日中文版:P14—15。

葛季坤:《现代服务业现状及其发展战略研究》,闵行统计信息网 http://tj.shmh.gov.cn/mhtj/。

《马凯在中国发展高层论坛 2004 年会上的发言》,http://www.people.com.cn /GB / jingji /8215/32688 /2403681. html。

世界银行 WDI 数据库（WorldBank WDI Database）http://data.worldbank.org/。

McKinsey and Company.Pathways to a Low-Carbon Economy.http://www.mckinsey.com/ clientservice/ccsi/pathuays-low-carbon-economy.asp.2009.

《国家环境保护"十二五"规划》[I] http://www.china.com.cn/ policy/txt/2011-12/21/ content_24206929_3.htm。

《中国环保服务业"十二五"规划》[I] http://www.docin.com/p-349 541145.html。

《中国环保产业发展前景与趋势分析》[I] http://www.drivecontrol. cn/Article.asp? articleid=1951。

刘文玲、王灿:《低碳城市发展实践与发展模式》,《中国人口·资源与环境》2010年第 4 期。

催奕、郝寿义、陈妍:《低碳经济背景下看低碳产业发展方向》,《生态经济》2010年第 6 期。

李金辉、刘军:《低碳产业与低碳经济发展路径研究》,《经济问题》2011 年第 3 期。

王海霞:《低碳经济发展模式下新兴产业发展问题研究》,《生产力研究》2010年第 3 期。

后　记

　　《低碳产业》作为国家"十二五"规划重点图书《低碳绿色发展丛书》之一，历时四年，数易其稿而成。低碳产业是低碳发展的基石，在一定程度上影响乃至决定着我国经济发展战略转型和生态文明建设的成败。在本书编著过程中，欣逢我国低碳经济和战略性新兴产业蓬勃发展，特别是党的十八届三中全会对全面深化改革的新部署，为我们著学成书提供了丰富的理论养分和现实案例。在《低碳产业》中，我们认真总结梳理了国内外关于低碳产业发展的主要理论，全面阐述了低碳产业的相关概念、分类以及重要特征，探讨和介绍了加快低碳农业、低碳工业和低碳服务业发展的路径、政策与典型案例，并提出了低碳产业规划、产业政策、自主创新和生态保护的方法论。

　　本书是集体智慧的结晶。我负责全书框架设计和统稿。全书各章执笔人分别是：第一章（陶良虎、屈亚楠）、第二章（段世德）、第三章（姜涛、李昌碧）、第四章（吴敏）、第五章（郑书莉）、第六章（陶良虎、姜伯琳）、第七章（李波平）、第八章（杜涛、方涛）、第九章（陶良虎、屈亚楠）、第十章（何玉芹）。

　　本书在编写过程中，得到了丛书编委会的悉心指导，也得到了人民出版社、湖北省委党校、武汉理工大学经济学院等专家学者的帮助，特别是我的硕士研究生郑世界、丁龙飞等在文献资料收集和初稿编撰方面做了大量工作，省去了我文献收集、整理、校正之苦，使本书得以顺利成篇，在此，一并表示诚挚的谢意。

陶良虎

2015 年 11 月

策　　划：张文勇

责任编辑：张文勇　于　璐

封面设计：林芝玉

责任校对：白　玥

图书在版编目（CIP）数据

低碳产业 / 陶良虎 主编 . –北京：人民出版社，2015.12

　（低碳绿色发展丛书 / 范恒山，陶良虎主编）

ISBN 978 – 7 – 01 – 015749 – 8

I. ①低…　II. ①陶…　III. ①节能－能源经济－研究－中国　IV. ① F426.2

中国版本图书馆 CIP 数据核字（2016）第 014787 号

低碳产业

DITAN CHANYE

陶良虎　主编

人民出版社 出版发行

（100706　北京市东城区隆福寺街 99 号）

涿州市星河印刷有限公司印刷　新华书店经销

2016 年 1 月第 1 版　2016 年 1 月北京第 1 次印刷

开本：710 毫米 ×1000 毫米 1/16　印张：16.75

字数：310 千字

ISBN 978 – 7 – 01 – 015749 – 8　定价：39.00 元

邮购地址 100706　北京市东城区隆福寺街 99 号

人民东方图书销售中心　电话：（010）65250042　65289539